続・沖縄戦を知る事典

を知る事典

戦場になった町や村

古賀徳子
吉川由紀
川満 彰【編】

吉川弘文館

はじめに

本書の特徴と成り立ち

本書は、沖縄の地域や島々が沖縄戦によってどうなったのか、それぞれの特徴とは何かを、沖縄県内の市町村が刊行した『戦争編』をもとにまとめたものです。近年の刊行物を中心に、24の市町村を取り上げました。それ以外の市町村は各章の概要で紹介し、各項目には、「那覇市―沖縄戦以前に空爆で壊滅した街」「沖縄市―北部へ行くか、地元に残るか」「宮古島市―空襲と飢餓」のように、その地域の特徴が一目でわかるような見出しをつけました。また、大きな特徴がある字（集落）や離島、場所を25か所選び、コラムで取り上げています。

執筆にあたったのは「沖縄戦若手研究会」（以下、若手研）のメンバー28人です。市町村史編集室の事務局・大学の教員・博物館の学芸員・ジャーナリスト・事務職員など、職業はさまざまですが、このうち20人は市町村史・県史の編集や執筆の経験者、5人は新聞やテレビで沖縄戦を取材してきたジャーナリストです。沖縄戦の調査・教育・報道の現場で働きながら、市町村史を読み込み、研究会で議論を重ねて、2022年1月からの約2年半でこの本を完成させました。本書は2019年刊行の『沖縄戦を知る事典―非体験世代が語り継ぐ―』の続編でもあります。前回同様、執筆者は全員戦後生まれです。

地域史によって進展した沖縄戦研究

沖縄では1970年代に『沖縄県史』『那覇市史』が刊行されたことをきっかけに、80年代以降、ほとんどの市町村に市町村史編さん室が設置され、沖縄戦に関する地域住民への聞き取りなどの調査が精力的に取り組まれるようになりました。かつては、沖縄戦は激戦地だった中南部のできごとであり、北部や宮古・八重山では沖縄戦はなかったという認識が一般的でした。しかし、調査を通して住民の戦争体験の掘り起こしがすすみ、それまで知られていなかった地域ごとの沖縄戦の実態が明らかになっていきます。市町村史や県史、字誌などの地域史によって、沖縄戦研究は大きく進展してきたのです。近年では、『名護市史』（2016年）『新沖縄県史』（2017年）『南城市の沖縄戦』（2020年）『久米島町史』（2021年）、2022年度には『中城村の沖縄戦』『恩納村史』『八重瀬町史』の刊行が相次ぎました。戦

争体験者への聞き取りを中心とした『戦争編』の刊行はひとつの区切りを迎えています。

　若手研顧問の吉浜忍さんは、高校教師だった80年代から地域の住民や若者とともに『南風原町史』の調査に取り組み、その後は『新沖縄県史』や多くの市町村史で、編集委員や専門部会の部会長を務めてきました。「一人ひとりの沖縄戦体験が違うように、地域・島々の沖縄戦体験もそれぞれ違う」ことにこだわり、その掘り起こしに情熱を燃やしてきました。本書には、地域史を支えてきた吉浜さんの仕事をふりかえるという意味もあります。本書では、特別に「県・市町村史（地域史）の編集に関わって」と題する原稿を寄せていただきました。

　沖縄の人々が戦争に関わったのは、沖縄の中だけではなく、中国・東南アジアをはじめ広範囲の地域にわたっています。もう一人の若手研顧問、林博史さんには、そうした地域の戦争体験を取り上げてもらいました。

　後の若手研のメンバーも、市町村史・地域史から多くを学び、調査や執筆に関わるようになりました。私たち執筆者がどのようにして地域史と出会い、地域史から何を得たのか、自分にとって地域史とは何かについて、それぞれの言葉を引用しながらご紹介します。

その土地で生きてきた人々の声と出会う

　平仲愛里さんは、祖父が語る昔話や戦争体験がきっかけで、自分の地域のことを「何もない場所だと思っていたのに、文化や伝統や知恵やいろいろな歴史が積み重なっていることに気付かされ」、地域史に関わる人々との偶然の出会いもあり、気づけば自身もその仕事に携わっていました。お年寄りの地域の対する想いや人生の教訓に共鳴しながら、生まれ育った町で『戦争編』の編集を担当し、本書では「八重瀬町」を執筆しました。

　伊差川鈴子さんは大学の授業で家族の歴史を調べていたとき、祖父に聞き取った話の一部が市史に載っているのをみつけました。「私の家族が生きてきた歴史を本のなかにみつけられたようでとても嬉しかった」といいます。市町村史は「その土地で暮らしてきた人々の記憶や思い」のような形として残りにくいものを記録し、伝えてくれるものだと考えています。本書では、卒業論文で調査した「津堅島」を担当しました。

　大田光さんは、学徒隊を中心に沖縄戦のことを調べてきましたが、最近、地域史に関わるようになり、地域を知ることで「生活の営み、家族の姿がみえて、こういう風に生まれ育った、暮らしていた子がこういう状況に追い込まれたんだな」

と感じたといいます。「学徒隊」「学校」という視点からはみえなかったことです。本書では、「首里(しゅり)」「第32軍司令部壕」などを担当しました。

　長年、報道の現場で、沖縄戦を伝えてきた謝花直美さんは、地域史を「沖縄の歴史を生き抜いた人々の声に出合う場」と表現しています。本書では、独自の調査や研究をもとに「那覇市」「金武湾区(きんわん)」を執筆しました。

　宮城晴美さんにとって、地域史は「マイノリティの生命（ヌチ＝存在）の証し」です。日本史のなかの琉球・沖縄史、首里・那覇中心の琉球・沖縄史における市町村史は、マイノリティ（少数派）の歴史であり、「字史、女性史、子ども史……、細分化されればされるほど、歴史に〝力〟が加わる」と感じています。本書では「座間味村(ざまみそん)・渡嘉敷村(とかしきそん)」を担当しました。

地域史で仕事をして思うこと

　嘉数聡さんは「資料を読みこんだり、地元の方や関係者に話を聞きながら、地域史を形にしていく楽しさや、『どう書けばわかりやすく読み手の方に伝わるか』を試行錯誤する難しさ」を感じる日々を過ごしました。それは、自身の大きな財産となっています。本書では「豊見城市(とみぐすく)」「瀬長島(せながじま)」について書きました。

　私（古賀徳子）にとっても地域史は、現在の自分を形づくってくれた大切なものです。若かった私は、戦争体験を聞くことの重さを知らず、南風原町史編集室に飛び込みました。心の奥深くにしまっていた沖縄戦の記憶を取り出し、語ってくれた方々の体験や思いを、果たして自分は伝えることができているだろうかと感じています。本書では「糸満市(いとまん)」「南部の沖縄戦」などを執筆し、共同で編者を担当しました。

　稲嶺航さんは、地域史で沖縄戦を記録することは、「放っておいたらなかった事になってしまう地域の人々の体験を拾い集め、未来の人びとが触れられる形で残していく」取り組みだと考えています。「あった事を、なかった事にしない」という思いで、与那原町史などの編さんに関わってきました。本書では「与那原町(よなばるちょう)」を担当しました。

　清水史彦さんは「あなたにとっての地域史とは何か」と問われて、「言語化に苦しんだ」といいます。沖縄で生活していると、現在起こっていることと過去の歴史が重なり、沖縄戦への関心が尽きることはない、自身にとって「地域史は日常的な知の営み」だと語ります。本書では「北谷町(ちゃたんちょう)」「小湾(こわん)」を担当しました。

地域史が映し出す現在

　『恩納村史』を担当した瀬戸隆博さんは、地域のお年寄りの「体験ひとつひとつに心を動かされ、自分のやるべきことを日々考え、形にすることの毎日」だったとふりかえります。戦争体験の現場をその目で確かめようとしましたが、そこは米軍演習場キャンプ・ハンセンのなかでした。「恩納岳の遠景をみるたびに、山々を逃げ回った住民、米軍の攻撃で命を奪われた人々、ゲリラ戦を行った護郷隊がどのような思いでそこにいたのか」と考えます。本書では「恩納村」「西原町」などを執筆しました。

　山城彰子さんにとって地域史は、ただ昔のことを調べるのではなく、戦争がいかに文化を破壊し、生活を変えてしまうかを再確認し、戦争によって文化が破壊されないようにするための「平和運動の一つ」です。さらに、「地域に生きてきた人たち、今地域で生きている人たち、そしてこれから地域で生きる人たちをつないでいくことが（地域史の）使命」だと思っています。本書では「中城村・北中城村」「宮古島市」などを担当しました。

　上間祥之介さんは大学の卒業論文で障害者の沖縄戦について書きました。歴史を学ぶことは現代の人々にとって生きる指針となり、自分自身を知ることにもつながると感じています。本書では「沖縄愛楽園」を担当し、ハンセン病者の沖縄戦について書きました。

　放送局で働く吾津洋二郎さんは、地域史を開けば、すでに亡くなった方々の戦争体験に触れることができると語ります。インターネット上のさまざまな言説と向き合っていくうえでも、丁寧に証言が収集された地域史の存在は大きく、「再び戦争への道を歩まぬよう、行くべき道を照らしてくれる道標」だと考えています。本書では「屋嘉」を担当しました。

　新聞記者の中村万里子さんは、地域史の取り組みをふりかえる特集を担当し、地域史が「沖縄戦の実相を住民目線で見つめ直し、教訓を紡ぐ」ことにつながったと思いました。「証言の数々をもう一度振り返り、見つめ直し、そこからどんな教訓を紡げるのか、という作業は私たちの手に託されている」といいます。本書では、「久米島町」と、沖縄で刊行された「県史・市町村史・字誌戦争編リスト」を担当しました。

　川満彰さんは、『名護市史』編さんの過程で、それまで詳細がわからなかった「護郷隊」の実態を明らかにしました。400人近くの体験を収めた『戦争編』からは「基地があるところから戦争はやってくる」「軍隊は住民を守らない」というこ

とがみえてくると語ります。本書では、「名護市」「うるま市」などを執筆し、共同で編者を務めました。

　紙幅の都合により全員を紹介することはできませんが、私たち執筆者の地域史への思いは伝わったのではないでしょうか。しかし、残念なことに、地域史を手に取ったことがある人はそう多くないと思います。一般の書籍と違って書店で販売されないこと、価格の高さ、印刷部数が限られるため入手が難しいことなど、理由はいろいろあります。地域史は数多くの証言や文書、写真などの資料を収録し、後世に残すことを重視するために、数百ページの分厚い本になるのが普通です。そのボリュームに圧倒されて、手が出ないという人も多いでしょう。

　内容の面でも、地域史は字（集落）ごとの沖縄戦の状況といった、その市町村のなかのことは詳細に書かれていますが、市町村全体の特徴、つまり周りの他の市町村と比べてどういう特徴があるのかということは、わかりにくくなっています。それを理解するには、他の市町村史と読み比べる必要があります。それには大変な労力がかかりますし、そもそも入手困難な地域史もあるため、私たちは市町村ごとの沖縄戦の特徴を１冊で知ることができる本を出すことにしました。それが本書です。

　吉川由紀さんは「膨大な時間と人の力を結集して編さんされた書物ですが、読み物として向き合おうとするとちょっと気が遠くなります。本書は、その地域の歴史世界へ入り込んでいく入口のような存在です。一度入り込むと、奥深さにはまります」と、地域史の魅力を語ります。本書では、「宜野湾市」「沖縄戦の概要」などを執筆し、共同で編者を務めました。

　この本が沖縄戦への理解や、学校や地域の平和学習に役立つこと、そして読者のみなさんと地域史をつなぐ入口となることを願っています。

　2024年３月

古　賀　徳　子

目　　次

おわりに　吉川　由紀

沖縄戦の概要

　沖縄戦とは一般的に、79年前の沖縄で、50万人の県民を巻き込んで3か月にわたり繰り広げられた日米両軍による壮絶な地上戦をいう。勝利した米軍をして「ありったけの地獄をひとつにまとめた」戦闘と言わしめたすさまじい戦場に、県民は放り出された。結果、住民の死者は軍人を上回ることになった。

　しかしその原因は、敵対する米英軍からの攻撃によるものだけでなく、守ってくれると信じていた日本軍からのものも少なくない。「軍隊は住民を守らない」、これが県民の実体験にもとづく沖縄戦の教訓である。

県民総動員で全島を軍事要塞に

　1941年12月のアジア太平洋戦争開戦後、半年間は怒濤の進軍をした日本だったが42年6月のミッドウェー海戦以降は敗戦を重ね、43年9月には絶対国防圏の設定に至る。それまでいわゆる郷土部隊が置かれていなかった沖縄に第32軍が創設されたのは、1944年3月22日のことだった。

　第32軍の当初任務は、航空作戦を準備するための飛行場建設。南西諸島を"不沈空母"にすべく伊江島1・本島7・宮古3・八重山4・南大東島1の計16の飛行場が建設された。多くの住民は明けても暮れても飛行場建設に動員される。沖縄県民が地獄の戦場に向かう第一歩だった。

　7月にサイパン島が米軍に占領されると、大本営は米軍の沖縄上

●─日本陸海軍が沖縄県内に建設した飛行場

	名　称（一般名称）
1	陸軍伊江島飛行場（伊江島中飛行場・伊江島東飛行場）
2	陸軍北飛行場（読谷飛行場）
3	陸軍中飛行場（嘉手納飛行場・屋良飛行場）
4	陸軍南飛行場（仲西飛行場・城間飛行場）
5	陸軍東飛行場（西原飛行場・小那覇飛行場）
6	陸軍石嶺飛行場
7	海軍小禄飛行場
8	海軍与根飛行場
9	海軍南大東島飛行場
10	海軍宮古島飛行場
11	陸軍宮古島中飛行場
12	陸軍宮古島西飛行場
13	海軍石垣島平得飛行場
14	海軍石垣島北飛行場（平喜名飛行場）
15	陸軍石垣島飛行場（白保飛行場）
16	陸軍石垣島宮良飛行場

『沖縄県史 各論編第6巻 沖縄戦』90頁より

陸は避けられないと判断し、沖縄に第9師団（通称武部隊）・第24師団（山部隊）・第62師団（石部隊）・第28師団（豊部隊）の4つの師団に加え、独立混成第44旅団（球部隊）など5つの旅団を配備した。中国大陸や日本本土から沖縄へ送り込まれた部隊は、配備地の学校や公民館、民家までも接収し、宿舎や倉庫などに利用した。さらに部隊の作戦方針にもとづいて、海岸線には特攻艇秘匿壕や銃座、山頂にはトーチカや監視所、内陸部には砲台・陣地壕・戦車壕などを構築していく。

　軍は8月31日、今後の基本方針として「現地自活に徹すべし」「現地物資を活用し一木一草と雖も之を戦力化すべし」などと訓示を行い、住民を壕掘りや土砂運び、材木の伐採などの過酷な作業に動員した。小学生までもが勤労奉仕として動員された。食糧や資材などの供出も厳しく行われ、部隊が駐屯した地域には日本軍慰安所も開設された。沖縄は全島が軍事要塞と化し、軍隊と住民が暮らしの場で混在する状態になったのである。

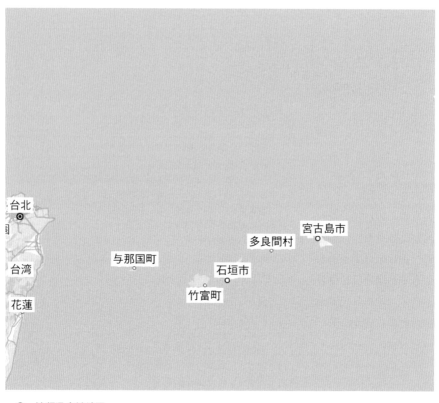

●―沖縄県全域地図

軍の論理が最優先

　同じ頃、沖縄県は軍の要請で県民の県外疎開を実施した。食糧確保や戦闘の際に邪魔な存在を島外へ移動させるという軍事優先の考えからであり、制海権を失っていた当時、疎開船に乗る誰もが犠牲になる可能性を秘めていた。1944年8月22日には多数の疎開者を乗せた対馬丸（つしままる）が米潜水艦によって撃沈され、1484人（氏名判明者数）が死亡したが、その事実は伏せられたまま疎開事業は続けられた。

　10月10日、米軍によって南西諸島全域が空襲された（十・十空襲）。旧那覇市（なは）は焼きつくされ、県内の飛行場や港湾施設も破壊された。県民は日本軍の抗戦がほとんどないことに不信感を抱くが、第32軍は11月に「軍官民共生共死ノ一体化」を、翌年2月には「戦斗指針」（せんとう）として「一機一艦船、一艇一船、一人十殺一戦車」の方針を示した。県民は、生きるも死ぬも日本軍と一緒（運命共同体）であることを誓わされ、特攻精神をあおられていくのである。

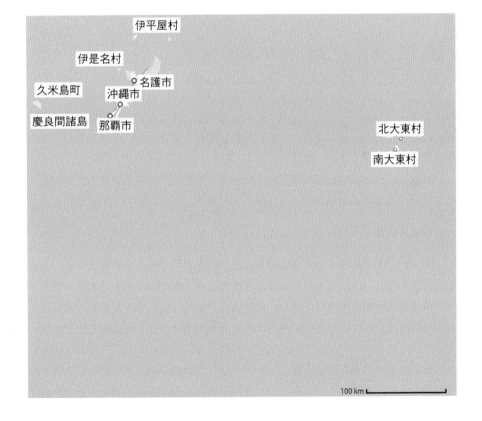

100 km

12月、第9師団が台湾に抽出された第32軍は、水際作戦を放棄し徹底した持久戦を策定した。第32軍は大本営に増援要請をするが応じてもらえず、逆に残存部隊でもって敵を消耗させるよう求められた。

　第32軍は兵力補充のため県民を根こそぎ戦場動員した。2万数千人の青壮年男子を防衛隊に、青年女子を教護班・炊事班に、市町村単位の義勇隊、男子中学生を鉄血勤皇隊（てっけつきんのうたい）や通信隊、女子学生も学徒看護隊、本島北部では15〜18歳の男子を「護郷隊（ごきょうたい）」の名でゲリラ戦闘員として動員したのである。朝鮮出身の軍夫や「慰安婦」に至っては未だ全容が不明である。

　1945年2月以降、戦闘に不要な老幼者のヤンバル（沖縄島北部）疎開が実施された。十分な準備もないまま北部へ追いやられた住民には、飢餓にマラリア禍という惨劇が待っていた。

生きる選択肢を奪われる住民

　1945年3月、米軍は上陸作戦支援のため空襲と艦砲射撃を始めた。26日、慶良間（けら）諸島に米軍が上陸すると、追い詰められた住民の間で「集団自決」（強制集団死）が発生する。徹底した「皇民化教育」が行われたうえ、「生きて虜囚（りょしゅう）の辱（はずかし）めを受けず」の戦陣訓は住民にも向けられていた。加えて日本軍からは、"鬼畜米英"に捕えられたら女は強かんされて殺され、男は戦車でひき殺されると聞いている。さまざまな機会をとらえて「いざというときは自決せよ」と命じられ、手りゅう弾も渡されていた。日本軍がいる限り投降は絶対に許されず、生きるという選択肢はないに等しかった。

　「集団自決」は慶良間諸島だけでなく、米軍上陸地点である読谷村（よみたんそん）のほか伊江島や沖縄島中部地区、南部一帯でも発生している。

時間稼ぎの捨て石に

　4月1日、米軍は沖縄島中部西海岸から上陸を開始した。4個師団による上陸兵力18万人余り、それを支援する部隊をあわせると総計50万人を超え、アジア太平洋戦争最大規模の編成であった。対する日本軍は、根こそぎ動員した県民を含めても10万人程度で、地下壕に身を潜めて米軍の無血上陸を諦観するしかなかった。

　上陸後の米軍は飛行場を占拠し、わずか3日で沖縄島東海岸に達すると島を南北に分断した。米軍は主力を南部へ、それ以外を北部へと向かわせ、北部地域は海岸沿いを3週間足らずで制圧した。南部へ向かった米軍は4月5日に161.8高地

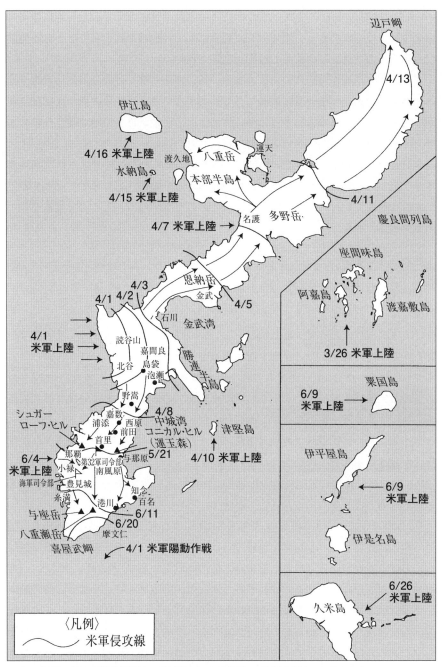

辺戸岬

4/13

伊江島

4/16 米軍上陸

水納島

4/15 米軍上陸

渡久地

八重岳

運天

本部半島

名護

多野岳

4/11

慶良間列島

座間味島

阿嘉島

渡嘉敷島

3/26 米軍上陸

4/7 米軍上陸

恩納岳

金武

4/5

4/3

4/2

4/1

石川

金武湾

読谷山

嘉間良

北谷

島袋

泡瀬

勝連半島

粟国島

6/9
米軍上陸

伊平屋島

6/9
米軍上陸

一野嵩

嘉数

シュガー
ローフ・ヒル

浦添

西原

前田

首里

4/8

中城湾

コニカル・ヒル

（運玉森）

5/21

津堅島

4/10 米軍上陸

那覇

第32軍司令部

与那原

小禄

南風原

海軍司令部

豊見城

知念

糸満

港川

百名

与座岳

6/11

八重瀬岳

摩文仁

6/20

喜屋武岬

4/1 米軍陽動作戦

伊是名島

久米島

6/26
米軍上陸

〈凡例〉

米軍侵攻線

●─米軍侵攻図（戦闘経過図、『沖縄県史 各論編第6巻 沖縄戦』104頁より）

（中城村北上原）、8日に嘉数（宜野湾市）へと達し、待ち構えていた日本軍の激しい抵抗にあう。ここから首里の第32軍司令部まで、直線距離にして約5kmの範囲で日米両軍の一進一退の激しい戦闘が展開された。

5月に入り米軍が首里に迫ると、22日、第32軍司令部は沖縄島南部喜屋武半島への撤退を決めた。まともに戦闘できる兵力がないなか、戦争の引き延ばしにかかったのである。大本営にとって沖縄作戦は、本土決戦準備の時間稼ぎ作戦であり、沖縄は「国体護持」のための捨て石にされたのだった。

5月27日、司令部は摩文仁（糸満市）の壕へ向かった。このとき、陸軍病院や各地に点在していた野戦病院では、自力で歩けない負傷兵に対して青酸カリや銃による「処置」が行われた。将兵は、敵兵のみならず味方によっても殺害されたのである。

終わらない戦争

1945年6月、すでに多数の住民が避難していた沖縄島南部一帯は、軍民混在の戦場となった。陸海空の3方向から砲弾が降り注ぐ「鉄の暴風」の下、住民たちはさまよい続けた。ガマ（自然洞窟）や家畜小屋、墓、岩かげや樹木の下、溝などあらゆる場所に避難したが、安全な場所などなかった。さらに、日本兵からの食糧強奪、壕追い出し、泣き止まない乳幼児やウチナーグチ（沖縄方言）を使用した者への殺害事件が頻発した。とりわけ沖縄人をスパイ視し、あるいはスパイ摘発を名目に、軍にとって不都合な行動をした住民が理不尽に大量に殺された。

日本軍による住民虐殺は沖縄島南部に留まらない。すでに米軍に保護された避難民が日本兵にスパイ嫌疑をかけられ、集団で虐殺された「渡野喜屋事件」（5月12日）は沖縄島北部大宜味村での出来事である。久米島で発生した住民虐殺は8月15日を過ぎたものもあった。

6月23日（22日の説もある）、第32軍牛島満司令官と長勇参謀長が自決し、組織的戦闘は終結した。しかし牛島司令官は、自決に先立って「爾今各部隊は各局地における生存者中の上級者之を指揮し最後迄敢闘し悠久の大義に生くべし」との命令を出したため、沖縄戦は終わらなかった。米軍は6月30日までの間、徹底した掃討戦を展開し7月2日に沖縄作戦終了を宣言したが、日本軍が正式に降伏調印式に臨んだのは2か月後の9月7日のことである。さらにその後も終戦を知らず、あるいは知っていても投降できず、ガマの中や森の茂み、木の上などで息を潜めていた人々がいた。

飢餓とマラリアに襲われる—宮古・八重山の沖縄戦

　宮古島には３か所の飛行場があり、米軍に加え英軍機動部隊による空襲が頻繁にあった。地上戦闘こそなかったが、空襲や艦砲射撃によって兵士や住民に死傷者が出た。最大の問題は５万2000人の住民に対して駐屯した日本兵が３万人にものぼったために、食糧確保の困難からくる栄養失調やマラリア罹患による死者が続出したことであった。

　八重山には石垣島（いしがきじま）に４か所の飛行場があり、宮古同様、断続的な空襲に見舞われ、被弾死する住民が後を絶たなかった。しかし住民被害の最たるものは、日本軍が住民をマラリア有病地に強制移動させために発生した、マラリア罹患死である。八重山の人口３万2000人の半数以上がマラリアに罹患し、そのうち約3600人が死亡した。

現在に続く基地の存在

　米軍は慶良間諸島上陸直後に「ニミッツ布告」を発令、沖縄を日本政府から切り離して軍政を開始した。米軍に捕まった住民たちは、沖縄島北部を中心とする12か所の民間人収容所に押し込められ、自由な移動を厳しく制限された。収容所の居住環境は劣悪なうえに食糧難も重なり、地獄の戦場を生き延びながら収容所で死んでいく人々が後を絶たなかった。

　この間、米軍は日本軍が建設した飛行場を拡張整備して本土攻撃に利用するとともに、無人化し

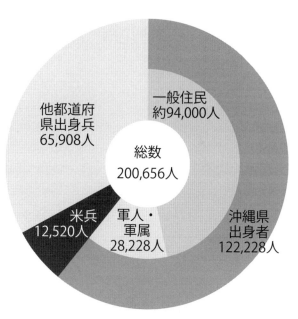

●—沖縄戦戦没者数の推計（『沖縄の援護のあゆみ—沖縄戦終結50周年記念』56頁より）
沖縄県民の戦没者数については、昭和19年の人口と昭和21年の人口を勘案するなどして推計した数であることから信頼性に欠けるものとなっている。また軍人・軍属と一般住民の区別もあいまいである。

た地域において次々と基地を建設していった。1945年10月以降、徐々に住民の帰還が許されるようになったが、故郷が軍用地になってしまい周辺への移住を余儀なくされる者も多くいた。住民に待っていたのは、遺骨収集と米軍作業員としての就労だった。このときから今に至るまで、基地との共存を強いられているのが沖縄なのである。

（吉川由紀）

〔参考文献〕 嶋津与志『沖縄戦を考える』ひるぎ社、1983年、沖縄県生活福祉部援護課編『沖縄の援護のあゆみ―沖縄戦終結50周年記念』沖縄県生活福祉部援護課、1996年、林博史『沖縄戦と民衆』大月書店、2001年、吉浜忍『沖縄の戦争遺跡』吉川弘文館、2017年、沖縄県教育庁文化財課史料編集班編『沖縄県史 各論編第6巻 沖縄戦』沖縄県教育委員会、2017年

※本書で使用した用語について

①戦後、民間人が収容された場所の呼称は複数あるため、住民収容所（収容地区）・民間人収容所（収容地区）・○○収容所（収容地区）・キャンプ○○・臨時収容地・仮収容所など、地域ごとに使用された呼称をそのまま記載することにした。

②現在の米軍基地施設名は沖縄県知事公室基地対策課「沖縄の米軍及び自衛隊基地（統計資料集）令和5年10月」記載の名称を使用した。

I 南　部

第32軍司令部壕
首里
那覇市
南風原町
与那原町
瀬長島
百名
久高島
南城市
豊見城市
八重瀬町
米須　糸満市

南部の沖縄戦

　沖縄島南部とは現在の那覇市・豊見城市・南城市・糸満市・島尻郡（南風原町・与那原町・八重瀬町）一帯を指すが、那覇市を除くこともあり、区分は厳密ではない。与那原町は沖縄戦当時、大里村に属していたが、戦後、町として分離独立した（表参照）。

南部への米軍上陸を想定

　日本軍は米軍の上陸地を南部、あるいは中部西海岸と予想し、中南部に主力部隊を配置した。内陸部に位置し、周囲の見通しがきく首里に第32軍司令部を置き、その北側に第62師団、西側の小禄半島に沖縄方面根拠地隊（海軍）、南側の喜屋武半島に第24師団、東側の知念半島に独立混成第44旅団を配備した。米軍が南部の海岸から上陸した場合は、米軍が橋頭堡（足場）を固めないうちに、第24師団と独立混成第44旅団が戦うことになっていた。

米軍が南部に進攻

　米軍は南部の港川海岸で陽動作戦を行いながら、中部西海岸に上陸し、嘉数高地などでの一進一退の攻防を制して首里に迫った。首里は5月10日頃から米軍の猛烈な攻撃を受け、石嶺・弁ヶ岳などで激戦となり、首里防衛の最後の外郭陣地であるシュガーローフ・ヒル（真和志村）と運玉森（与那原町と西原町の境界にある山）が占領された。5月21日、第32軍司令部は首里にとどまるか、知念半島もしくは喜屋武半島に撤退するかを検討した。第32軍の敗北は確実だったが、本土決戦準備の時間稼ぎのために喜屋武半島での持久作戦の継続が決定された。この決定が沖縄戦を長引かせ、一般住民の犠牲を拡大させた。5月29日、米軍は首里を占領した。首里は完全

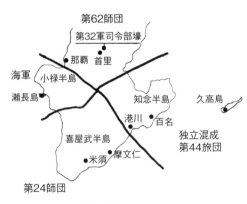

●─日本軍の南部配置図

に破壊され、砲弾や爆弾の穴だらけとなり、「月の噴火口のような光景」と化した。

日本軍の南部撤退コースとなった地域

第32軍司令部の南部撤退によって、首里から南部へと続く主要な道路は日本軍部隊や敗走する兵隊、避難する住民でひしめき合っていた。米軍が橋や十字路などの交通の要所に砲弾を撃ち込み、道路には無数の死体が散乱した。

●—南部の市町村

沖縄戦当時の市町村	現在の市町村
那覇市・首里市・真和志村・小禄村	那覇市
豊見城村	豊見城市
南風原村	南風原町
大里村与那原	与那原町
大里村・玉城村・佐敷村・知念村	南城市
東風平村・具志頭村	八重瀬町
糸満町・兼城村・高嶺村・真壁村・喜屋武村・摩文仁村	糸満市

日本軍は米軍の進攻を遅らせようと、橋を破壊しながら撤退していった。

首里の南側に位置する真和志村・豊見城村・南風原村・東風平村・大里村などは、日本軍の撤退コースとなり、それまで自宅近くの壕にとどまっていた住民も、軍の立ち退き命令や米軍の接近によって避難を余儀なくされた。人々は、砲弾に追われ、隠れる場所を探し求めて、西へ東へと右往左往した。西に行けば喜屋武半島、東に行けば知念半島である。

喜屋武半島と知念半島で異なる戦死率

日本軍の撤退によって直径7kmほどの喜屋武半島は、住民・避難民約10万人と日本兵約3万人がひしめきあう軍民混在となった。米軍は、第7歩兵師団・第96歩兵師団・第1海兵師団を3方向から南下させ、日本軍を追撃した。住民・避難民は、米軍の猛烈な攻撃に巻き込まれたうえ、味方であるはずの日本兵による避難壕からの追い出し、食料強奪、スパイ嫌疑、住民虐殺などの犠牲となった。

一方、知念半島には日本軍の戦闘部隊はおらず、米軍との戦闘はほとんど行われなかった。米軍は6月初旬に知念半島を制圧し、玉城村百名などに民間人収容所を開設し、捕らえた人々を収容した。

その結果、軍民混在の戦場となった喜屋武半島に避難した人々や住民の戦死率が高く、日本軍がいなかった知念半島に避難した人々や住民の戦死率は低くなった。

（古賀徳子）

那覇市 ……………沖縄戦以前に空爆で壊滅した街

・多くの市民が乗船した対馬丸の遭難と十・十空襲で崩壊した那覇市
・十・十空襲以降に軍施設が移転、那覇市難民も受け入れた真和志村
・海軍飛行場建設で、沖縄戦前の大規模土地接収に翻弄された小禄村

那覇市

　現在の那覇市は沖縄戦後の1950年代に首里市（「首里」の項参照）・小禄村・真和志村と合併した。琉球国時代から外国との玄関口・商都として栄えた。冊封使を那覇から王都首里へ導く海中道路「長虹堤」がつくられたように、川で隔てられ市域は「浮島」と呼ばれた。明治政府の琉球処分により琉球国が滅亡したのち、王都首里に代わり栄えたのが那覇だった。国や県施設が集中し、寄留商人の商店が軒を連ねた。働き者で知られた「那覇女」の市場、製造業や手工業事業所が集中し約6万5000人が住んだ。

　しかし日中戦争、アジア・太平洋戦争と戦線が拡大長期化するなかで、戦争の影響が出た。1941年には阪神行路の船が日本軍に徴発され、本土との往来が困難になった。徴兵で若い男性の姿が消え、在郷軍人会が隣組の女性たちに防空演習や竹やり訓練を指導した。1944年2月、那覇港で軍船が原因不明の大爆発を起こし市民に衝撃を与えた。

　7月、第32軍増強により那覇港から数千単位の兵が連日上陸した。軍需品輸送のため県営鉄道嘉手納線は県民が乗れなくなった。県校長会は全県の校舎を軍に無期限使用を認め、那覇市の8国民学校含め、市内の学校は軒並み日本軍が使用した。那覇国民学校には砲兵部隊が駐屯、松山国民学校の校庭に砲弾が山積みされた。県立第二高女は上陸部隊の一時宿舎となった。教師は、「石垣からハブを出して見せろ」「土人を見せろ」と強要する兵隊に苦慮した。

　西本町に海軍集会所、西新町屠畜場に軍食糧倉庫、通堂町に兵站本部、西武門町に軍法会議所が置かれた。垣花の県水産試験場には海軍暁部隊、沖縄地方気象台には高射砲部隊が駐屯した。市内の全鉄工所が軍に接収され、軍工場と宿舎になった。生活が軍事一色になった市民と日本軍との間で摩擦も起きた。『沖縄新報』が日本兵による性暴力事件を報じると、軍は同社近くで演習を繰り返し威圧、記事を取り下げさせた。

8月、疎開者を乗せた「対馬丸」が悪石島沖で米潜水艦に撃沈され市民に衝撃が広がった。市内8つの国民学校の生徒が、判明しているだけで600人のっており、乗船学童の75%を占めていたからだ。箝口令が敷かれたが、撃沈は知れ渡り、親が校長宅に押しかけたり、消息を訪ね歩いた母親がデマを流布したとして警察に捕らえられた。最も死者が多かった那覇国民学校では在校生の12.7%が亡くなった。児童数減少の結果「十・十空襲」後に天妃・上山・松山が那覇に合併し、市内国民学校は5校に減った。戦後は市民が1950年代まで旧那覇市地域には戻れなかったため、那覇・甲辰は再建されなかった。

　1944年10月10日の「十・十空襲」では、午前9時20分からの第二次空襲で那覇港が猛爆された。軍船、徴用された機帆船や漁船が燃え上がり、埠頭にあった米や衣類など軍需物資が灰となった。市消防団は果敢にも埠頭から燃え上がる船舶に放水を試みた。炎上する船から飛び込んだ船員らが命からがら護岸に泳ぎついた。正午からの第三次では港湾と垣花の住宅街が燃え上がった。自警団と軍の消火では間に合わず、市民を避難させた。午後1時からの第四次では、那覇の中心街をめがけて大量の焼夷弾と銃爆撃が襲った。上之蔵・西新・天妃などの住宅街が炎を噴き、軍は建物を取り壊す破壊消防

を始めたものの、沈火できなかった。猛火と熱風に追われ市民は対岸へ渡ろうと泉崎橋など各橋へ殺到した。泉崎橋下では船に避難した病院患者が死亡した。泉崎橋の先にある甲辰国民学校では、校庭にけが人や兵士が次々と運ばれた。泊国民学校では校庭に積み上げられた燃料のドラム缶が燃え上がった。那覇市と那覇港を取り巻き配備された陸海軍の高射砲約20門が米軍機へ火を噴いたが、はかばかしい戦果はあげられなかった。沖縄県の住民避難命令を受け、那覇市民は国頭村を目指した。深夜まで県道1号を徒歩で北上する人の波が続いた。軍慰問公演を終えて那覇市へ戻ろうとした芸能家宮城能造さん（当時39歳）は軍トラックを乗り捨て歩いた。真和志村上之屋から泊、若狭、松山、久茂地を見渡すと「『火の海』というより『火のトンネル』である。このまま行けば死ぬしかない。電柱がたったまま燃え、電線が赤くただれて」いたという。たどり着いた壺屋では、死んだ子を背負い逃げる母親や負傷者や遺体を見た。警防団は国頭へ避難するように触れ回っていた。翌日、那覇市内に入ろうとした男性は近づくにつれ、息苦しく体が熱で焼けるようだったという。焼け跡には市民はおらず脚絆姿の官吏と兵隊が立ち働いていた。市民の死傷者640人、住宅全焼全壊1万1010軒にのぼり、市域9割が炎上した。民間食糧も1か月分を焼失し、残りは3

か月分のみだった。軍はおびただしい砲弾を失った。これがのちに大きな影響をおよぼすことになった。

市民は国頭郡・首里市・浦添村・真和志村・小禄村などへ避難した。仕事や職場を失った市民は農村では仕事が得られず、食料配給はあっても生活に困窮した。空襲1か月後頃から、戻って焼け跡に住む者が現れ、那覇市も復興方針を打ち出した。同時期、空襲被害によって逆に疎開の気運は高まり、多くが九州や台湾へと移動した。

年が明けた1945年2月の北部立ち退き（疎開）では、那覇市民は大宜味村（1529人）・国頭村（3760人）など、1万5775人が国頭へ割当てられている。しかし、戦闘が始まると、山中では多くが飢餓やマラリアなどによって死亡した。戦火に追われて南部に逃れた者は戦闘で死亡した。那覇市では悉皆調査が行われておらず、「平和の礎」の記録では戦前の那覇市民6万5765人中、

7584人が沖縄戦で死亡している。亡くなった場所は那覇市33.6％・北部18.78％・南部13.42％となっている。

真和志村

真和志村は琉球国役人の「江戸立」（江戸への慶賀使節）を表現した歌「上り口説（ぬぶぅいくどぅち）」にも「大道松原」が歌われ、昔からの交通名所だった。県営鉄道開業後は安里や国場に駅が置かれ賑わった。12.6㎢と村域が広く県立第二中学校・沖縄師範女子部・第一高等女学校などがあった。戦禍で実現しなかったが「県立沖縄高等学校」も設立申請がなされていた。与儀には琉球処分後に設置された練兵場や県立農事試験場などがあった。村民の多くは農家で甘蔗・甘藷・田芋・百合根などを栽培した。村内にはアダン葉帽子工場・缶詰工場などもあった。

1944年7月に第62師団が第32軍に編入された。天久グスクには、独立高射砲部隊が砲台を設置した。部隊は安里国民学校を使用したため、十・十空襲では安里校児童が弾薬を運んだ。児童4、5人が1班となり信管を外した弾薬を荷馬車に載せ、米軍機がいないのを確認して運搬。その後は集落の女性が木箱に2発30kgを入れ、頭に乗せて砲台までのぼるという非常に危険な作業をした。

●―沖縄戦前の那覇市・首里市・真和志村・小禄村

空襲後、村内には那覇市民約3700人が避難していた。日本軍も第32軍司令部は松川の養蚕試験場に、官舎や近隣民家が司令官や参謀宿舎に、師範に経理部が置かれた。村民は飛行場建設や壕掘りに動員された。現「那覇新都心」地区には米戦車を阻むため1kmもの戦車壕が掘られた。慶良間チージなどの丘陵にも、動員で陣地壕が掘られた。同時期に県外疎開も進み、約3400人が村を後にした。1945年2月の北部立ち退きでは大宜味村押川などが割当てられた。しかし荷物運搬船が撃沈され疎開者は着の身着のままになり戦時に辛酸をなめた。

真和志村には避難できない村民が残っていた。銘苅では戦線が迫る5月5日頃には立退き命令が出た。普久原ウシさん（当時35歳）は「その夜、ちょうど、うちなんかのとうちゃんは、部隊から離れてきていたけれど、どうせこの戦はね、死ぬか生きるかの一つだから、もし戦が勝った場合はわしがお前たちと逃げたら大変だから、お前たちは逃げられるだけにげるんだよ、と言って別れたよ」という。同12日から慶良間チージ（日本軍名「第52高地」、米軍名「シュガーローフ（Sugar Loaf)」）では、日本軍第62師団・独立混成第15連隊と米軍第6海兵師団が死闘を繰り広げた。3日間で制圧と奪還を繰り返し、多数の死者が出た。このとき米軍は死

●—日米が激しい攻防戦を繰り広げた慶良間チージ（1945年5月、沖縄県公文書館所蔵）米軍作戦名「シュガーローフ」。現在の那覇市おもろまちの安里配水池。

傷者2662人と戦争神経症患者1289人を出した。

「平和の礎」の記録によると、村民は戦前人口1万6884人の内4873人が死亡した。生き延びた人々は、真和志村が開放されないため、1946年3月頃までに収容地区から摩文仁村米須に移動した。戦後の初代村長の金城和信の下、遺骨をガマに納骨し、「魂魄之塔」「ひめゆりの塔」「健児の塔」を建立した。村民は豊見城村嘉数を経由して、真和志村へ帰還を開始したのは7月のことだった。

小禄村

小禄村は消費地に近く野菜生産が盛んであった。昭和初期から県農業試験場の指導を受けキャベツ・ナス・トマトを関西へ出荷した。琉球国時代、垣花間切の儀間真常が薩摩から綿の種を持ち帰り栽培、妻らが村内に広めた

●─米軍が撮影した小禄村全景（1945年６月、
　沖縄県公文書館所蔵）
　日本軍の小禄飛行場があり一帯は激しい攻撃
　を受けた。

織物「小禄くんじー」など、豊見城・
垣花とともに絣産地として民謡「三村
節」に歌われた。
　異変は1931年満洲事変直前の８月に
起きた。大嶺の畑に測量の赤旗が突然
立った。大嶺平野と呼ばれた約10万坪
の肥沃な農地が海軍小禄飛行場のため
に接収された。1935年の内台航路の民
間機就航、1937年日中全面戦争に突入
後は大型爆撃機離着陸のために拡張さ
れた。アジア・太平洋戦争開戦後の1944
年接収では、手続きもなく土地も建物
も取り上げられ、建物は那覇市辻町に
慰安所として移築、石塀は豊見城村与
根などの飛行場工事に使われた。一方、
農産物運搬用の荷馬車は工事に駆り出
され、「飛行場モウキ（儲け）」の臨時
収入を得た。
　1944年７月の第32軍増強では、田原
は海軍暁部隊宿舎、小禄第一国民学校
に海軍剣部隊、小禄第二国民学校が厳

部隊の兵舎や倉庫になった。住民
動員は陣地構築や飛行場建設だけ
でなく、農業支援にも回された。小
禄の学生も含め島尻郡の国民学校
高等科の200人が「農兵隊」として
羽地村に送られ、出征兵士宅の田
植えや河川改良や灌漑工事に従事
した。
　十・十空襲では、小禄飛行場と
周辺が攻撃され、村民は豊見城村
など近郊へ避難した。1945年２月
の北部立ち退きでは名護村が受け
入れ先となった。しかし、村内に留まっ
た家族もいた。きょうだいと母と祖母
７人で小禄に留まった上原仁太郎さん
（当時９歳）は「人が逃げていった壕に
入っていた」。防衛隊からいったん戻っ
た父親は、逃亡兵になるのを恐れ隊に
復帰し戦死した。母親が艦砲で亡く
なったのち、ガマのなかで泣き続けた
弟は日本兵に殺害されてしまった。同
時期、海軍兵はスパイを探すといって
民間人壕を回り、みすぼらしい風体の
男性を殴り殺した。
　６月４日、米軍は鏡水海岸から上陸
した。一帯にいた海軍兵士は約8300人
だった。金城近くの陣地壕から攻撃し
米軍の侵攻を一時はばむものの、すぐ
敗走した。海軍は５月下旬の第32軍司
令部の南部撤退のとき、武器を破壊し
南部にいったん撤退したが、再び小禄
に戻っていた。銃や手榴弾などによる
夜間の斬り込みで米軍を攻撃したが、

13日に大田 実司令官は決別電報を送り自決した。「平和の礎」の記録によると小禄村民は戦前人口9723人中2917人が死亡している。その半数は南部での死者である。

　戦後は飛行場など村域の9.9km²、約7割が米軍用地となった。1947年、田原など4集落が開放され人々が戻り始めるが、未開放の12集落の住人は津真田原に移動している。戦前人口約9000人は約1万4000人に膨れ上がっていた。有志は「新部落建設期成会」を結成、1953年に0.11km²を買い取り、米国民政府と米軍、琉球政府の支援による宅地造成で新しい町をつくった。

（謝花直美）

〔参考文献〕 『那覇市史資料 第3巻7』1981年、『天久誌』2010年、『沖縄県史 第9巻』1971年、『小禄村誌』2012年、『田原字誌』2012年

首里 ——徹底的に破壊された古都——

現在、多くの観光客が訪れる那覇市首里は戦前、「首里市」という市だった。

琉球国の王城として首里城が築かれて以来、19世紀後半まで約450年にわたり、首里は王都として存在し、石垣をめぐらせた御殿、邸宅や寺社も多く、首里城を舞台に芸能や料理、伝統工芸など王国の歴史と文化が育まれた。

1879年の沖縄県設置により、政治の中心が那覇へと移ると、1896年には「首里区」に、1921年には「首里市」となった。人口は1940年時点で1万7537人であった。泡盛製造や染め・織りなどの伝統産業も盛んで、琉球国時代の建造物や石畳道など古都としての面影を伝えつつ、多くの学校が置かれ、学問・教育の地としての一面も持つ街であった。

1944年3月、第32軍創設後は日本軍部隊が駐屯し、特に首里城地下には司令部壕も築かれたため首里市域には多くの

第32軍直轄の部隊が配備され、陣地壕も多数構築された。

また、首里城近くにあった沖縄師範学校男子部・県立第一中学校・県立工業学校・県立首里高等女学校はそれぞれ、米軍上陸直前に学徒隊が編成され、男子学徒は兵士として「鉄血勤皇隊」「通信隊」に、女子学徒は看護要員として軍病院に配属され、多くの犠牲者を出した。

第32軍司令部壕が置かれ、日本軍の重要拠点であった首里に対し米軍は激しい砲爆撃を続け、首里の街は徹底的に破壊しつくされた。貴重な文化財も数多く失われ、戦争が文化をも奪いつくすことを首里の街は物語っている。

家族・親戚と首里市内に避難していた大城志津子さん（当時14歳）は、4月半ば頃から「毎日、壕は地震のように揺れてですね、落盤しそうな感じで、天井から小石がパラパラ落ちていました」と語っている。

首里市では戦前の人口の約半数にもあたる7388人が犠牲となったが、戦死者全体の約17%が首里市内で亡くなっており、これは市内での激しい砲爆撃や戦闘に市民も多数巻き込まれたことを示している。

（大田 光）

〔参考文献〕『沖縄県史 各論編第6巻 沖縄戦』沖縄県教育委員会、2017年

●—廃墟となった首里（1945年5月29日、沖縄県公文書館蔵）

第32軍司令部壕 ——さらなる住民犠牲を決定づけた場——

2019年10月の首里城正殿炎上のニュースに衝撃を受けた人も多いのではないだろうか。今、首里城の再建とともに、その地下に眠る第32軍司令部壕についても注目が高まっている。

1944年3月、第32軍が創設され、司令官ら軍首脳が沖縄に着任した。第32軍は当初、旧南風原村津嘉山に司令部壕を構築したが、十・十空襲後に壕の強度や周囲の見通しの悪さを理由に壕の移転を決め、首里城地下に新たな司令部壕の構築を開始した。完成を急ぐため、多くの市民・学生も構築作業に駆り出され、米軍上陸後も作業は続けられた。地下30m、総延長約1000mの人工壕内部には、司令官室や参謀室、作戦室や通信室、医務室、炊事室などが設けられた。壕内について県立一中生で通信隊に動員された宮平盛彦さん（当時14歳）は、「中は暑く、兵隊は半袖半ズボン。上半身裸の人もいた」「明かりが煌々とついていた」という。

米軍が首里に迫った5月22日、司令部は南部・喜屋武半島への撤退を決定した。大本営の方針である本土決戦のための時間稼ぎを忠実に実行したのである。そのため、軍民混在の地獄の戦場となった南部では、さらに多くの住民が巻き込まれ命を奪われていった。その後司令部は摩文仁へと向かったが、撤退の際に壕の中枢を爆破、さらに重要書類も焼却した。

2012年には県が司令部壕の説明板を設置したが、検討委員会が提出した最終案の「司令部壕内には、牛島満軍司令官、長勇参謀長をはじめ総勢1000人余の将兵や県出身の軍属・学徒、女性軍属・慰安婦などが雑居していました」という文から「慰安婦」と、「司令部壕周辺では、日本軍に『スパイ視』された沖縄住民の虐殺などもおこりました」という記述すべてを削除するという問題が起こった。

沖縄戦の実相を学ぶためにも重要な場所である同地は今、保存公開に向けての取り組み・調査が行われている。2026年までに第1と第5坑口を公開し、あわせて県の文化財指定を目指しており、今後の展開が注目される。　　　（大田　光）

〔参考文献〕　牛島貞満『首里城地下　第32軍司令部壕』高文研、2021年

●—司令部壕内の様子（1945年、沖縄県公文書館所蔵）

豊見城市 ·················· 沖縄戦の海軍終焉の地

・供出、スパイ容疑、字からの退去命令など軍隊に圧迫された生活
・日本海軍と米軍の激しい地上戦が展開
・戦闘の余波をうけ村民戦死者の3人に1人が村内で犠牲

豊見城市の概要

　豊見城市は沖縄島の南部に位置し、北に那覇市、南に糸満市、西は東シナ海に面した地域である。

　沖縄戦当時は豊見城村で、沖縄の本土復帰以降、那覇市のベッドタウンとして人口が激増し、2002年の市制施行によって豊見城市となった。

沖縄戦前の豊見城村

　沖縄戦前、豊見城村の住民の多くがサトウキビやサツマイモを中心に農業を営んでいた。一方で、村発祥の聖地として信仰の対象であった離島、瀬長島では半農半漁の生活が行われ、西海岸部の与根では製塩業を営む人々がいるなど、字によって多様な生活形態をみせていた。

　戦災により戸籍などが失われたため正確なものではないが、沖縄戦当時の村人口は約9000人と考えられている。

　豊見城村の忠魂碑は豊見城村役場（現在の豊見城中学校辺り）内に置かれていた。役場は村をあげて戦死者を弔う村葬の会場となり、戦意高揚や国に命を捧げることを肯定する価値観を浸透させる場となっていた。

　1940年の皇紀2600年祭には、村内で記念式典が開かれたほか、保栄茂では国旗掲揚台の設置、平良では共同井戸の改修、根差部では記念植樹などが行われた。

「上陸地点」を意識した日本軍の配備

　1944年8月以降、沖縄県に続々と日本軍が配備されると、豊見城村にも第32軍の直轄部隊（球部隊）と第9師団（武部隊）が配備され、ほぼすべての字に日本軍が駐屯し、陣地構築に取りかかった。

　日本軍は敵上陸予想地点の1つとして那覇から糸満の海岸部を想定し、その範囲内にある豊見城村西海岸部周辺でも、敵の上陸を意識した軍備が行われた。沿岸部近くの小山や丘陵地帯を利用した陣地壕、予想される敵の進攻路に照準をあわせた臼砲・対戦車砲・地雷などが備えられたほか、保栄茂グスク頂上には敵の動向、着弾地点確認

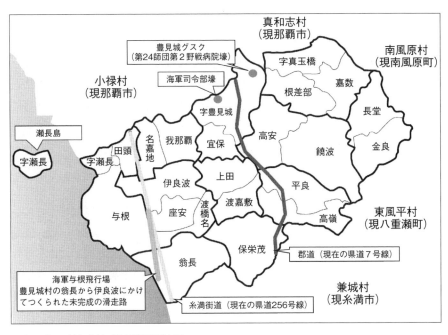

●─豊見城村（市）沖縄戦関係地図

のための監視所、金良周辺には射程距離の長い重砲が沿岸部へ向けて配備された。

第9師団の台湾移転後は、第24師団（山部隊）が村内に配備されてこれらを引き継ぎ、敵の上陸に備えた。

豊見城村内の海軍の陣地

海軍小禄飛行場を構える小禄半島の防衛を担った沖縄方面根拠地隊（沖方根）の海軍司令部壕が、字豊見城の高台・火番森一帯で構築され始めたのは1944年8月頃とされる。壕構築の作業は専属の部隊が行い、民間人は近づくことも許されなかった。

同じ頃、瀬長島の軍備に取りかかっ

たのも海軍の部隊で、海面砲や高射砲などを配備して島の防備を固めていった。

このほか、宜保などには横穴式の魚雷格納壕が設けられ、小禄飛行場の補助滑走路として海軍与根飛行場の造成などもすすめられた。

地上戦をみすえて変わる生活

沖縄が戦場になるという考えから県外への疎開が始まると、村内にあった豊見城第一・第二国民学校が学童集団疎開を宮崎県に送り出した。一般県外疎開について、村全体では消極的だったが、長堂は独自の県外疎開を行い、当時の字人口約300人の内83人を宮崎県

21

へ送り出した。

1944年8月以降、豊見城村民も村内外の陣地壕づくりなどの徴用作業に動員されることが多くなった。

動員作業中の落盤事故で根差部の人が犠牲となったこともわかっている。与根飛行場の造成作業には、村内国民学校の子どもたちも石材運搬などに動員された。

駐屯した日本軍へイモや野菜を差し出す供出もたびたび行われ、高安では、道路の拡張を理由に屋敷の提供を求められ、大きな財産の供出に応じざるを得ない世帯もあった。

近づく地上戦

十・十空襲によって那覇市周辺は大きな被害を受けた。豊見城村に空襲の被害はなかったが、村内には縁故/無縁故を問わず、被災民が流入した。

年が明けて1945年2月、豊見城村役場は村民へ山原への疎開を呼びかけた。沖縄県が指定した村民の疎開先は大宜味村喜如嘉・謝名城・田嘉里で、3月中旬以降、山原疎開は本格化した。

この山原疎開後、日本軍は、郡道（現在の県道7号線）よりに西側に住む村民に対して、郡道以東の饒波・高安などへ移動するよう命令を出した。敵上陸予想地点周辺に民間人がいると、足手まといになると判断したためと推測できる。

この頃、渡橋名の高良健二さん（当

時14歳）は友人らとともにスパイ容疑にかけられた。移動命令により人気のなくなった集落の寂しさを紛らわすため、モールス信号を真似て遊んだことが嫌疑の理由だった。事情を説明して事なきを得たが「日頃仲良くしてくれた兵隊が別人のようになって怖かった」と証言する。

3月初旬から中旬にかけて大規模な防衛召集が行われ、豊見城村からは少なくとも500人以上が動員された。同じ頃、豊見城グスク東側断崖に構築された第24師団第2野戦病院壕に私立積徳高等女学校の生徒らが配属され、看護補助要員として活動を開始した。

3月下旬、瀬長島に駐屯した日本軍は、瀬長の住民に島外退去を命じた。退去後は各世帯の判断で動き、各地に四散したため、地上戦を前に字のまとまりは失われた。

4月1日、米軍の沖縄島上陸を受けて、村内に配備されていた部隊の多くも、一部を残して前線へ向け移動した。郡道以東へ移動を命じられていた村民たちも、瀬長を除いてそれぞれの字へ戻って行った。

軍民混在のなかでの被害

米軍の艦船が沖縄島周辺を覆いつくした頃、金良の重砲陣地から沖合へ砲撃を行うと、何倍もの反撃が撃ち込まれ民家にも被害が及んだ。また、海軍司令部壕が置かれた字豊見城の集落も、

空襲を受けて家屋の9割以上が焼け落ちた。陣地と住民居住地との距離がなく、軍民混在に近い状況のなかで村民や家財に被害が出始めた。

日に日に艦砲射撃や空襲が激しさを増し、村民の多くが日中は防空壕などで過ごし、夜に食糧調達などを行う生活を送った。そのなかで、洗濯物や炊事の煙などが米軍の偵察機に見つかり、艦砲射撃などが撃ちこまれて被害を受けた村民も少なくない。長堂の又吉美恵さん（当時15歳）は、「親戚のお姉さんも夕飯の準備中に亡くなった。炊き出しも命がけだった」と証言している。

村内での日本軍の動き

5月に入ると、村内において日本軍のさまざまな動きがあった。

負傷兵で満杯となった野戦病院壕では劣悪な環境のなかで手術が行われ、死体や肉片の処理に生徒も携わり、病院壕の活動は南部撤退のときまで続いた。

野砲第42連隊所属の仁位顕少佐率いる陸軍部隊と、海軍の部隊が合流し、陸海軍混成部隊「海軍砲台」が編制された。平良を通る郡道沿いの谷あいから前線へ向け砲撃し、戦果をあげたと自認している。

高安・字真玉橋を流れる河川域から、陸軍の特攻艇が最後に水上出撃したの

●—日本軍が作戦上爆破した真玉橋と攻撃を受ける字真玉橋（米国国立公文書館所蔵）

は5月中旬頃だった。出撃した特攻艇は、戻ることはなかったという。

沖縄の石造橋第一の名橋とも称された真玉橋も、日本軍の作戦上の理由で爆破された。

戦況は日ごとに悪化し、5月下旬、首里の第32軍司令部は沖縄島南部へ撤退を開始し、この動きは豊見城村民にも影響を与えた。

南部避難

5月下旬まで豊見城村内に留まっていた村民たちも、南部へ向け撤退する日本軍につづいて、避難するグループが出始めた。

金良の大見謝英子さん（当時14歳）は爆弾の破片を額に受けたことで目が開けられず、出発が遅れたという。たび重なる攻撃で負傷し、避難行動に影響を受けた村民もいた。

同時期、宜保から現在の糸満市新垣まで軍物資運搬に多数の村民が徴用された。日本軍の南部撤退にともなう動

23

きに村民が巻き込まれた格好で、平良の大城蒲戸さん（当時30代）の「渡橋名から動員された人達だったが、艦砲射撃で一人がやられたらしく引き揚げていった」という証言から、この作業で犠牲者が出たこともわかっている。長堂でも住民が別部隊の荷物運搬に駆り出され、こちらも若干名の犠牲者が出た。

戦場となった豊見城村

沖縄方面根拠地隊は、第32軍からの南部撤退命令の日にちを誤解し、5月26日に携行が難しい重火器を破壊して現在の糸満市真栄平（まえひら）に移動、28日には小禄方面の防備へ復帰した。

米軍の沖縄島南部への進攻が本格化した6月初旬、豊見城村は東西2つの経路から、米軍の進攻を受けた。字真玉橋などを経由する東側からの進攻と、小禄飛行場の北側海岸から上陸し、小禄半島を経由する西側からの進攻である。沖方根が第32軍の南部撤退支援を終え、南部へ向かう準備を進めていた矢先のことだった。

東西から進攻する米軍と沖方根との戦闘が始まり、撤退が不可能と判断した沖方根は最後まで小禄方面を死守することを決めた。結果的にこの動きが豊見城村を戦場となし、村民の犠牲をはねあげる遠因となった。

もともと正規兵が少なく、前線での戦闘で消耗していた沖方根はこの頃、

レールでつくった槍を装備した「槍部隊」が主体となっていた。主に斬り込み戦術で応戦したが、米軍の進攻に追い詰められ、海軍司令部壕周辺に位置する宜保は最大の激戦地となった。

米軍に包囲された海軍司令部壕で、大田実司令官は自決し、沖縄戦における海軍の組織的戦闘は、豊見城村で終局をむかえた。

このほか、渡嘉敷（とかしき）や金良では、南部へ撤退する日本軍を米軍が追撃する形で、交戦があったという証言もある。

艦砲射撃や空襲で南部避難の機会を失い、米軍の進攻により逃げ場を失くし、地上戦に巻き込まれて、村内で命を落とした豊見城村民は多い。沖縄戦で亡くなった村民約3600人の内、村内での死者は約1140人を数える。この数字は、地上戦の展開に加えて、軍事施設と住民の生活圏が離れておらず軍民混在の状態に近かったこと、村が日本軍の南部撤退のルート上に位置したことという、豊見城村の沖縄戦の特徴を示している。

それぞれの戦場と村内にできた収容所

南部へ避難した豊見城村民の多くが、「どうせ死ぬなら生まれたシマ（字）で」と、途中で引き返す行動をとった。その過程で米軍に保護された者もいれば、戦禍の犠牲となる者もいた。

防衛隊に召集された村民たちは、南部地域のみならずさまざまな場所で犠

牲となった。ただ、正確な人数や犠牲者数は、今もはっきりわかっていない。

　6月中旬以降、米軍が沖縄島南部で保護した住民を、一時的に留め置く収容所を村内に設置した。伊良波周辺にあったことから、現在「伊良波収容所」と称される。幹線道路である糸満街道に隣接し、日本軍と交戦が起こる可能性が低いと判断して、当地に設置したと考えられている。

　また、田頭にも軍人・軍属専用の捕虜収容所が設けられた。民家を金網で囲った急造の収容所で、捕虜は1〜2日ほど滞在したのち、沖縄島北部の屋嘉収容所などへ移送された。

収容所生活、帰村、復興へ

　米軍に保護された豊見城村民は、山原へ疎開していた村民も含め、主に中北部の収容所に連れていかれた。食糧事情の悪い収容所では苦労が多く、またマラリアなどにも苦しめられた村民も多い。

　豊見城村へ帰村が叶ったのは1945年12月以降で、初めは伊良波・座安・渡橋名周辺でのテント生活から始まった。

　この時期、村民女性が字真玉橋近辺で米兵にさらわれそうになるなど、豊見城村でも米軍に絡む被害があった。

　また、島外退去命令が出された瀬長島は、戦後、米軍によって接収された

●—伊良波収容所（沖縄県公文書館所蔵）
　写真奥の台形の影は瀬長島。

ため、住民の帰島が叶わなかった。島には米軍の施設が建てられ、村の聖地は沖縄戦をはさんで大きく変貌した。

　さらに、村内のいたる所に残された弾薬による事故も発生した。1946年3月、不発弾をいたずらした子ども数人が、渡橋名で爆死するという痛ましい事故が起きている。

　同年8月以降、学童集団疎開の面々など、県外へ行っていた村民も帰還し、少しずつ村内に明るさが戻ってきた。お互いの無事を喜び合う人がいる一方で、肉親の死を知り悲しむ人がいるなど、生き残ったすべての村民が、悲喜こもごものなかで手を取り合い、豊見城村の復興へ動き出していった。

（嘉数　聡）

〔参考文献〕『豊見城村史』1964年、仁位顕『珊瑚礁を朱にそめて』太宰府天満宮崇敬会、1975年、『豊見城村史 第6巻戦争編』2001年、『沖縄県史 各論編6 沖縄戦』2017年、吉浜忍『沖縄の戦争遺跡』吉川弘文館、2017年

瀬長島 ──戦争と軍隊に翻弄された島──

瀬長島は豊見城市の西海岸沖合にある島で、現在は観光地として賑う。この島には戦争と軍隊によって大きな変貌を余儀なくされた歴史が刻まれている。

沖縄戦の前、瀬長島は沖縄島と海中道路で結ばれていない離島だった。豊見城村発祥の聖地であり、美しい白浜を持つ島影から景勝地として知られ、主に半農半漁の生活を営む人口150人余の字があった。

1944年8月頃、敵予想上陸地点の範囲内に位置した瀬長島に日本軍が駐屯し、島内の軍備をすすめた。島内には海面砲・高射砲・機関銃などが備えられ、陸軍海軍合わせて1000人余の日本軍が駐屯した。

1945年3月末、日本軍は瀬長の住民に対し、島外への退去を命じた。退去後の行き先は各世帯の判断に任され、沖縄地上戦を前に、瀬長島は日本軍によって占有された。

●──集落や畑地が確認できる瀬長島（1945年4月2日、沖縄県公文書館所蔵）

4月1日、米軍が沖縄島中部に上陸し、瀬長島内の日本軍も一部兵力を残して前線へ向かった。その後、島内に残った日本軍は小禄半島を進攻する米軍に対して砲撃を行っているが、米軍の艦砲射撃で島内の砲台が破壊された頃合いに、島を脱したとみられる。島の形を崩すほどの攻撃を浴びて制圧された瀬長島は、そのまま米軍に接収された。

瀬長出身の高良喜美さんが「（終戦後は）瀬長島に行けなくて今の豊見城警察署あたりに移動した」と証言しているように戦後は沖縄島側で字を再建した。

その後も瀬長島では弾薬庫施設建設のための爆破作業などが行われ、島影はさらに激変した。島は1977年に当時の豊見城村へ返還されたものの、かつての屋敷跡の位置も探せないほど変わり果て、生活の拠点を島へ戻すことは難しかった。

今日、観光地として賑わう瀬長島の、戦争と軍隊に翻弄された歴史を忘れてはならない。　　　　（嘉数　聡）

〔参考文献〕『琉球新報』1953年10月31日「崩される瀬長島 今度は無通告爆破作業 豊見城村が善処方陳情」、『広報とみぐすく』123号、1976年3月、『豊見城村史 第6巻戦争編』2001年

南風原町 ·········· 軍事化する地域

- 内陸部に位置する交通の要衝で、日本軍の後方兵站拠点とされた
- 第32軍の南部撤退経路となり、避難のなかで住民が多く亡くなった
- 戦争体験の記録や戦跡の公開も行われ平和学習の先進地

交通の要衝としての南風原

　古くから南風原町（当時の南風原村）は、首里や那覇に隣接し、実り豊かな農村地帯として、また、交通の要衝として栄えていた。戦前には、「軽便（ケービン）」の愛称で親しまれた県営鉄道が走り、複数の駅が置かれていたため、サトウキビやカボチャなどの農産物に加え、移民や出稼ぎの人々も行き交う場所であった。

　村内には12の字（集落）があり、ハワイ・北米・南米移民を除く沖縄戦当時の人口は約9600人であった。

　現在では、沖縄で海に面していない唯一の自治体だが、当時、第32軍の司令部が置かれた首里に隣接し、交通の便もよかったため、地域全体が後方兵站拠点とされた。現在、戦跡保存にも力を入れており、沖縄陸軍病院南風原壕群20号は公開されている。

軍事化されていく地域

　沖縄戦へと至る道は一足飛びではない。そこには、地域での日常生活が次第と軍事化される過程があった。

　日中戦争の本格化を受け、1930年代の後半には戦死者を通した国威発揚のため那覇港での慰霊祭も行われていた。例えば、1939年4月、同村出身で戦死した赤嶺保助さんは、県知事や軍関係者が参列した慰霊祭で大々的に弔われたのち、家族と自宅に帰った。村では村葬が行われたが、村葬や戦意高揚の儀式の場として使われたのが忠魂碑であった。

　また、新聞は、戦死した兵士を「無言の凱旋」などとして迎える記事を書き、戦場で活躍する兵士や帰還兵の姿も大きく取り上げていた。

　当時の報道のなかには、「銃後の南風原」として、地域から戦争を積極的に支えた存在について取り上げたものもあった。「村一番の供出爺さん」という記事は、津嘉山の仲村渠多平さんの供出への協力を讃えていた。彼は甘藷（さつまいも）の供出を割り当ての2倍以上行い、それを「御奉公の道」と表現していた。戦争協力は個人的なものにとどまらず、南風原は国策推進の模範

南風原町

27

新川
野戦作井第14中隊
機関砲部隊
第62師団野戦病院

大名
戦車第27連隊
海上挺身基地
第2大隊

宮城
戦車第27連隊本部
海上挺身基地第2大隊
高射砲部隊

与那覇
戦車第27連隊
整備中隊

兼城
野戦貨物廠部隊
糧秣野積み
ガソリン入ドラム缶

宮平
通信部隊
機関銃部隊
高射砲部隊

津嘉山
第32軍司令部
（経理部関係）
防疫給水部隊
要塞建築第7中隊
電信第36連隊
野戦貨物廠本部
高射砲部隊
機関銃部隊
慰安所

本部
野戦兵器廠勤務隊
電信第36連隊

喜屋武
南風原陸軍
病院壕
第2野戦築
城隊
野戦兵器廠
勤務隊

照屋
野戦兵器廠
勤務隊
慰安所

山川
独立自動車第259中隊
慰安所

神里
野戦重砲第23連
隊5中隊
第49兵站地区隊
本部
特編第2旅団

●─南風原に配備された主な部隊（南風原文化センター原図提供）

村としても有名であった。

学校教育や地域の信仰の場でも軍事化の影が現れるなか、村民は、内面からも戦争に駆り立てられていった。

はりめぐらされる兵站基地

1944年3月に編成された第32軍は、飛行場建設を当初任務としていたため、南風原からも伊江島・読谷・小禄・西原などに徴用や勤労奉仕として動員された。また、南部には第9師団が配備

され、陣地構築や戦闘訓練にも駆り出された。

住民の生活は次第に軍事色を強め、学校・公民館などの公共施設や民家が軍隊の兵舎・倉庫として使用されていった（民家の3割近くにおよぶ）。

南風原の地域的な特徴は、内陸部に位置し、交通の要衝にあるというものであった。そのことは、主要な道路や橋が敷設され、軽便鉄道の往来もあることを意味し、軍事的にも重視された。

当初、津嘉山には、第32軍の司令部壕が構築され、総延長は1500～2000mという大規模なものであった。しかし、壕としての耐久度や見晴らしの悪さから、12月に司令部機能は高台にある首里へ移転され、後方兵站の中心であった経理部関係が残された。この壕には、牛島満司令官らが南部撤退時に一時立ち寄っていた。壕内の様子について、ひめゆり学徒の宮城喜久子さんは、長い階段のある広い壕内の様子や牛島司令官らの緊迫した状況を語っていた。

また、兵站補給関係部隊の配備がす

すめられ、兼城・津嘉山には野戦貨物廠、本部・照屋には兵器廠、山川には輸送部隊が置かれた。

病院機能の移転と戦闘部隊の存在

　十・十空襲では、与那覇が焼夷弾による攻撃を受けて9割の家屋が消失した。焼夷弾の威力はものすごく、日常的に行われていたバケツリレーによる消火は役に立たなかった。空襲後に、那覇から後方支援部隊が移動してくるが、なかでも第32軍直轄の沖縄陸軍病院が、南風原国民学校に移り、空襲をさけるため黄金森への壕構築も行われた。また、新川の通称ナゲーラに第62師団の野戦病院壕も置かれた。病院部隊の配備にともない、一日橋周辺に疫病対策のための防疫給水部隊も配備された。

　一方、南風原の一部地域には、後方支援部隊だけでなく、戦闘部隊も配備されていた。司令部のある首里に隣接した宮城や与那覇には唯一の戦車連隊が置かれ、神里や津嘉山には、重砲と高射砲関連の部隊も駐屯していた。

　部隊配備にともなって、村屋と呼ばれる集落の事務所や民家など4か所に「慰安所」が設置された。「慰安婦」とされたのは、沖縄の女性であった可能性が高いが、証言には「朝鮮ピー」という朝鮮人「慰安婦」に対する蔑称もみられる。また、日本軍は、「朝鮮人軍夫」も動員しており、山川の自警団では「朝鮮人がヤギを盗んで食べている」

と監視活動を行っていた。沖縄の住民は日本軍からスパイ視されていたが、朝鮮人はさらに厳しい差別や監視にさらされていた。

列車爆発事故と箝口令

　戦争の足音が迫るなか、1944年12月11日には、村内を走っていた軽便鉄道が神里付近で大爆発を起こした。事故現場には、焼けただれた死体や肉片が散乱し、さらには炎に包まれた貨車が3つ先の津嘉山駅まで流れるという大惨事であった。村内の住民に被害はなかったが（民家3軒に被害）、兵士に加え、乗り合わせた女学生や県営鉄道職員に多数の死傷者が出た。

　当時、第9師団が台湾に移動したのにともない、軽便鉄道は、中部に展開していた第24師団を南部に再配置するため、兵士や軍事物資の運搬でフル稼働の状態であった。事故原因は、運搬中のドラム缶のガソリンに引火したことであったが、加えて事故現場付近には大量の弾薬が野積みされていたことで誘爆し、大規模なものになった。事故後、現場付近は憲兵隊に封鎖され、住民には箝口令（軍事秘密をもらすことを禁ずるもの）がしかれた。第32軍の長勇参謀長は「国軍創設以来の不祥事」と訓示し、軍規弛緩を戒めた。

南風原の疎開

　1944年夏に県外疎開（本土8万人・台

湾2万人）の方向性が決められた。

南風原の一般疎開では、年齢制限があったため、実際の疎開数は多くはなかったが、316人が宮崎県や熊本県に疎開した。疎開の数には地域性があり、手持ちの財産が少なく、本土へ出稼ぎを送り出していた地域からの疎開が比較的多かった。

また、学童疎開は2度にわたって実施され、8月の第一次は熊本県に124人、9月の第二次は宮崎県に146人と、総勢270人が疎開した。勧誘を行ったのは、学校や村役場・区長などであった。子どもらは、最初、初めてみる雪に喜んでいたが、「ヤーサン（ひもじい）、ヒーサン（寒い）、シカラーサン（寂しい）」といわれる厳しい生活のなかで2年余を過ごし、1946年10月に帰郷した。

これに加え、米軍上陸が避けられない状況になると北部疎開もすすめられた。南風原の指定先は、宜野座村古知屋（現在の松田）であったが、家族離散、見知らぬ土地での生活や食糧確保の不安などを理由に疎開する者は多くなかった。

戦場となった南風原

1945年4月1日に米軍は沖縄本島に上陸した。その前に行われた空襲や艦砲射撃で、南風原の住民は避難壕に隠れたものの直撃弾が襲い、犠牲者が続出した。その後、9日に役場より玉城の親慶原への「立退き」指示が出され

たが、徹底されず、避難したのは一部であった。伝令が伝わったのは、役場に近い地域や役場職員のいる地域に限られ、歩けないためにとどまったお年寄りも少なくなかった。

5月になると南部方面に逃げる避難民が殺到したが、交通の要衝であったため攻撃対象となり、道路や橋は「死の十字路」「死の橋」と呼ばれ、多くの死体が散乱していた。照屋出身の桃原キクさん（当時18歳）は、その様子を「山川橋から東風平にかけての通りは死人の山で、歩く人がそれを道端に寄せていた」と証言している。

米軍が首里に迫った5月22日に、第32軍は南部撤退を決めるが、それにともない首里に近い宮城は軍民混在の戦場と化した。まさにその日、民権運動でも知られ、孫文らの中国革命にも関わった新垣弓太郎さんの妻タガ子さんが、日本兵に銃殺された。弓太郎さんは、戦後、妻の墓碑に「日兵虐殺」と刻んだ。

この虐殺の背景には、中国とのつながりを疑われ軟禁状態にあった弓太郎さんへのスパイ視があった。スパイ視は、多くの住民に向けられたもので、津嘉山の大城永三郎さん（当時22歳）は、耳が不自由だったことで何度もスパイと疑われ、「殺されるかもしれない」という恐怖を味わった。

南風原も危険な状況になるなか、住民は、大里や玉城を通って糸満方面に

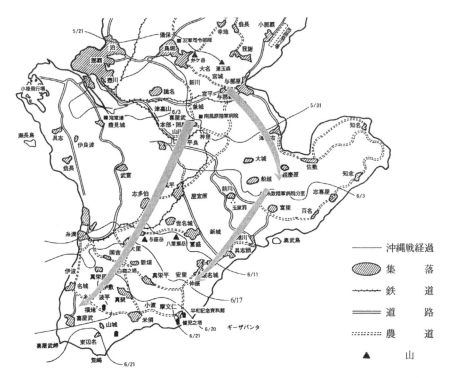

●—南風原からの南部避難コース（『南風原町史 第3巻戦争編ダイジェスト版』2004年より作成）

逃げる者と、東風平を通って糸満方面に逃げる者がおり、摩文仁や喜屋武岬に追いつめられて多くが亡くなった。神里出身の沢岻安子さん（当時15歳）は、東風平の壕で日本兵が住民を追い出そうとするのに対し「避難民は出して、兵隊さんは入るわけ」と反抗したと語っている。

一方の軍側は、第32軍司令部の南部撤退を防衛するため、残存兵力を再編した特設連隊を配備したが、運玉森から侵攻した米軍の攻撃で敗走した。

また、5月25日に、沖縄陸軍病院も南部に撤退することになったが、歩けない重症患者は壕に置き去りにされ、青酸カリが配布された。本隊撤退後にも、軍医・衛生兵が生存者に青酸カリを配布しており、負傷兵を敵の捕虜にしてはならないという軍中央の方針を徹底したものとされる。

壕内にいた京都府出身の岡襄さん（当時21歳）は、ミルクに混ぜられて配布された青酸カリを途中まで飲んだが吐き出し、日本兵に銃を向けられながら辛くも生き残ったと証言している。また、両足のない患者が泥道を這いながら南に向かう姿を目にする村民もいた。

南風原町

31

●―収容所へと向かう津嘉山の家族（沖縄県公文書館所蔵）

南風原では、県内居住者7896人の内3505人が死亡し（44.4％）、その4割以上が6月に入り、南部へ避難中に亡くなっている。第32軍が5月下旬以降も持久戦を継続したことが、南風原の多くの住民に死をもたらしたのである。

故郷への帰還と新たな出発

沖縄戦の「戦後」は、地域や島々によっても異なる。南風原の場合も、南部への避難者と、移民や疎開者（国内外および北部）では「戦後」や復興の意味合いは違っていた。

南部への避難者の多くは、玉城村（現在の南城市）にある百名収容所から、中部の収容所を経て、北部の収容所へと入った。また、北部疎開者は、宜野座や石川の収容所へ入ることになる。

1945年11月30日に、知念市市長より大見武（現在の与那原町）での南風原区建設の指令を受け、区の建設が進められた。その後、年末には、北部の各収容所から南風原と与那原の出身避難民が大見武へ移動した。

翌年の1～2月にかけて、大見武に南風原村役場と南風原初等学校が置かれ、先遣隊を組織し、遺骨収集、家屋の建設や農地の片付けを進めていった。7月には全字の帰村が決まり、さらに10月12日には、村役場が現在の南風原小学校敷地に移動し、本格的な戦後復興が開始されたのである。

戦後直後の生活は厳しかったが、生活基盤である農業の復興のみならず、戦前からの技術も生かし、喜屋武ではミシンで衣服を仕立て、那覇の市場で売って生計をたてた。さまざまな工夫と努力のなかでの復興であった。

また、1980年代からは、全字の戦災調査が行われ、それらを背景に、南風原文化センターの設立（1989年）や沖縄陸軍病院南風原壕群の文化財指定（1990年）が行われた。現在、戦跡の保存・公開も進められ、平和学習の先進地としても知られている。（秋山道宏）

〔参考文献〕　謝花直美『戦後沖縄と復興の「異音」―米軍占領下復興を求めた人々の生存と希望―』有志舎、2021年、南風原町史編集委員会編『戦世の南風原―語る のこす つなぐ』南風原町、2013年

与那原町 ……………………… 交通の要衝、激戦地となり跡形もなく破壊

・中城湾（なかぐすくわん）に面する交通の要衝であり海軍の軍艦もたびたび寄航
・町内の運玉森（ウンタマムイ）が日本軍司令部の防衛拠点となり激しい攻撃を受ける
・戦争の影響で私有地の境界が不明確となり住民間の不和が長く続く

交通の要衝として発展

　与那原町（よなばるちょう）は、沖縄島南東部に位置する、面積約5k㎡の小さな町だ。終戦間もない1949年に与那原は大里村（おおざとそん）（現在の南城（なんじょう）市大里）から分離独立を果たし、今日の町制が発足する。この地域が大里村から独立した背景には、明治期以降、この地が交通の要衝として発展し、周辺の農村地域とは異なる風土や人々の気質が形成されたことがある。与那原は沖縄島中南部の東海岸地域と県都の那覇を結ぶ道路の結節点があり、また沖縄島北部で産出する薪や材木など物資を船で運搬し首里や那覇に供給する際の陸揚げ地でもあった。そのため、与那原は戦前から人やモノの往来が盛んな地域で、現在の町の海岸付近には、戦前期から商店・材木店・劇場・旅館・飲食店が立ち並ぶ町が形成された。1914年には、那覇と与那原を結ぶ県営鉄道も開通し、与那原はさらに大きく発展をとげていた。

軍港となり小学生が軍艦見学

　与那原は第二次世界大戦以前から、日本軍と関わりの深い町だった。町域が面する中城湾には、1910年以降海軍の艦隊がたびたび寄航した。艦隊が寄航すると官民あげての歓迎が行われ、与那原の海岸には艦隊からの依頼により架設桟橋も設置された。また、県内各地から帝国海軍の威光をみるため、多くの人々が訪れた。尋常（じんじょう）小学校では戦意高揚をはかるため見学旅行が企画され、多くの児童が与那原を訪れた。1921年には皇太子（後の昭和天皇）が戦艦香取（かとり）に乗船し与那原に上陸、近隣住民から盛大な奉迎を受けた。

敵艦攻撃のため特攻艇や魚雷も配置

　太平洋戦争の直前になると、与那原への日本軍の配備が本格化する。1941年10月には、中城湾臨時要塞司令部の駐屯が始まる。この部隊は重要な海運地の防衛を任務としており、現在の与那原小学校付近には兵舎や兵隊の訓練施設がつくられた。要塞司令部は沖縄

戦が近づく1944年4月に陸軍第32軍へ編入された。

　沖縄戦が近づくと米軍との戦いに備え、さらに戦闘部隊が配備される。中城湾臨時要塞重砲兵連隊が改称された重砲兵第7連隊が駐屯し、現在の江口区には同連隊の連隊本部・兵舎・医務室・通信室・監視所などが住民を動員し建設された。

　また、米軍の艦船が中城湾に接近することを想定し、これを攻撃する兵器も配備された。敵の船へ体当たり攻撃を仕掛けるベニヤ製船体の小型特攻艇「㋹」はその一つである。この兵器を運用する部隊が町内に駐屯し、米軍から「㋹」を隠すための秘匿壕が建設された。吉里孝栄さん（沖縄市出身、当時20歳）は、防衛隊として与那原の浜田区にあった兵舎へ配属され、「㋹」を与那原町与原区の海岸に運び出す作業や、西原村（現在の西原町）安室・桃原から取ってきて、竹で隠す作業をしたと証言している。この「㋹」は米軍の沖縄上陸後、実際に攻撃に利用され、日本軍の中尉が戦死したという。

　また、陸上から敵艦に向け魚雷を発射する射堡隊も配備され、魚雷を隠す壕や海岸へ魚雷を運ぶためのレールが与那原の板良敷区につくられた。このほか、戦車連隊や高射砲大隊の一部が現在の町域に配備された。

　与那原への日本軍配備は、住民生活に大きな影響を与えた。陣地構築に多くの近隣住民が動員され、作業にあたった。そのほかに、与那原町域に駐屯した部隊に軍属として採用される女性もいた。彼女たちは米軍上陸後も日本軍に帯同することになった。また、集落内の民家や学校などの公的施設は、駐屯する数多くの軍人・軍属を収容する兵舎として使われた。そのため国民学校は校舎で授業ができなくなり、近隣の民家などを使って授業が行われた。町内は兵隊が闊歩し、特攻艇の出撃訓練や魚雷の発射訓練などが日常的に行われた。

　日本兵と共に多くの朝鮮人軍夫も町内に入ってきた。彼らは与那原の劇場で約100人が寝泊まりしており、荷役作業や壕の構築作業など重労働に駆り出されていた。金城廣さん（与那原町出身、当時16歳）は、「公用」と書かれた腕章をつけた朝鮮人が料亭に入ろうとしたとき、「朝鮮人の来るところじゃない！」と憲兵2人が怒鳴り木刀で殴っていたところ、その場にいた住民に諫められ憲兵は帰っていったと、当時の様子を語っている。

県外や北部へ避難した住民

　与那原でも日米両軍の戦闘が激しくなる前に多くの住民が避難を開始した。このなかで、代表的なものが、学童疎開と北部への疎開である。

　1944年8月21日と同年9月15日の2次にわたり学童疎開児童が熊本県へ旅

立ち、約２年間、親元を離れての生活を強いられた。

　また、沖縄島北部への疎開も行われ、現与那原町域を含む大里村（現在の南城市大里）は、金武村（現在の金武町）が疎開地に割り当てられていた。疎開とは別に、自主的に北部へ避難した住民も多く、移動した時期は家族によって大きく異なる。1944年10月10日の空襲直後に北部に避難した家族もいれば、1945年３月23日に米軍の本格的な攻撃が始まって以降、急いで北部への避難を始めた住民も多かった。

首里防衛の拠点となり廃墟に

　与那原で大規模な地上戦が行われたのは、沖縄本島に米軍が上陸し約１か月半が経過した、1945年５月中旬から下旬にかかる時期である。この時期、日本軍は中城・宜野湾・西原・浦添などにおける戦闘で多くの戦力を失っており、首里にあった第32軍司令部の間近まで米軍地上部隊に進攻されていた。南下する米軍から首里を防衛する重要な拠点の一つが、与那原の運玉森であった。運玉森は与那原町の北部で西原町との境界付近に位置する、標高158ｍの丘である。この位置は首里から東に約３㎞と近く、丘を越えることができれば首里の東側を迂回し日本軍司令部を背後から攻撃できた。

　米軍が運玉森に対し攻撃を始めたのは、1945年５月13日である。地上部隊

●—米軍の艦載機から撮影された与那原の町（日付不明、沖縄県公文書館所蔵）
浜田区の兵舎が攻撃を受けた様子がわかる。

による侵攻に先立って、この丘に配備された日本軍へ大量の砲爆撃を浴びせた。５月16日には米軍の戦車隊が与那原へ到達し、さらに19日には敵陣地を爆破する部隊が日本軍の砲兵陣地を攻撃した。さらに翌20日、米軍は運玉森の頂上へ向け地上部隊を進軍させ、日本軍との激しい白兵戦の末に頂上を占領した。

　運玉森占領後の５月22日午前２時、雨が降りしきるなかで与那原の市街地へ米軍が侵攻した。このとき、与那原の市街地は米軍からの爆撃や砲撃によりすでに廃墟と化していた。同日午前４時15分に、米軍は町南西部の上の森に到達し、さらに陽があがる頃には、町南東部の雨乞い森に到達した。22日早

海上挺進隊
第27戦隊第2中隊

運玉森▲

浜田兵舎
(中城湾臨時要塞部隊)

兵舎
(與那原国民学校)

第27戦車連隊

揚陸場

高射砲部隊

江口兵舎
重砲兵第7連隊

弾薬庫 雨乞毛

海上挺進隊
第27戦隊第3中隊

射堡隊

●―現在の町域に当てはめた日本軍の配備状況（与那原町教育
委員会所蔵）

朝までの戦闘により、現与那原町域の大部分は米軍に占領された。

　5月22日、日本軍は首里に置かれた司令部を沖縄島最南端の喜屋武半島へ撤退させることを決定した。日本軍はこの時点ですでに米軍の占領下にあった与那原方面から、撤退する自軍の部隊が攻撃を受けることを懸念した。そこで与那原方面へ戦力を投入し、5月24日に夜襲による与那原奪還攻撃を企画するが失敗に終わった。24日の戦いが町域における最後の本格的な戦闘となった。

1000人を超える住民が南部で戦没

　米軍の沖縄本島上陸前に本島北部へ避難をする住民がいた一方、米軍による攻撃が激しくなるまで、多くの住民が与那原町内に留まっていた。これらの人々は、屋敷内や山手に掘った防空壕に身を隠していたが、米軍が西原村から南下していることを知り避難を始めた。

　与那原から避難した住民の多くは、大里の嶺井・古堅・南風原など、戦前の大里村役場周辺に集まった。そこで敗走する日本兵を目撃し、その後を追って糸満方面に移動する集団と、玉城の親慶原方面へ移動する集団に分かれた。親慶原方面は日本軍の戦闘部隊が配備されておらず、住民が戦闘に巻き込まれず助かった。一方、糸満方面に避難した住民は、日本兵を掃討する米軍の激しい攻撃にさらされ、多くが命を落とした。

　「平和の礎」建立時の調査によれば、沖縄県内で戦没した与那原町域の住民1672人のうち、与那原町内を含む沖縄島南部地域で亡くなった方は、1128人にのぼる。なかでも、与那原町内222人、旧大里村で263人、真壁・摩文仁両村（現在の糸満市）380人など、戦没者は戦闘が激しかった地域に集中している。戦没時期に着目すると、1945年5月564人（33.6%）・6月657人（39.2%）と、沖

I南部

200m

36

縄本島南部で激しい地上戦が行われた時期に、多くの住民が亡くなったことがわかる。

『与那原町史』に掲載された証言では、一般の住民と軍に帯同した軍属、それぞれの視点から住民被害の様子が語られている。

大田節子さん（与那原町出身、当時12歳）は、1945年4月頃、住んでいた区の住民がつくった壕に避難していた。この壕は与那原町西部の大見武にあったが、友軍（日本軍）の兵隊3人がきて、「自分たちが入るから出なさい」といわれた。大田さんの父が兵隊と交渉し、兵隊と一緒に壕を使うことになった。その後、兵隊から、「ここはもう危ないから出た方がいい」とすすめられ、父と2人で大見武の壕を出た。宮平（現在の南風原町）で米軍の空襲を受け、父は肋骨を骨折した。大田さんは、父から、1人で避難し叔父さんを探すようにいわれた。だが、父から離れず、一緒に大里、港川（現在の八重瀬町）へ避難したという。

また、津嘉山敏子さん（与那原町出身、当時18歳）は、与那原に駐屯していた第62師団野戦病院の筆生として採用され、米軍上陸後も軍属として軍と行動した。米須（現在の糸満市）の自然壕にたどり着いた際の様子を以下のように証言している。「ここの壕には一般の住民が避難していたのだろう。かたわら

●—破壊された与那原駅舎（沖縄県公文書館所蔵）
与那原駅舎は当時沖縄では希少なコンクリート建築であったが、戦争で無残に破壊された。戦後、建物は補修され消防署や町役場・農協として利用された。現在は復元され資料館となっている。

の大きな木の箱に中には、遺体が2体入っていた。一般の住民が追い出されたときに置いて行ったのだろう。異臭が鼻を突き暑気がむんむんとして、吐き気がしたが、やがてそれにも慣れて感じなくなった」。

米軍の進攻を受け、与那原の住民が南部へ避難することで、撤退する日本軍と避難先で混在する状況が多発した。それにより、住民は隠れた場所を日本軍に追い出されることもあった。さらに日本軍を掃討する米軍の攻撃に巻き込まれ、多くの犠牲者が出たことが生き残った人々の証言から読み取ることができる。

約3000人を収容、大見武収容所

日米両軍の戦闘終了後、与那原町北東部の大見武区には米軍第12部隊が駐屯していた。米軍は部隊を移動させ、跡

地を開放し、住民が移り住むことを許可した。1945年12月7日よりこの地で収容所の建設が開始された。この収容所に最も早く入ったのは、百名・船越・大城（いずれも現在の南城市）などの収容所で生活させられていた南風原村住民であった。彼らは大見武に移動し収容所の建設にあたった。

大見武収容所は同年12月20日から同月末までにかけて、沖縄島北部各地に収容されていた南風原村や現在の与那原町域を含む大里村出身の避住民2877人を受け入れ、与那原は復興に向けた第一歩をあゆみ始めた。

米軍がもたらした住民の不和

戦後も沖縄戦に起因するさまざまな問題が住民生活に大きな影響をおよぼした。その一つが地籍をめぐる問題である。終戦直後、米軍の収容所から与那原に戻ってきた住民が目の当たりにしたのは、変わりは果てた町の姿だった。特に町中心部の海岸に面した地域は、家屋が跡形もなく破壊され、さらにブルドーザーで整地され、米軍の物資集積所となっていた。この土地は終戦直後米軍の管理下にあったが、1946年2月頃、住民に解放された。しかし、土地は敷き均され、戦前の屋敷の境界もわからない状態だったため、戦後は土地の所有権をめぐる住民間のトラブルが頻発した。戦後行われた土地所有権の認定作業は、町行政にとって長年

にわたる大きな課題となった。地籍問題が解決したのは1984年で、終戦から非常に長い年月が経過していた。沖縄戦が発端となった土地所有権をめぐる問題は、地域社会に長期的な不和をもたらした。　　　　　　（稲嶺　航）

〔**参考文献**〕『与那原の沖縄戦 与那原町史 戦時記録編』2011年、『南城市の沖縄戦資料編』2020年

南 城 市 ……………… 沖縄島南部の避難民を収容

・中城湾（なかぐすくわん）が軍事的に重視され、早くから海軍や陸軍の施設が建設された
・大里村（おおざとそん）と玉城村（たまぐすくそん）では沖縄島南部（具志頭村（ぐしちゃんそん）・真壁村（まかべそん）・摩文仁村（まぶにそん））での戦没者が多い
・沖縄戦中の1945年6月上旬以降、知念（ちねん）半島各地で多数の避難民が収容される

軍事利用された港・中城湾に面した農漁村

南城市は2006年に大里村・佐敷町（さしきちょう）（戦前は佐敷村）・知念村・玉城村が合併してできた市であり、緑あふれる穏やかな地域である。戦前は多くの人が農業で生計を立てており、海に面する佐敷村・知念村・玉城村では漁業を営む人々もいた。現在の与那原町（よなばるちょう）は、戦前は大里村の一部であった（与那原町については、「与那原町」の項参照）。

日清戦争の講和条約によって日本の台湾領有が決まり、それに反発する台湾民主国軍と日本軍との間で戦闘が行われていた1895年、中城湾に面する佐敷村津波古（つはこ）に、海軍の艦船への水や物資の補給基地として中城湾需品支庫が建設された。中城湾には海軍の艦隊が頻繁に来航し、乗組員を上陸させての行軍（こうぐん）も行われた。建設から9年後に艦船への石炭供給は終了するが、水の供給はその後も続いたと考えられている。

中城湾はその後も軍事的に重視され、1941年には与那原に陸軍の中城湾臨時要塞が建設された。与那原には司令部・重砲兵連隊・陸軍病院からなる中城湾臨時要塞部隊が駐屯し、同時期に西表島（いりおもてじま）に建設された船浮臨時要塞（ふなうき）とあわせて、沖縄の近代史上で初めて日本軍が外敵に備えるために駐屯した基地となった。翌年の部隊の再編成では、重砲兵連隊第2中隊が伊計島（いけいじま）から知念半島（知念村知名（ちな）・安座真（あざま）・久手堅（くでけん）一帯とみられる）へ移駐する。地元の人々から「吉岡隊」と呼ばれた第2中隊は、知念村久手堅にウローカー砲台やウフグスク陣地壕（別名吉岡隊陣地壕）などを構築したといわれている（いずれも現存）。

米軍の知念半島上陸を想定した部隊配備

1944年の夏から、南城市域の4村にも日本軍が配備されるようになる。夏頃から11月にかけては第9師団、12月から翌年1月には第62師団の独立歩兵第15大隊、2～4月には独立混成第44

旅団独立混成第15連隊などの部隊が駐屯した。沖縄戦直前の1945年2〜3月には、具志頭村（現在の八重瀬町）港川をはじめとする知念半島の海岸から米軍が上陸することを想定し、海岸線には上陸する米軍を迎撃する部隊、内陸部には米軍と持久戦を展開する部隊が配備された。

学校や村屋（公民館）、瓦葺きの大きな民家などが日本軍の事務所や宿舎などに利用された。また、日本軍は南城市域に少なくとも七か所の慰安所を設置した。「慰安婦」は那覇の辻や朝鮮半島から連れてこられた女性たちであった。

駐屯した部隊は村内各地で陣地構築を行い、国民学校の児童を含む多くの住民も壕掘りなどに動員された。部隊から芋や野菜などの供出を要求されることも多く、住民たちは自分たちの食料を減らして要求に応えた。知念村では壕の枠となる木材として、斎場御嶽内の木や各字の拝所の松も切り倒された。

1945年の年明け以降、足りない兵員を補うために防衛隊や学徒隊、軍の補助看護婦や炊事婦、義勇隊として多くの住民が動員されるようになる。『軍属に関する書類綴』によると、義勇隊への入隊要求のために玉城村青年学校を訪れた独立混成第15連隊の「部隊長」が、教頭に対して「剣をジャラツカせて嚇した」という。

県外・やんばるへの疎開

1944年8〜9月にかけては学童の集団疎開も行われた。南城市域では、大里第一国民学校から約90人が2班に分かれて熊本県へ、佐敷国民学校から375人が6班に分かれて宮崎県へ、玉城国民学校から170人が4班に分かれて熊本県と大分県へ疎開した（いずれも学童と引率関係者を合わせた人数である）。知念国民学校でも学童疎開が予定されていたが、疎開船対馬丸の撃沈の情報が流れてきたため中止したという。

疎開した学童たちは、食料不足と寒さ、家族と離れた寂しさに耐えながら疎開生活を送った。大里第一国民学校では、学童1人が栄養失調のため亡くなった。

個人または家族単位での一般疎開に行った住民も多く、疎開先は九州などの県外や台湾であった。玉城村百名二区（現在の新原）から台湾に疎開した石嶺眞吉さん（当時11歳）は、疎開先でマラリアに苦しみ、弟を失った。「弟と抱き合って高熱にうなされ、震え、病魔と闘った。（中略）新原の疎開者のどの家族も瀕死の病人を抱え、苦しみのどん底を味わった」という。

1945年2〜3月にはやんばる（沖縄島北部）への疎開も行われた。南城市域の4村には金武村（現在の金武町・宜野座村）が疎開先として割り当てられた。一方で3月下旬には、金武村並里

のテーラガー（洞窟）と金武村字金武の砂利採り場に爆弾が投下され、大里村と佐敷村からの避難民が犠牲となった。

5月下旬に米軍が進攻

　1945年3月23日、米軍の本格的な空襲により沖縄戦が始まる。翌24日には知念半島への艦砲射撃も始まった。住民たちは集落付近の壕や墓での避難生活を始めた。また、疎開先に指定されていたやんばるへ避難した人々もいた。知念村シマグヮー（現在の具志堅）の知花幸栄さん（当時6歳）の一家は、集落山手のガマに避難したが日本軍に追い出され、家族8人で歩いてやんばるへ向かった。道中では石川橋が破壊されており、祖母が知花さんを背負って水のなかを渡った。

　米軍は4月1日の嘉手納海岸への上陸前後、具志頭村港川に偽上陸する陽動作戦を数回行った。その後、知念半島では空襲や艦砲射撃のみで地上戦闘はなかったが、米軍艦隊が中城湾にくると、佐敷村馬天の射堡隊（海軍）や知念村にいた重砲兵第7連隊が攻撃を行った。

　4月下旬、知念半島に配備されていた独立混成第15連隊が、首里周辺の防衛のため移動となる。5月3日には特設第4連隊が知念半島の警備を命じられるが、兵力が足りず、玉城・知念・佐敷村から16〜60歳までの住民を臨時召集して部隊に配属させた。このほかにも、弾薬運びや部隊の炊事、救護などのため、避難先の壕から男女ともに多数の住民が動員された。佐敷村屋比久の平田トシさん（当時36歳）は、知念村スクガー屋取の壕から那覇市牧志の壕までの弾薬運びに動員された。牧志の壕から戻るときに「義勇隊は解散」といわれ、「人なのか馬なのかたくさんの死体が横たわって」いるなか、自力で屋比久まで引き返した。

　5月22日、米軍が大里村嶺井に進攻する。翌日から雨乞森（現在の与那原町）で戦闘が始まるが、25日には米軍に占領された。この頃、大里グスクの陣地などでも戦闘が行われたが日本軍は後退をせまられた。5月下旬から6月初旬にかけて、日本軍の各部隊は知念半島各地で米軍と戦ったが、多くの犠牲者を出しながら摩文仁村（現在の糸満市）方面へ敗走する。米軍は6月上旬には知念半島を制圧した。

住民の戦場避難

　5月に入ると、南城市域には首里方面や沖縄島中部からの避難民と日本軍が押し寄せるようになる。それを受けて、それまで村内に留まっていた大里・玉城・佐敷村の人々の多くも壕を出て逃げ惑うことになった。彼らの避難経路は、知念半島内部（大里村・佐敷村・知念村・玉城村）をさまよったか、沖縄島南部（東風平村・具志頭村・真壁村・

●—玉城村屋嘉部で撮影したとされている、米軍に収容された避難民（1945年6月、沖縄県公文書館所蔵）

壁村（現在の糸満市）・摩文仁村で戦没した人が多い。両村では、首里方面や沖縄島中部から逃げてきた避難民や日本軍の後を追って沖縄島南部へ行った人が多かったとみられる。特に玉城村西部の富名腰一区（現在の船越）・富名腰二区（現在の愛地）・前川の三字では、村内のほかの字に比べて一般住民の戦没率が高く、沖縄島南部での犠牲者が多い。この理由には、日本軍や避難民が住民の避難壕周辺を経由して南部へ移動したことと、集落に米軍が接近したのを機に南部へ避難した住民がいたことが考えられる。さらに前川は摩文仁方面へ避難する通過点となり避難民や日本兵が殺到したため、米軍の攻撃を受けて犠牲者を多く出した。

また、大里村福原の銘苅清子さん（1930年生まれ）の一家のように、日本兵から「米軍が近づいているから南部方面に避難しなさい」といわれて南部に行った人々もいた。壕を出て真壁村で米軍に収容されるまでの約1か月、銘苅さんは「雨に濡れ、野宿をし、水や食べ物にも事欠き、体は衰弱」したが、「『捕虜になると殺される』という恐怖や、『生きたい』という強い思いが衰弱した体に鞭を打」ったという。

収容所の開設

6月初旬に知念半島を制圧した米軍

摩文仁村など）まで移動したかの大きく二つに分かれる。知念村では、村内あるいは佐敷村・玉城村方面へ避難した人が多かった。

玉城村糸数の糸数アブチラガマには糸数住民約200人と村外からの避難民が身を寄せていた。ガマに開設された沖縄陸軍病院の糸数分室が摩文仁村へ撤退した6月上旬以降、ガマは数人の日本兵と避難民・重傷患者が同居する「軍民混在」の状況となった。ガマでは米軍による馬乗り攻撃が行われて死傷者も出たが、日本兵は避難民が投降しないよう厳しく監視した。さらに避難民にも銃を持たせてガマ外部を監視させ、食料を探しに来た民間人3人を銃殺させたほか、ガマに入って来た民間人2人をスパイ容疑で監視した。ガマにいた人々が米軍に収容されたのは8月中旬以降であった。

大里村と玉城村では、具志頭村・真

は各地に収容所を開設し、南城市域や沖縄島南部で収容された避難民や軍人・軍属を受け入れた。米軍第24軍団の記録によると、米軍は6月5〜10日に約1万3000人を、同月10〜30日には約2万8000人の民間人（避難民）の大半を知念半島に送った。島南部にいた民間人の健康状態は非常に悪く、担架で運ばれた人は数百人にのぼり、玉城村百名一区（現在の百名）に開設された病院へ運ばれた。

●──避難民および軍人・軍属が収容された地域
　　白丸は、避難民らの一時的（数時間から一晩程度）な
　　収容所が開設された地域。

　民間人は家屋や家畜小屋、米軍が設置したテントなどに収容されたが、入りきれず木の下で過ごす人もいた。収容後も安全だったわけではなく、知念村久手堅では日本兵による食料倉庫への襲撃があり民間人数人が死傷した。米兵による強姦も多発し、玉城村富名腰二区では、女性を拉致した米兵に沖縄人の警察官が撃たれて亡くなる事件もあった。

やんばるへの立ち退きと知念市の誕生

　7月中旬から8月中旬にかけて、佐敷村、玉城村垣花一・二区（現在の垣花と親慶原）、知念村知名一〜三区（現在の知名・海野・久原）、安座真の収容所にいた人々が久志村（現在の名護市）

●──LST（戦車揚陸艦）で沖縄島北部に運ばれる民間人（1945年7月12日、撮影地不明、沖縄県公文書館所蔵）

に立ち退かされた。これは、日本本土上陸に向けての軍事基地を建設するという米軍の作戦によるものだった。そ

43

の他の地域に収容されていた人々も立ち退き対象であったが、日本の敗戦により立ち退きは中断された。久志村では厳しい食料難とマラリアなどの病気が人々を襲い、そこで命を落とした人も多い。

　一方、立ち退きをまぬがれた知念村久手堅・知念・シマグヮー・山里・志喜屋・玉城村百名は、9月に誕生した知念市の行政区として制定された。10月には、米軍は軍政地区（米軍政府が統治する地区）として南風原・大里・佐敷・東風平・具志頭・知念・玉城の7村で構成される「知念地区」を設定した。

帰村と米軍による土地利用

　10月下旬には、久志村など沖縄島各地の収容所にいた人々の帰村が認められるようになり、知念地区では人々を受け入れるための収容所が玉城村富名腰一区、大里村大城・目取真・大見武（大見武は現在の与那原町）に建設された。佐敷村内には米海軍の施設や宿舎が建設されていたため、翌年3月まで入村許可が下りなかった。佐敷村民や、知念地区でまだ開放されていなかった南風原村（現在の南風原町）・東風平村（現在の八重瀬町）・具志頭村の人々は、上記の収容所および玉城村や知念村の各地で生活し、元の居住地が開放され次第帰郷した。人々の帰村を経て、1946年4月には軍政地区が廃止され、戦前

の市町村制が復活した。

　1946〜49年には佐敷村新里に沖縄民政府が設置され、政治の中心地となった。同じ46〜49年には、現在の琉球ゴルフ倶楽部内（玉城村玉城一区・仲村渠二区一帯）に琉球列島米国軍政府が設置された。この頃、佐敷村津波古・小谷・新里の丘陵地は米軍高官の居住地になっていた（バックナービル）。

　軍政府が1949年に那覇に移転したのち、跡地にはアメリカの諜報機関であるCIA（中央情報局）の基地が設置された（知念補給地区、通称知念キャンプ）。知念キャンプは1972年に閉鎖されるが、跡地はゴルフ場（琉球ゴルフ倶楽部）となり、かつてその地にあった玉城一区と仲村渠二区の両集落は消滅したままである。　　　　　　　　（山内優希）

〔参考文献〕『南城市の沖縄戦 資料編』2021年（第2版）、『南城市の沖縄戦 証言編─大里─』2021年、『佐敷町史 4 戦争』1999年、『知念村史 第3巻戦争体験記』1994年、『玉城村史 第6巻戦時記録編』2004年

百　名——知念半島の中心的な収容所——

海を見下ろす高台に立地し、緑豊かで閑静な場所である南城市玉城百名。1945年6月5日、米軍はこの地に、知念半島の各地や沖縄島南部から送られてきた人々のための収容所を開設した。百名収容所は、知念半島各地に設置された収容所のなかでも早期に開設され、米軍の野戦病院、地元の医師が治療を担った知念地方中央病院、捕虜収容所、警察署、孤児院・養老院、初等学校を有する、規模の大きな収容所だった。終戦直後の百名（仲村渠と新原を含む）の人口は約6000人にまでのぼったという。

南城市玉城仲村渠出身の幸喜繁さん（1932年生まれ）によれば、摩文仁（現在の糸満市）あたりで収容された人たちが米軍のトラックで運ばれてくると、米軍の野戦病院で応急手当を受け、歩ける人は知念方面まで送られた。米軍の報告書によると、沖縄戦も終盤の6月、沖縄島南部で収容された避難民の多くは健康状態がかなり悪く、少なくとも3割の人が医療処置を必要としていた。

送られてきた人々は軍人・軍属と民間人に分けられ、軍人・軍属は鉄条網で囲われた捕虜収容所に入れられた。民間人は焼け残った家や家畜小屋、米軍のテントなどに収容されたが、家屋が満杯で入れず、知念村方面や垣花など近隣に開設された収容所に移動した人もいた。

幸喜さんはまた、「避難民のトラックが来るところには多くの人が集まり、家族や知人の安否を知るため情報収集をしていた。家族が亡くなったという話を聞いて気が狂ってしまい、一目散に走りだす人や泣き崩れる人もいた」と語る。戦争孤児や身寄りのない高齢者は孤児院・養老院に収容された。

人々の外出時間や外出範囲は制限されており、時間外に用足しや水汲みに出た民間人が米兵に射殺されたこともあった。人々は配給の食料や、八重瀬岳の麓周辺まで集団で行って掘ってきた芋、軍作業の報酬として得た米や缶詰などの食料で命をつなぎ、地元への帰村を待った。

（山内優希）

〔参考文献〕 『南城市の沖縄戦 資料編』2021年（第2版）、『玉城村史 第6巻戦時記録編』2004年

●——百名初等学校の児童たち（1945年頃、南城市教育委員会蔵）

久高島 ——島からの強制退去——

　琉球のはじまりの神話のなかで、琉球をつくった神様が降り立ったとされる久高島（だかじま）は、現在でも沖縄の人々にとって神聖な場所としてあり続けている。

　1944年夏、日本軍は知念岬（ちねんみさき）で陣地構築をしていた。50歳までの島民が陣地構築作業に動員されることになったが、遠洋漁業に男性は従事していたため島には男性は5～6人しか残っておらず、作業にはほとんど女性たち（200人ほど）が従事していた。この女性たちは「アンマー」（沖縄のことばで「お母さん」の意）部隊と呼ばれていた。

　その後時期は明らかでないが、おそらく年が明けてから島からの立ち退き命令が下り、島民は知念村（現在の南城市（なんじょうし））の安座真（あざま）と具志堅（ぐしけん）に移動した。沖縄島に移動後2月以降は、やんばる疎開（指定地の金武村（きんそん）〈現在の金武町（きんちょう）〉屋嘉（やか））に行った

●—久高島住民強制疎開之記念碑（南城市教育委員会提供）

人々と、疎開することを許されない「該当者」として日本軍の陣地構築に従事した人々、そして防衛隊に動員された人々がいた。「該当者」として知念岬で陣地構築に従事していた人々も、3月23日に日本軍から「敵はいよいよ敵前上陸して読谷（よみたん）と港川（みなとがわ）からはさみうちにくるからもう逃げなさい」という命令がきて解散した。解散以降は、先にやんばる疎開をした家族を頼って北部へ避難した人が多い。

　沖縄島北部で捕虜になった人も多いが、避難中に久高島へ戻ることを決め、自力で島に帰ってきた人々もいた。帰ってきた人々はしばらくガマに隠れて生活していたところを7月上旬頃に上陸してきた米軍にみつかって捕虜となり、浜比嘉島（はまひがしま）の収容所へ運ばれた。

　福地ウシさん（当時39歳）は疎開先で日本兵に「これでは日本は負けるね」といって、口論になったことを証言している。「兵隊はこわい顔をして「誰が教えたか」ときくから、「誰がも教えない。おばさんはちゃんとわかっているさ。神さまが教えてくれるさ」と言ってやりましたよ。私は久高の神人ですからね」という語りは、国家神道に懐柔されきらないシマンチュの精神文化の気高さを感じさせる。　　　　　　　　　（山城彰子）

〔参考文献〕『南城市の沖縄戦　資料編』2020年

八重瀬町 ……… 最後の防衛線となった八重瀬岳一帯

・戦闘の長期化により住民の動員や犠牲が増えた
・八重瀬岳や周辺の丘陵地が日本軍陣地となり米軍の攻撃が集中した
・町南部の海岸沿いに避難できた地元住民は被害を抑えられた

八
重
瀬
町

戦闘部隊の配備と県外・山原疎開

八重瀬町は2006年に沖縄本島南部の東風平町（旧東風平村）と具志頭村の2町村が合併して誕生した町である。1940年当時、東風平村には13の集落があり人口は約8900人。1945年当時、具志頭村には10の集落があり人口は約6300人であった。主な産業は両村とも農業で、サトウキビ・米・芋・野菜などを生産していた。東風平村内には南部主要地域間を通る県道の交差点があり県営鉄道東風平駅が置かれた。具志頭村は海に面し、雄樋川河口の港湾は山原船の出入りがあるほか、漁業や粟石産出が行われ、長毛・港川では商業も盛んであった。

第32軍創設後、八重瀬町域にはまず第9師団が配備され、1944年12月、同師団が台湾へ移駐後、第24師団が中頭から移駐し、歩兵第89連隊本部が東風平国民学校に置かれた。当銘・小城や新城・具志頭などに砲兵部隊が配備された。港川・長毛には海上挺進部隊が置かれ、特攻艇の出し入れや秘匿壕

づくりなどを担う兵員として村内外から多数の防衛召集者が集められた。住民は食糧や建設資材などを供出し、国民学校高学年から高齢者まで多くの住民が陣地構築へ動員された。

1944年7月以降、沖縄県各地から動員対象外の住民の本土疎開が始まった。東風平村では、南洋の空襲で爆撃などを経験した引揚者の勧めにより高良の7、8世帯が本土へ疎開した。一方、具志頭村では、1943年12月に村の満洲先遣隊が乗った湖南丸が撃沈され全員死亡する事件が起こり、疎開希望者が集まらず、村長が家族の半分を宮崎県へ疎開させた。また、東風平国民学校から149人の学童が宮崎県へ、具志頭国民学校から49人の学童が大分県へ疎開した。山原疎開は、両村とも1945年2月頃から始まり、多くは3月23・24日の米軍上陸前攻撃の頃であった。東風平村の疎開地は久志村字辺野古と久志、具志頭村は金武村であった。

港川沖の陽動作戦と立ち退き命令

3月23日、米軍は沖縄本島各地の港

●─空襲・艦砲射撃による港川・長毛の火災の様
子（1945年3月24日、沖縄県公文書館所蔵）

湾・軍事施設などを目標に、上陸前の
砲爆撃を開始した。上陸想定地の港川
周辺の集落でも艦載機による空襲が行
われ、港川・長毛・具志頭などの集落
で火災が発生した。出稼ぎ者の住む長
屋や店舗兼住宅などが密集していた一
帯ではほとんどの家屋が焼失した。翌
24日には艦砲射撃が撃ち込まれ、警官
や住民の死傷者が出た。両村の国民学
校や役場庁舎などは3月23日から4月
上旬にかけて破壊された。

　米軍は4月1日に沖縄島中部の西海
岸から上陸したが、代替案として用意
していた港川・与那原からの上陸作戦
を陽動作戦として実行した。歩兵第89
連隊の記録によると、港川沖の米軍艦
から米兵らが乗る上陸用舟艇がリーフ
に近づき威力偵察や機雷の掃海を行っ
た。同連隊は4月3日、敵の上陸阻止
の一環として、住民を動員して海岸付
近の浜や道で竹や松の木を使った対戦

車用の障害物を設置させるなどし
た。

　3月25日、具志頭村は軍から立
ち退きを要請され、村長や部隊長、
区長などが各壕をまわり、敵が上
陸するため壕を出て友寄以北や国
頭に避難するよう指示した。米軍
の中部上陸後、多くの村民は元い
た自分たちの壕や避難場所へ戻っ
た。そこには食糧や生活に必要な
ものを蓄えてあったが、軍が壕を
占拠していて入れなくなり、ほか
へ避難するしかない住民もいた。具志
頭の與儀正助さん（当時11歳）によ
ると、学校の修了式の日に空襲警報が鳴
り、家の近くの仲西壕に避難したが、村
長と加藤隊長に「敵は港川から上陸す
るのでここは危険だから国頭に行くよ
うに」といわれて壕を出た。東風平や
八重瀬岳の麓の壕などにしばらくいた
後、集落内の伊森壕に移った。しかし、
日本兵が刀と銃で脅しにきて、なかに
いたほかの避難民とともに追い出され
たという。

戦場への住民動員と第32軍の南部撤退

　本島中部地区で激しい攻防戦が行わ
れていた頃、両村の役場は軍の要請を
受け、多数の住民を集め、弾薬・食料
の運搬や負傷兵の移送などに動員した。
当時の兵事主任らの証言では、4月に
作成した東風平村内5600人分の動員名
簿の内、約2割は首里や中頭出身者で

あったという。また、各字で組織される義勇隊としての動員も行われた。世名城の義勇隊として動員された金城幸雄さん（当時16歳）は、砲弾が飛び交う5月頃、第24師団の野戦病院壕へ負傷兵の運搬を行った。「義勇隊の中にも患者を運びながら死んでいく人が沢山いた」、「弾がパラパラ飛んでくると、患者はそのまま置いて隠れていた」など当時の状況を証言している。

5月中旬、第32軍は本土決戦に備えるための時間稼ぎを狙い、現糸満市・八重瀬町南部一帯への撤退を決定した。南部撤退の際、避難していた壕付近の部隊に強要され、子どもや高齢者が八重瀬岳や糸満方面など南の方へ食料・弾薬運搬を行ったという証言もある。

6月以降、八重瀬岳と具志頭城址・多々名城跡から仲座高地一帯（地元呼称メーヌヤマ）に独立混成第44旅団が配備された。具志頭村長は6月1日、住民を知念村・玉城村へ立ち退かせるよう第24師団に命じられた。東風平村でも4日に立ち退き命令を受けたという。しかし、米軍は6月初旬に全域を占領していたため、知念村・玉城村への避難を決断できた住民は少なかった。集落周辺の防空壕、山林・海岸地帯のガマ（自然洞穴）や岩陰などで避難生活を送っていた住民は、南部撤退により南下してきた部隊や日本兵に壕を追い出された。銃や剣で脅されて追い出され、食料を奪われる事例なども相次いだ。

米軍の進攻と南へ逃げる住民

米軍は5月31日以降、南部攻略作戦に移り、南下した日本軍を追った。6月1日頃に町域の北部から、6月4日頃に東部から米軍部隊が進攻し、住民は日本軍が陣地化している地域に追いやられていった。一方、6月初旬に港川より東の現南城市には民間人収容所が置かれた。

5月下旬から6月初旬、八重瀬町域への砲爆撃が激しくなり死傷者が多発した。この頃から、歩けない高齢者や幼い子どもの多いグループは集落に留まり、その他の住民は集落を離れ場所を転々と変えながら避難した。八重瀬町中北部にいた住民は、砲爆撃による家屋の破壊や集落の火災、米軍部隊の進攻を目撃し、慌てて集落を離れた。町中北部には大きなガマが少なく、迫る米軍や戦火を逃れて南へ逃げるしかなかった。八重瀬岳周辺や八重瀬町南部にはガマが多く、このあたりにいた住民は軍に追い出されない限り、集落や村内、海岸のガマなどで避難を続けた人が比較的多かった。富盛の野原ヨシさん（当時35歳）は八重瀬岳のガマに避難中、上の方に直撃弾が落ち死傷者が出た頃、日本軍に壕を追い出された。病弱な子を背負い9歳と6歳の子を連れて「ただぞろぞろ前の人について歩いているような様子」の避難民の列に続いて歩き、安里の実家やギーザバンタ

●―八重瀬岳と富盛（1945年6月12日、沖縄県
公文書館所蔵）

へ避難した。

　各字別の戦前人口に対して米軍上陸
以降4月～8月の戦没者数（「平和の
礎」刻銘者名簿より）の割合を計算する
と、東風平村内では世名城が約50％、
富盛が約45％と高い。具志頭村では新
城が約36％と高い。証言によれば、日
本兵の指示で字内や近隣のガマから前
線へ食糧・弾薬運搬などのために住民
が動員されている。また、壕内部の洪
水により住民や日本兵が多数死亡した
事例もある。

海岸への避難と米軍による投降呼びか
け

　6月9日、米軍は八重瀬岳の日本軍
陣地を弱体化させるため、陸海空から
集中的な砲爆撃を行った。翌10日以降
は戦闘が激化し、米軍は戦車砲や火炎
放射、駆逐艦の艦砲などによる攻撃を
行った。そして、13日に安里と玻名

城を占領、14日に八重瀬岳頂上を
制圧、15日に仲座を占領した。17
日に与座岳一帯まで制圧し、この
頃までに八重瀬町域での戦闘は収
束した。

　安里以西の海岸からギーザの滝
辺りの断崖絶壁はギーザバンタと
して知られるが、この南部の海岸
一帯には日本兵や避難民が追いや
られ、大岩の陰や岩の割れ目など
に身を潜めていた。海岸の壕に避
難した仲座の前森定七さん（当時
31歳）は「昼時は閉じ込められて、夜
に食料を探しに行ってまたギーザにこ
もる」という当時の状況を語った。

　八重瀬町南部の集落は、山林地帯や
崖を下りて浜へ出る地元の住民が昔か
ら使っていた海道という経路があり、
避難の際にも住民はこの道を通って海
岸あたりへ逃げた。当時このあたりへ
避難した玻名城の福地トヨさん（当時
16歳）は、玻名城出身の男の子が海岸
の上から「アメリカー（米軍）は何も
しないから、港川の方に集まりなさい」
と投降を呼びかける声を聞き、そこに
いた住民と壕を出たという。具志頭の
海岸では、収容所から壕に食糧を取り
にきた住民が壕から出られない住民を
説得するなどした。具志頭と玻名城は
戦闘が激しい地域であったが、比較的
に住民の戦没率は高くない。集落が海
岸地帯に近いため、海岸の頑丈なガマ
や岩陰などに避難できた住民が多かっ

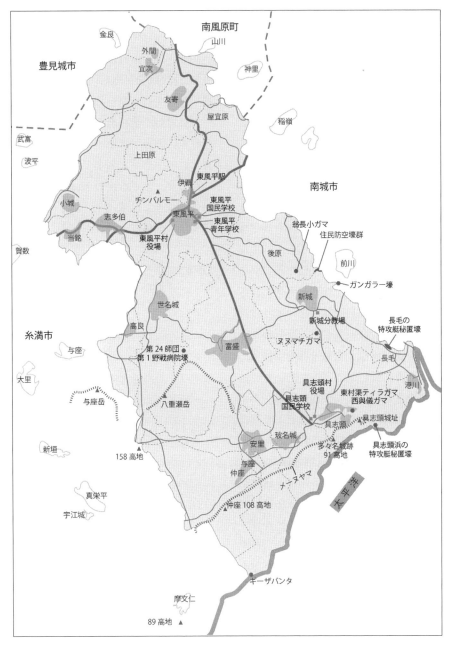

●—八重瀬町の地図（旧集落や主な道路は大正期の国土地理院地図、字境界は『八重瀬町史戦争編』付属図「八重瀬町戦争遺跡」より）

南風原町
金良
山川
外間
宜次
神里
豊見城市
友寄
屋宜原
稲嶺
武富
上田原
波平
南城市
東風平駅
小城
伊覇
チンバルモー
東風平
志多伯
東風平国民学校
当銘
東風平青年学校
翁長小ガマ
賀数
東風平村役場
後原
住民防空壕群
前川
ガンガラー壕
新城
世名城
新城分教場
長毛の特攻艇秘匿壕
高良
糸満市
与座
第24師団第1野戦病院壕
富盛
ヌヌマチガマ
長毛
大里
東村渠ティラガマ
港川
西與儀ガマ
与座岳
八重瀬岳
具志頭村役場
具志頭城址
具志頭国民学校
新垣
玻名城
具志頭
具志頭浜の特攻艇秘匿壕
158高地
安里
多々名城跡
91高地
真栄平
与座
仲座
宇江城
メーヌヤマ
仲座108高地
太平洋
キーザバンタ
摩文仁
89高地

51

たのではないかと推測できる。

収容所生活、弾薬処理と帰村

　八重瀬町南部で保護された住民の多くは、具志頭国民学校と村役場のあたりにあった一時収容所に数時間から2、3泊ほど滞在し、玉城村・知念村・佐敷村など現南城市の民間人収容所へ収容された。崖下の浜で保護された住民は海沿いを具志頭浜・白水川まで歩かされたり、上陸用舟艇で港川や現南城市の収容所へ運ばれたりした。八重瀬岳北側や近辺の場合、稲嶺などにいったん滞在し、南城市域の収容所に移された。また、本島南部西海岸寄りの場合、糸満や伊良波などに一時収容され、野嵩や安谷屋など本島中部の収容所へ移された。

　収容された住民は食糧や家屋が不十分な収容所内で生活をスタートさせた。6月の早い時期に保護された人々は知念村や玉城村百名に収容された。6月下旬に収容された住民の内、玉城村や佐敷村などに一時収容後、久志村に移送された人もいた。10～12月にかけて再び南部へ戻されたが、北部は食料不足が酷く、栄養失調やマラリヤなどの感染症が広がり多数の死者が出た。

　1945年10月の米軍政府の帰村許可以降、両村の住民は主に玉城村・大里村に集まり、村の開放を待った。県外・海外からの引揚者も合流し、この頃から人口が増えていた。また、集団で村

へ通い食糧を集める許可を得て、農作物の植えつけや遺骨収集などを行った。

　1946年3～6月にかけて両村は開放され、住民は帰村を始めた。しかし、東風平村の主に4字と具志頭村の大頓の一部には弾薬集積所が点在し、立ち入り禁止区域とされた。米軍が大量に放置した弾薬を住民自身で撤去しなければならず、米軍監視の下、約1年半をかけて危険な作業を行った。そして、1950年、全集落の帰村が完了した。

（平仲愛里）

〔参考文献〕『八重瀬町史 戦争編』2022年、『八重瀬の沖縄戦資料収集調査事業調査報告書』2021年

糸 満 市 ………… 日本軍の南部撤退が招いた極限状況

・住民の避難地域に日本軍がなだれこみ、軍民混在の戦場と化した
・日本軍の防衛線の外側と内側で大きく異なる戦没率
・慰霊塔が立ち並ぶ沖縄戦 終焉の地

糸満漁業で知られる南部の中心地

　沖縄本島の南端を占める糸満市は、当時、漁業で発展し、南部の経済・文化・交通の中心となっていた糸満町と、農業主体の兼城村・高嶺村・真壁村・喜屋武村・摩文仁村の5つの村に分かれていた。

　沖縄戦では、摩文仁村字摩文仁に第32軍司令部が撤退したために、糸満市域は日本軍と住民が混在する極限の地獄と化した。米軍の猛攻撃や掃討作戦に加えて、日本兵による避難壕からの住民追い出し、食料強奪、スパイ嫌疑、住民虐殺などが各地で次々と起こった。

海岸からの米軍上陸を想定

　沖縄戦では、糸満市域のほぼすべての集落に、日本軍が配備された。第32軍は糸満から那覇にかけての海岸に米軍が上陸することを想定し、第9師団（武部隊）を駐屯させた。第9師団は、1944年7月から小学校の校舎や公民館、製糖工場、多くの民家に宿泊し、陣地構築に住民を徴用した。住民たちは、

たび重なる徴用に加えて、食糧の増産や供出を求められ、大きな負担を強いられた。11月に第9師団の台湾転出が決定すると、代わりに第24師団（山部隊）が配備された。

　本土への一般疎開で1731人が宮崎県や熊本県に渡った。さらに、兼城・真壁・摩文仁の3つの小学校から児童119人、世話人・教員ら12人が熊本県に学童疎開している。漁師が多い糸満町では県内外の港町にいる親戚を頼って疎開する人も多く、台湾への集団疎開も行われた。

　北部疎開は3150人で、疎開指定地は恩納村と大宜味村であった。

　糸満市域の本籍人口は1945年1月時点で約3万5000人だったが、出稼ぎや移民、徴兵、疎開のために沖縄や糸満市域を出た人を除くと、沖縄戦当時の残留者は1万3927人であった。

防衛線の外側——兼城村と糸満町

　1945年3月23日、米軍の上陸前空襲が始まり、24日には米須や喜屋武の海岸沖に米軍艦隊が集結し、艦砲射撃を

始めた。摩文仁村米須では翌日までに集落の大部分が焼け落ちた。

　以来、糸満市域では日中は壕に避難し、夜は自宅に戻るという生活が続いた。4～5月は散発的な空襲はあったが、被害は限定されていた。

　5月末、第32軍司令部が摩文仁に撤退すると状況は一変した。糸満市域は、住民・避難民合わせて約10万人と約3万人の日本兵が混在する状況となった。摩文仁に拠点を移した第32軍にとって、八重瀬岳（具志頭村）—与座岳—国吉・真栄里丘陵のラインは、米軍の進撃を阻む最後の防衛線であった。そこを突破されると日本軍の壊滅は確実となるため、残った兵力を集結させて抵抗を

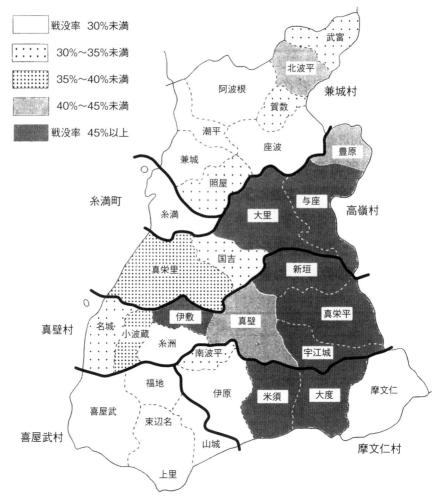

凡例
戦没率　30%未満
30%～35%未満
35%～40%未満
40%～45%未満
戦没率　45%以上

●—糸満市域残留者の戦災状況図

はかった。

しかし、防衛線の外側にあった糸満市域北部の兼城村と糸満町では、日本軍は少人数の警戒部隊を残して移動したため、米軍との戦闘はほとんどなく、住民たちは米軍の呼びかけで投降し、命が助かっている。大きく堅固な共同避難壕があった兼城村潮平では、糸満市域残留者の戦没率は最も低い19.5％にとどまった。戦後、潮平の住民は、ガマのおかげで多くの住民が生きのびたことを感謝して、鳥居を建立し、「潮平権現洞」と名づけて、慰霊祭を行うようになった。

●―与座岳・八重瀬岳を攻める米軍第96歩兵師団
（1945年6月12日、沖縄県公文書館所蔵）

防衛線上の村―高嶺村

糸満市域の中部に位置する高嶺村には、与座岳と国吉・真栄里丘陵があり、日本軍の新たな防衛線と完全に重なっていた。与座岳周辺の大里や与座には大きな自然壕がなかったので、住民は自宅の敷地に掘った壕や日本軍の陣地壕などに避難していた。ところが、日本軍の南部撤退で与座岳に部隊が配備されると、陣地壕から出され、さらに自宅の壕からの追い出しも起こった。行き場を失った住民は日米軍の戦闘に巻き込まれることになった。戦没率は、与座が53.7％、大里が48.1％と、非常に高くなっている。

与座岳のふもとに到達した米軍は、6月8日と9日に激しい砲爆撃を行っ

た。日本軍も道路を地雷で封鎖し、機関銃などで激しく抵抗した。一進一退の攻防が数日間続き、米軍も大きな被害を出したが、16日夕刻、与座岳の頂上一帯を占領した。これによって日本軍最後の防衛線は崩壊した。

米軍は6月11～17日にかけて、国吉・真栄里丘陵に進攻するが、日本軍の激しい抵抗を受けると、空からの爆撃と艦砲射撃も加えて徹底的な攻撃を行った。この攻撃により、大勢の避難民が巻き添えとなった。しかし、国吉や真栄里の住民の多くが、自然壕を整備した壕に避難していたため、米軍の攻撃をしのぐことができた。そのため、戦没率は国吉（31.9％）、真栄里（35.4％）と、糸満市域の平均（36.7％）より低い。

国吉の4つの共同の避難壕では、日本軍によって住民全員が追い出されるようなことはなかった。また米軍は威嚇のために手榴弾や黄燐弾などを避難

壕に投げ込むことはあったが、無差別攻撃をしなかったようである。そこで住民は極限まで追いつめられることはなく捕虜になっている。

住民追い出しと虐殺が続出—真壁村

与座岳・国吉丘陵を攻略した米軍は、6月18日頃、24師団司令部のある真壁村に入り、19日午後には米須海岸に到達し、糸満市域を東西に分断した。与座岳の南に位置する真壁村真栄平（まえひら）には多数の敗残兵が逃げ込み、米軍に包囲された状況で、避難壕からの住民追い出しが続発し、住民への虐殺も起こった。ある家族は、自宅の壕にいた母親が日本兵にここは何人いるかと聞かれ、「フイ、フイ」（はいはい、何ですか、どういうことですかという意味）と答えると、いきなり首を斬り落とされた。驚いて逃げ出した幼い子ども4人も体を刺されて殺された。別の家族は、2つの壕に分かれて隠れていたところを、壕からの退去に応じなかったために、母親のいる壕に手榴弾を投げ込まれて、数人が負傷した。そばの壕にいた父親と甥は、日本兵に捕まり斬り殺された。

海岸にひしめく避難民と敗残兵—喜屋武村

喜屋武村への米軍の進攻は糸満市域で最も遅かった。断崖が連なる海岸からの上陸が難しかためである。そのため中南部から逃げてきた避難民や敗残兵が、集落のなかや洞窟、岩蔭、海岸周辺のアダン林などにひしめき合う状態だった。

喜屋武村での攻防戦は19〜21日の3日間で終わり、その後、米軍は掃討作戦を開始した。アダン林や洞窟などに隠れている日本兵や住民に投降を呼びかけ、応じなければ火炎放射器などで攻撃した。大城永善さん（当時19歳、現北中城村和仁屋（きたなかぐすくそんわにや））は、「（アダン林を）出たら後から友軍にやられるし、出ないとアメリカ軍は焼き払うというのですからね。アメリカ軍がいくら呼びかけても出ないもんだから、とうとう火炎砲で焼き払われたので、何千人、あるいは万を超える避難民が焼け死にしたようでありました」と証言している。

ところが、喜屋武村の戦没率は字喜屋武（28.0％）、上里（うえざと）（29.5％）、福地（ふくじ）（19.5％）など、糸満市域では低い方である。激しい戦闘がなかったこと、地元の住民は土地勘があるので壕を追い出されても隠れる場所が探せたことなどが要因とみられている。

壕にたてこもる日本軍、馬乗り攻撃の米軍—摩文仁村

摩文仁村の幹線道路沿いに位置する米須一帯には、追われてきた日本兵や避難民が集まっており、壕に入れず民家や木の陰などに隠れている者が大勢いた。喜屋武方面や摩文仁方面に向かう者、引き返してくる者とが入り乱れ、

右往左往していた。摩文仁村への進攻に先立ち、米軍は地上部隊による砲撃や海上からの艦砲射撃で砲弾の雨を降らせた。昼夜問わず続く砲撃は、逃げまどう人々の命を容赦なく奪っていった。

米軍は6月19日と20日に伊原(いはら)と米須に進撃し、陣地壕にたてこもる日本軍に馬乗り攻撃をかけて爆雷・黄燐弾・火炎放射で次々と壊滅させていった。

米軍が迫るなかで、日本兵が銃剣や手榴弾で威嚇(いかく)し、住民から壕や食糧を奪う事件が続発した。住民の避難壕に入り込んだ日本兵が抵抗したために、米軍の攻撃を受けて、大勢の住民が巻き込まれるケースもあった。

現在の米須小学校のそばには2つの自然壕があり、米須の住民が多く避難していたが、入り込んできた日本兵が、米軍の投降の呼びかけに抵抗したために、火炎放射などの攻撃を受けて、2か所ともほぼ全滅した。米須の住民だけでも合わせて230人が犠牲になった。その場所には戦後、鎮魂之塔(ちんこん)と忠霊之塔(ちゅうれい)が建立された。

米須では戦没率が糸満市域で最も高い59.0%にのぼり、戦没者の数が生存者を超える悲惨な結果となった。

第32軍司令部の最後

17日には軍司令部と各部隊との連絡は途絶え、日本軍の組織的抵抗は不可能になった。18日、牛島満(うしじまみつる)司令官は、大本営に決別の電報を発し、23日(22日説もある)に自決した。

避難民は、米軍と断崖絶壁に囲まれて、摩文仁丘周辺の原野や海岸の岩陰などに隠れていたが、軍司令部攻略戦に巻き込まれ、犠牲となった。摩文仁の東側の原野に何千人もの避難民が集まっているのを見た与座保孝さん(当時41歳、浦添村仲間(うらそえそんなかま))は、その後、米軍に収容され、避難民の死体処理の作業をした。「その沢山の死体は、なかなか片付かないので、後からはアメリカ戦車で押しやって、海の方へ落として、埋めていました」という。

米軍は23〜30日まで掃討作戦を徹底し、7月2日に沖縄作戦の終了を宣言した。しかし、その後も多数の日本兵や住民が真栄里・国吉・山城(やまぐすく)などに隠れていた。

慰霊と平和祈念の地へ

収容所に送られた住民は、1日も早い帰郷を願っていたが、糸満市域には、米軍が掃討作戦で使用する予定だった砲弾や弾薬が野山や畑、道路、屋敷などに放置されており、爆発の危険があった。米軍部隊の駐屯も帰村の遅れにつながった。

10月21日、米軍政府は各地の収容所からの移動地として新たに糸満軍政地区を設定したが、立ち入りが許されたのは糸満町や兼城村など糸満市域の一部に限られていた。それ以外の住民は、

●—収容所に移すために、現在の糸満ロータリー
に集められた人々（1945年6月20日、沖縄
県公文書館所蔵）
そのほとんどが女性と子どもだった。右上に
見えるのは山巓毛（サンティンモー）。

翌年5月頃に各村への移動が許可され
るまで、真壁村字名城の米軍キャンプ
跡でのテント生活を余儀なくされた。
沖縄戦で人口が半減したことを理由に、
真壁村・摩文仁村・喜屋武村の3村が
合併したのはこの頃である。3村が永
遠に平和であることを願って三和村と
名づけられた。

　糸満市域は焼け野原となり、家屋は
壊れ、至るところに遺骨が散乱してい
た。住民たちは住む家の整備や農作業
の前に遺骨を拾い、ガマなどに集めて
いった。そこに納骨堂や慰霊塔を建立
して遺骨を納め、慰霊祭を行うように
なった。県民の塔として知られる「魂
魄之塔」も、住民の自発的な遺骨収集
から建立された慰霊塔のひとつである。

　沖縄県の調査（2019年）によると、県
内の慰霊塔（碑）442基の3分の1近い
126基が糸満市にある。それは、日本軍

の撤退によって糸満市域で多くの
避難民や日本兵が命を落としたた
めである。

　1960年代、南部戦跡は「霊域」
として整備され、全国の各県や遺
族会、旧日本軍関係者による慰霊
塔の建立が相次いだ。沖縄には全
国46都道府県の慰霊塔があるが、
そのうち43基が糸満市に建立され
ている。それらの碑文の多くが戦
争を肯定し、戦死を賛美している
ことから、摩文仁の丘の「靖国化」
の問題が指摘された。一方、1970
～90年代にかけて平和祈念公園や平和
祈念資料館、「平和の礎」が建設され、
摩文仁の丘の下は平和祈念の空間と
なっていった。　　　　　（古賀徳子）

〔**参考文献**〕『糸満市史 資料編7 戦時資
料下巻—戦災記録・体験談—』1998年、『糸
満市史 資料編7 戦時資料上巻』2003年

米　須 ——追いつめられた地元住民——

戦後初めて建立された慰霊塔「魂魄之塔」がある米須は、合併前の旧摩文仁村の中心地。摩文仁・真壁・糸満方面へ続く幹線道路に接するため、沖縄戦末期には逃げ惑う民間人や日本兵らが多数集まり、足の踏み場もないほどの遺体や負傷者らのうめき声がひしめいた地である。

戦闘が本格化したのは1945年6月10日頃。米軍による制圧は6月21日頃と遅く、一帯に追いつめられた日本兵が多くの住民犠牲を招いた。米須住民の戦没率は糸満市域で最も高い58.4％。その戦没場所は、約7割が地元だった。

3月23日から数日の空襲で家屋はほぼ全焼。住民らは壕生活を続け、北部避難を試みた人も米軍上陸で引き返すなど大部分が米須にとどまった。第32軍の南部撤退で6月には何万人もの軍民が混在。日本兵による壕からの住民追い出しや食料強奪、投降阻止が相次ぎ、「集団自決（強制集団死）」にも追い込まれた。

「魂魄之塔」に近いカミントゥ壕では住民58人が手榴弾などで命を絶った。いくつもの壕を追い出されてたどり着いた大屋キミさん（当時30歳）は兄に「殺して」と頼んだが、姪に止められ「集団自決」を逃れた。「捕虜になったら男は戦車にひかれ、女は慰み者にされると友軍から教えられていた」。凄惨な現場は「まさに生き地獄そのものでした」と証言する。

米須小学校東側の「忠霊之塔」と北側の「鎮魂之塔」はいずれも集落の共同避難壕だったアガリンガマと、ウムニーガマの犠牲者をそれぞれまつる。米軍の呼びかけに日本兵が抵抗し、投降を阻止したためガス弾や火炎放射攻撃などでそれぞれ住民159人、71人が犠牲になった。

米須で戦没者がいた世帯は、全体の8割超。一家全滅は4分の1に迫る62世帯で、その屋敷跡が今も集落に残る。

「魂魄之塔」には建立時、約3万5000柱の遺骨が納められたが、遺骨も遺品もみつからないままの遺族は多い。2020年秋以降、近隣で鉱山開発が問題化した。背景に、遺骨混じりの土砂が辺野古新基地建設に使われるとの懸念がある。戦後80年が近づく今も遺骨収集が続く現実が、多くを問いかける。　　　（新垣玲央）

〔参考文献〕　米須字史編集委員会編『米須字史』1992年、『糸満市史 資料編7 戦時資料（下巻）』1998年

●——米須小学校北側のウムニーガマで全滅した一家の屋敷跡（大城弘明撮影）

II 中　　部

読谷村

石川

楚辺

うるま市

沖縄市

嘉手納町

キャンプ・コザ

北谷町

金武湾区

宜野湾市

高江洲

北中城村

浦添市

久場崎港

小湾

津堅島

中城村

中城161.8高地

西原町

嘉数高地

前田高地

中部の沖縄戦

　沖縄島中部とは沖縄市・うるま市・宜野湾市・浦添市・中頭郡（読谷村・北谷町・嘉手納町・北中城村・中城村・西原町）を指す。中部には現在、10市町村に13の米軍専用施設が存在する。沖縄戦当時、日本軍がつくった基地を米軍が上陸後拡張した嘉手納飛行場や南部での掃討戦と並行して建設した普天間基地のほか、戦後、米軍占領のもとで設営・拡張された基地などである。その面積は中部地域総面積の約26％を占めている。

日本軍の配備と飛行場の建設

　沖縄島には7か所の航空基地が建設されるが、そのうち北・中・南・東の4つが中部に建設された。もっとも早いものは北飛行場で、読谷村の中央部の広大な畑地が日本軍によって強制接収され、村内外の住民を動員して滑走路・掩体壕などが構築された。他の3つ飛行場である中飛行場（北谷）・南飛行場（浦添）・東飛行場（西原）でも軍による土地接収のあと、住民が総動員され、1944年9月頃までには北・中の両飛行場がほぼ完成した。

最前線の要塞化へ

　1944年7月からの戦闘部隊の配備を終えた10月、沖縄全域の飛行場地区が激しい空襲に見舞われた。十・十空襲である。中部の北・中飛行場の被害は大きく、戦争が目前にきていることを思わせる重大事となった。このあと第9師団の台湾移動などによって戦略変更を余儀なくされた第32軍は持久作戦に転じた。首里の司令部への進攻を遅らせるために中部の各地域では急ピッチで陣地構築がすすめられ、最前線の戦闘態勢が整えられていく。日本軍が駐屯してから時間が経つと、人もモノも不足が深刻になり、軍からの要求が厳しさを増し、各地域では要求に従わない住民に対して、軍による脅迫・暴力が日常化していった。

　最前線になることが予想される中部の住民は北部の国頭への疎開を促された。しかし交通手段が確保できず、また食糧や安定した生活の確保がのぞめないことから、疎開は進まず、地元に残る住民も多くいた。1945年3月23日から米軍の上陸前空襲、翌24日からは艦砲射撃が始まり、住民は急いで移動を試みるものの行く手を阻まれ、そのままとどまるか、南部に逃れるより方法がなくなった。

米軍上陸、激しい地上戦と住民犠牲

米軍は1945年４月１日に沖縄島上陸後、読谷村の北、北谷村の中飛行場を占領し、沖縄戦の日本軍攻撃、本土出撃拠点とした。さらに東に進撃し、３日までに太平洋側の東海岸に到達した。その後、与勝・石川方面に進攻し、５日までには現在の沖縄市・うるま市のほぼ全域が米軍に制圧された。そのために米軍に保護される住民も多く、いち早く民間人収容所がつくられ、戦後が始まった。中部には石川地区をはじめ４つの収容所がつくられ、およそ10万人の住民が収容された。

●―中部の市町村

当時の市町村	現在の市町村
読谷山村	読谷村
北谷村字嘉手納	嘉手納町
北谷村	北谷町
越来村・美里村	沖縄市
具志川村・美里村字石川・勝連村・与那城村	うるま市
中城村（北側の12集落）	北中城村
中城村	中城村
宜野湾村	宜野湾市
浦添村	浦添市
西原村	西原町

南へ進軍する米軍は中城に到達し、北上原の161.8高地に前進陣地を構えていた日本軍と本格的戦闘に入った。日本軍は、圧倒的な米軍の砲爆撃と地上兵力、中城湾からの艦砲射撃によって大きな損害を受ける。中城に戦線が移るなか、地元住民は北部に移動することは不可能となり、日に日に犠牲者が増大していった。

上陸から約１週間後、米軍は日本軍主陣地がある嘉数高台に到達した。一方、日本軍は嘉数一帯の地形を利用して構築した陣地、縦横に掘られた地下トンネルを有するこの高台で持久戦を展開して、戦闘は16日間にわたった。日本軍陣地があった地域では犠牲者率が高く、嘉数では人口の48％（336人）が犠牲となった。

後退した日本軍は、前田高地など浦添の各地でも激戦を展開し、住民の犠牲はさらに増えていった。宮城・安波茶では住民の７割以上が犠牲となった。その後、那覇のシュガーローフ・ヒル、西原の運玉森（コニカルヒル）などでの激戦のあと、３万人といわれる残存兵力をもって、首里の第32軍司令部は南部に撤退した。米軍上陸後、約１か月半の戦闘によって日本軍は６万2000人余りの戦死者を出し、米軍側にも２万6000人余りの死傷者が出た。

日本軍主陣地があり、壕内に軍民が雑居していた地域では、住民は戦場動員の対象となったほか、投降を許されず砲煙弾雨の中南部に避難していった。最も戦没率の高い西原村の住民の犠牲者のうち約68％は、南部で犠牲となった。

（瀬戸隆博）

読谷村 ……………… 米軍上陸地になった村の戦後

・1943年、日本軍の飛行場建設決定により、読谷村（よみたんそん）で飛行場建設が始まった
・米軍上陸の衝撃は、チビチリガマ・シムクガマの生死を分ける悲劇につながった
・米軍による基地建設は、住民の帰村を大幅に遅らせ、基地との共存が長い間続いた

飛行場建設への徴用

　1943年、日本軍は絶対国防圏の設定を発表した。前線基地となったのはサイパン・テニアンを中心とするマリアナ諸島で、沖縄県には前線基地を支援する後方基地として多くの飛行場設営が決定された。この方針により陸軍北飛行場（読谷）、伊江島（いえじま）飛行場、そして少し遅れて陸軍中飛行場（嘉手納（かでな））などの建設が始まった。翌年1944年３月、日本軍第32軍が創設されるが、読谷村での飛行場建設は日本軍部隊が移駐する前の開始であり、村役場や地主にはまさに寝耳に水の出来事だったといわれる。「突然降ってわいたようなこの飛行場建設の通告は、農業だけが生活手段であった村人にとって大きな衝撃であった」と、『喜名誌（きなし）』は記している。飛行場建設は地元企業である国場組（こくばぐみ）の請負で始まったが、当時作業班長をしていた松田信正は「人夫は、徴用で動員され、国頭（くにがみ）・中頭（なかがみ）・島尻（しまじり）と沖縄全島

にまたがり、中学生も動員されており、最盛期には7000人もの男女が動員されておりました」と、沖縄全島から住民徴用がすすんだことを証言している。飛行場大隊が配備された1944年以降も、飛行場大隊は元来飛行部隊に対する補給・給養・飛行場整備などが主な任務であり、基地設定用の機材は装備していない。円匙（スコップ）・十字鍬・もっこ・馬車など原始的器具を利用するほかなく、多数の一般住民の労力に依存しなければならなかった。「一般住民は食糧増産を要する苦しい状況下に献身的に協力した」と、日本軍公式戦史でも住民の徴用に頼ったことを記している。

　日本軍部隊の駐屯が始まる1944年４月段階で完成した飛行場は皆無で、９月完成を目指し、建設は急ピッチですすんだ。同時に住民に課される動員もさらに激しさを増し、飛行場建設への徴用は沖縄本島ばかりでなく、６月には八重山白保（やえやましらほ）陸軍飛行場建設への徴用

があり、沖縄本島から約750人の住民が徴用された。4か月の任期を終え帰路についたその海上で（「平和の礎」戦没調査には「久米島南方20マイル」と記録されている）十・十空襲に遭遇、乗船していた約600人の徴用者が犠牲になった。このなかに読谷村からの徴用者64人が含まれている。

飛行場建設がようやく完成の域に達した10月10日、絶対国防圏の前線をなすマリアナ諸島を占領した米軍は、第38機動部隊を動員して南西諸島を攻撃した。十・十空襲と呼ばれるこの攻撃で、飛行場が存在する読谷村は第一波の攻撃を受け、午前6時過ぎから艦載機による空襲が始まった。飛行場に近い字喜名の『喜名誌』には「この空襲で読谷飛行場にあった格納庫、倉庫、那覇分廠などの建物が幻のように消え、日本軍の陣地は跡形もないほどに破壊されていた。喜名の民家に置かれていた砲弾が攻撃を受けて引火し、間断なく炸裂する音が地を揺るがし、その凄まじさはまるで地獄のようであった」と当時の状況が記されている。またあまりにも突然の出来事で、「まさか沖縄の空に敵機が現れるとは予想もしなかった」住民にとって初めて体験する空襲であり、「バケツリレーで火を消していた」姿は滑稽なものに感じられたと述懐している。この空襲で屋敷内に設置された防空壕は役に立たないことも実感し、近くの自然壕や日本軍が建設し

て放棄していった壕などでの避難生活が始まった。シムクガマもこうして始まった避難ガマ（自然壕）のひとつである。

またこの頃から非常事態に備え、米・イモなどの食糧、貴金属や鉄などの供出が進められ、戦争への緊迫感は高まっていった。次の世代を担う子どもたちを戦火から守るという名目で学童疎開の命令が出されたのもこの年だった。屋宜光徳さん（親志・当時12歳）は「先生から本土に疎開するよう勧められたが、沖縄が戦場になると一命をなげうっても戦う」との決意で断った、そのとき乗る予定だった船が悪石島沖で米軍に撃沈された対馬丸だったという。

米軍上陸

1945年3月23日には米軍による上陸前の空襲が始まった。同月26日には北飛行場への艦砲射撃も始まり、いよいよ米軍上陸はまぎれもない事実として住民の目前に迫っていた。4月1日に北部への避難を開始した屋宜光徳さん（前掲）は夜通し歩き、「海岸に出て、沖を見ると米軍の艦船がまるで鎖で繋いだように並び、中南部に向けて激しい艦砲射撃をくり返していた。おびただしい艦船の数に、度肝を抜かれ、いよいよ迫る地上戦に生命の危機を感じ始めていた」と、米軍上陸の緊迫した状況を語っている。

読谷村駐屯の第24師団、高射砲、機

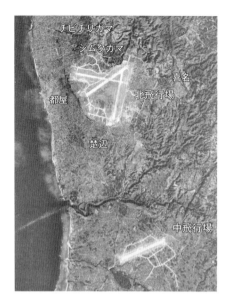

●—米軍上陸地の航空写真（1945年1月3日、国土地理院）

関砲大隊は前年12月および1945年3月に南部へ移動し、北飛行場・中飛行場の防衛は放棄されていた。4月1日午前8時半、読谷村・北谷村（ちゃたんそん）の海岸線一帯から上陸した米軍は、米軍公式戦史に、上陸は「全部隊が全く信じられないほどの容易さで行われた。日本軍の砲兵陣地からの妨害はほとんどなかった」と無血上陸を記している。他方、米軍上陸地の渡具知（とぐち）に住む女性は「すさまじい島への艦砲射撃で壕は揺れ、爆弾の炸裂音が恐怖心をあおった。3月31日夜は不気味な静けさが辺りを包んだが、翌朝早く、壕内に米兵が懐中電灯をさして『デテコイ、デテコイ』と入ってきた」と上陸時の恐怖を語る。飛行場確保を目標に掲げる米軍は、上陸日の正午までに北・中両飛行場を占領した。

シムクガマで米軍と遭遇

　シムクガマには約1000人の住民が避難していたが、米軍と遭遇した上陸日の朝、混乱する避難民に対し、壕に避難していた比嘉平治さん（当時72歳）・比嘉平三さん（当時63歳）の2人が、米国人はむやみに人を殺さないと住民を説得した。ハワイへ出稼ぎ移民の経験があり、米国社会を直接見て知っていた。当時流布された「米国人は野蛮人で一般住民であろうと殺害する」という情報を信じず、「アメリカーガ　チュクルサンドー（アメリカ人は人を殺さないよ）」と避難民をなだめた。また「武器になる物（カマや包丁など）を持って外に出よう」という動きが壕前方から伝わってきたとき、壕深いところにいた、中国で戦争経験がある男性は「刃物などは置いて行ったほうがよい。すでに上陸しているのだから、無駄な抵抗はやめておとなしく出ていこう。向こうの言うことを聞こう」と前方に向かって伝えた。壕に大人の男性は少なく、しかも軍隊経験のある男性の説得は大きな影響力となり、「鬼畜米英」と教えられていた米兵のもとへの投降へとつながった。全員無事に保護され都屋（やと）の浜辺へ連行されると、夕方の5時頃になっていた。

チビチリガマでの「集団自決」

チビチリガマに避難する約140名の住民が米軍と対峙したのは上陸翌日の2日になっていた。壕内には中国戦線での経験を持つ男性がおり、かつて日本軍が中国人を虐殺したのと同様に、今度は自分たちが米軍に殺されると思い込み「決死」の覚悟を抱いたという。チビチリガマでは、住民の間で米軍の捕虜になることを恐れる意識が高まり、やがて布団に火をつけ、刃物で切りつけ、あるいは従軍看護の経験がある元看護師による注射などで85人（うち2人は米兵の手によるもの）が犠牲になる「集団自決」が始まった。犠牲者のほとんどは老人・女性・子どもたちで、全体の約6割は18歳以下の子どもたちだった。

助かった何人かが米兵の介抱を受けている間にも、ガマから負傷者が助け出されていた。比嘉シズさん（座喜味・1922年生）は「血を流している人、首吊りの跡なのか首に紐を結んだままの人たち」がおり、しかし壕に火が回りもう助けられないと途中から救助も打ち切られたという。夕方になって戦車に乗せられ都屋に連れて行かれると、都屋にはたくさんの人が集められていた。都屋に数日間滞在し「この間、都屋の収容所で亡くなる人は、近くに穴を掘って埋められていました」（同前）という。

沖縄戦で犠牲になった読谷村民は3968人（沖縄県内は3035人）、このうち読谷村内で犠牲になった住民は528人いる。うち363人は米軍上陸時の4月に犠牲になった住民で、ほとんどは4月1～3日ぐらいに集中している。このうちに「自決」と記されたものもかなり含まれ、1日に楚辺クラガーで「入水自決」8人、波平で14人、長田で2人、2日には波平のチビチリガマで82人（実数は85人）が「集団自決」、伊良皆クーニー山壕で3人、3日には伊良皆クーニー山壕で4人、また5日にも伊良皆クーニー山壕で1人、6日には波平自宅壕で2人が「自決」したことが、読谷村が後に行った「戦災実態調査」から読み取れる。しかし4日以降の犠牲者は数名で、読谷村内での戦闘はほぼ終結したことがうかがえる。

被害が多かったやんばる疎開

他方、沖縄県からの命令で、米軍上陸を逃れ本島北部の国頭村に避難した住民は5429人いる。うち657人が犠牲になり、4月105人、5月141人、6月110人、7月129人、8月60人と長期におよぶのがその特徴である。大半は、栄養失調・マラリアなど病死が死亡原因となるもので、その数は475人になる。

村役場では国頭村奥間に仮役場を設置し、住民の避難に備えるなどの対策を施した。しかし、食料も尽きるなか、長い人で4～5か月にもおよぶ山中で

●─軍政府が楚辺に設置した病院（1945年4月4日、沖縄県公文書館所蔵）

の避難生活は想像を絶する。前掲屋宜光徳さんは次のような証言を残している。「一か月余り山中を逃げまどっている間に、持参した米はなくなり、私たちは、クバの木の芯やツワブキの茎などを食べるなどして飢えをしのいでいました。お腹をすかした従妹が泣き出したりすると、周辺から『赤ん坊のためにわれわれまで殺さすつもりか』と怒鳴られ、なかには『赤ん坊を殺せ』と叫ぶ者までいました。そのため、私たちはいつも集団から離れて、家族だけで行動することにしました」。北部への避難が犠牲を大きくした一端が述べられている。

住民の帰村と長引く基地被害

4月1日、読谷村都屋にはいち早く臨時の住民収容所が設置された。楚辺・喜名も同時期に臨時収容地として利用されるようになるが、これらの住民収容所は読谷飛行場（日本軍が建設した北飛行場）の拡張が始まる5月には全員退去させられ閉鎖されている。この時期激しさを増す日本軍の特攻攻撃で住民にも危険がおよんだことが原因のひとつとされるが、米軍が住民保護より基地建設を優先したことは明らかで、住民不在のなか読谷飛行場の拡張工事を始め、次いでボーロー飛行場の建設工事に着手している。ボーロー飛行場はB29用長距離滑走路として建設され、B29による日本本土爆撃基地化を企図して計画が進んだ。しかし一本目の滑走路が完成した8月に日本軍の降伏が決まり、戦闘には一度も使われないまま、その後物資輸送などに使われた。その後朝鮮戦争をへて、ベトナム戦争が本格化する1965年頃には射爆演習場として使われ、その後1960年代を通じてミサイル発射場として使われている。

沖縄本島北部を中心に設置された住民収容地区に隔離された住民は、読谷村への帰村要請を続けるが、なかなか許可は下りず、最初の住民居住許可が出たのは1946年8月だった。この許可はいったん取り消され、実際に住民の帰村が始まったのは同年11月で、当初の住民居住は波平・高志保の一部地域に限られ、米軍基地は読谷村の95％を占めた。次いで楚辺・大木に居住許可が出され、それから約1年後の1948年4月に移動完了祝賀会が挙行された。

その当時の1952年には読谷村の80%を米軍基地が占め、日本復帰の年の1972年にも米軍基地の割合は73%に達している。　（豊田純志）

〔**参考文献**〕『読谷村史第5巻戦時記録 上巻・下巻』2002・04年、『読谷飛行場の早期返還を求めて』1991年

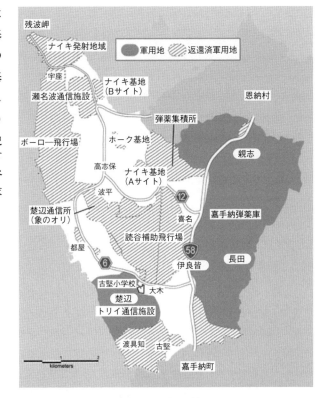

●──読谷村の米軍基地（2006年現在）

読
谷
村

楚　辺 ——最初の住民収容所——

楚辺は米軍上陸と同時に住民収容地区となった。4月1日に収容が始まった都屋から住民移動があり、より重要な地となった。

4月2日頃、楚辺クラガーから救出された地元住民は、いくつかの屋号をあげながら部落内の焼け残った民家に移されたことを証言している。字古堅ではハワイ帰りのメードーウフスー（前當じいさん）が、足が悪いため北部避難せず古堅に残っていた。米軍が来たとき「防空壕に民間人がいるから助けてくれ」と英語で話し、壕にいた人たちに「ンジティクーワ（出てきなさい）ンジティクーワ（出てきなさい）」と呼びかけた。残っていた年寄りは全員救出され、米軍の水陸両用車に乗せられて楚辺に収容された。

また楚辺のヌンドゥンチ屋敷に軍病院が置かれ、すこし離れた所の大きな広場

●——捕虜収容所の住民、楚辺の村にて（1945年4月4日、沖縄県公文書館所蔵）

では穴を掘って、病院で亡くなる人を次々に埋葬した。「死体には砂をかぶせるのだが、その翌日死んだ人は前の日に死んだ人の上に重ねていく」という。

村内ばかりでなく、具志川村からも住民が収容された。読谷村上陸部隊の米海兵第1師団の侵攻先が具志川村や勝連半島だったため、読谷村への移送が多くなった。軍病院では「夜になると日本軍の特攻機が頻繁に襲ってきたので、そのたびに負傷者は壕に避難するという逆転した避難生活を送ることになった」という証言もある。楚辺に収容された地元民は、日本軍の特攻攻撃が激しいので「捕虜は全員米兵に誘導されながら、クラガーに避難させられた」という。1軒の家に大勢の避難民が収容され、膝を立てて寝るありさまで、米軍資料には「楚辺には12軒の家屋しか残っていなかったため、1000人の住民がその家屋を使用した」とある。

楚辺収容所は、5月までに閉鎖され退去させられた。その後住民が戻ってくるのは、1945年11月読谷村大木・楚辺に居住許可がおりたときで、古堅校区の人たちが多かったため、居住区の中心に「古堅小学校」が設立された。　　　　（豊田純志）

〔参考文献〕『読谷村史　第5巻戦時記録　上巻・下巻』2002・04年

沖縄市 ・・・・・・・・・・・・・・・・ 北部へ行くか、地元に残るか

・北部へ逃げるか、地元に残るか、戸惑いのなか米軍上陸を迎えた住民たち
・米軍は上陸後3日で全市域を占領、収容所設置と基地建設を開始
・本土攻撃のために建設された基地が残り、戦後の住民の生活を一変

かつては農業と塩田の村

　沖縄市は1974年にコザ市と美里村の合併によって誕生した。現在の市域の西側がコザ市、中城湾に面する東側が美里村である。コザ市は1956年に越来村が昇格改称してでき、また美里村は1945年に北側7字が石川市として分離している。両村とも戦前まではサトウキビやイモ、野菜、柑橘類など農業を主体とし、中城湾に面する泡瀬は県内有数の製塩地帯であった。

日本軍の駐屯と住民動員

　日本軍は、沖縄を航空作戦の拠点とするために1943年頃から陸軍北飛行場（読谷）と中飛行場（嘉手納）の建設を始めた。飛行場に近い越来村・美里村からも、住民が徴用や奉仕作業として頻繁に動員されるようになった。

　1944年3月に第32軍が創設されると、指揮下に入る部隊が続々と沖縄に到着、沖縄市にも第24師団や第62師団の部隊が駐屯した。学校は兵舎となり、民家も兵士の宿舎や倉庫として使われた。

　駐屯した部隊は各地で陣地構築を始めた。御殿敷周辺では地下壕・戦車妨害・銃陣地などを集めた作戦拠点がつくられ、倉敷には200か所を超えるタコツボや交通壕・陣地壕が掘られた。また、読谷・倉敷・具志川方面を結ぶ軍用道路もつくられた。戦車壕（戦車などの進行を妨害するための溝）も上地や高原などで構築されている。西に読谷・北谷海岸を望む越来村・美里村は、上陸した米軍との水際作戦の戦場として想定されていたのである。

　これだけの陣地の構築のために、日本軍は地域住民の動員を頻繁に行った。なかには小学生児童たちも「奉仕作業」として参加している。また、食料の提供（供出）や駐屯部隊の炊事などの雑役も住民を頼るようになり、「軍民雑居」の状態が進んでいった。

　一方で、沖縄では8月頃からは学校児童や老幼婦女子の県外疎開も始まった。越来・宇久田国民学校は宮崎県、美里・美東国民学校は熊本県に疎開した。この4校で230人余りの学童が希望して参加したが、8月22日の米潜水艦よ

4月1日の
進攻ライン
4月2日の
進攻ライン
4月3日の
進攻ライン
恩納村
仲泊
石川
読谷山村
陸軍北飛行場
具志川村
倉敷
池原
楚辺
御殿敷
安慶名
4月1日
米軍上陸開始
知花
嘉手納
美里村
高江洲
キャンプ・コザ
陸軍中飛行場
越来村
北谷村
胡屋
山内
下原収容所
島袋
泡瀬

●—米軍進攻地図

る対馬丸撃沈では、美東校56人の学童を含む172人の越来・美里村民が犠牲になった。

疎開先でも寒さや食糧難に苦しみ、栄養失調で死亡する児童も出た。終戦後も児童たちの帰郷は遅れ、沖縄への引き揚げが実現したのは1946年の秋である。

二転三転する日本軍作戦

住民も動員した大掛かりな作戦準備を進めていた日本軍であったが、1944年11月に第32軍から第９師団が台湾に移ることになり、第32軍は大きな作戦変更を余儀なくされる。第24師団は沖縄島南部に移り、代わりに本部半島にいた独立混成第44旅団が越来村周辺に移って戦闘指揮所や陣地などの構築を始めたが、第32軍は再度作戦を変更、この部隊も南部に移った。

米軍上陸時には第62師団指揮下の独立歩兵第12大隊が越来村と中城村をまたぐ一帯に、特設第１連隊が読谷山村・北谷村・越来村をまたぐ一帯に配置された。しかし第32軍としては米軍の上陸を阻止するつもりはなく、これら部隊には米軍への威嚇と首里方面への誘導を期待した程度であった。また、特設第１連隊は米軍上陸直前に飛行場運用部隊や建設部隊などを集めて急ぎ編成した部隊で、戦闘部隊としての装備や技量はほとんどなく、実際に米軍上陸後早々に壊滅している。

戦場に残された住民

こうして米軍は４月１日に沖縄本島に上陸、越来村・美里村も４月２～３日にかけて進攻を受けた。この間、胡屋や登川などで交戦はあったものの、日本軍の目立った抵抗はなく米軍の侵攻はスムーズであった。

しかし、この間の住民の被害は少なくなかった。米軍上陸１週間で387人の越来村・美里村出身者が村内で死亡している。砲撃や銃撃によるものが144人

と多い。古謝では、住民が隠れていた墓に米兵が手榴弾を投げ込み、お年寄りと少年が即死した。また、知花では米兵に抵抗した男性が壕の前で射殺されている。

美里では、壕に隠れていた住民10人が、火を放ったり鎌や包丁を用いるなどして命を絶った。ここで亡くなった22歳の女性は、女子青年団長として義侠心が強く、「米軍には捕まっていけない」という強い覚悟があったという。また、那覇からきたという住民約30人も、米兵がきたらすぐに死ねるようにと枯れ葉や布団などを用意し、「アメリカーガチョーンドー（米兵が来たぞ）」の叫び声と共に火を放ち命を絶っている。また、胡屋での戦闘から戻ってきた義勇隊員は、隊長から「自分の家族を始末せよ」といわれ、家族と共に命を絶っている。

そもそも、なぜ住民たちは戦場となる村に残されたのだろうか。

1945年2月、県と第32軍は本島中南部の住民を北部に疎開させることを決定した。越来村・美里村の住民は羽地村（現在の名護市の一部）に疎開させることとし、村役場や区・字を通じて住民に伝えられた。

しかし実際の住民の動きは鈍かった。まず、家の財産である家畜や田畑をおいそれと手放すわけにはいかなかった。白川の照屋敏子さん（当時14歳）は「牛も農作物もあるから、離れたくても離

れられないんです。収穫前のものを捨ててヤンバルに行くことに、両親はとても心痛かっただろう」と話している。また、知花の福朝子さん（当時11歳）は、役場職員だった父が北部への疎開を住民や区長に説明して回っても、住民は「家畜や家や作物はどうするのか」と及び腰であったと話す。

さらに、疎開先である羽地村までの50km余を徒歩か荷馬車で向かわなければならない。村に家族で残った屋良朝永さん（当時11歳）は「着替えも食料も、鍋や羽釜も持つさ。下のきょうだい2人はおんぶしないといけない。子どもたち連れていると荷物が持てない」、古謝の宮里ハマさん（当時28歳）も「年寄りも子どもたちも連れているし、疎開する方法はないさ」と話す。知花の金城武雄さん（当時10歳）家族は姉が病気で歩けず、池原の島村善幸さん（当時13歳）家族は高齢の祖父母を置いて逃げられずに地元に残った。加えて、日本軍が米軍の侵攻を妨害するために次々と橋を破壊していったことも住民の移動を阻んだ。山内の豊田肇さん（当時17歳）は、橋の破壊によって小さい弟たちが川を渡れず、地元に引き返している。

このように北部の疎開にはいくつもの困難が立ちはだかり、見知らぬ土地で苦しむよりは「どこに行っても同じだから近くにいようと（祖父は）決めたみたい」（宮里信光さん、当時6歳）と

考えたのである。地元に残った住民たちは防空壕や先祖代々の墓の中などで戦火をしのいだ。

しかし、こうした住民たちの動きに最も大きく影響したのは、日本軍による男性や若者の根こそぎ動員だろう。宮里信光さんは「父は防衛隊、おじは兵隊で取られて、家にいる大人の男は祖父だけ」、知花の浦崎清子さん（当時7歳）も「男の人は全部兵隊にとられて、残ったのは女と子ども」と話している。

米軍上陸直前、日本軍は村に残る男性や若者たちを集め、「義勇隊」として陣地構築や運搬、地雷埋設などの作業にあたらせた。当時15歳の大宜見良子さんは、飯田隊（独立混成第12大隊第3中隊）の指示のもと、戦車壕掘りや地雷埋設にあたったという。米軍が上陸すると、飯田隊は女子には帰宅を命じ、良子さんは知花に戻ってガマに隠れて翌日には米兵に収容された。一方、男子には手榴弾が配られて胡屋付近での戦闘に参加、その後も部隊とともに中部の戦場に移り、次々と犠牲になってしまった。

北部へ向かった住民たち

1945年3月23日から米軍の艦砲射撃と空襲が始まってから、慌ただしく北部へ向かう住民も出てきた。胡屋の中根章さん（当時13歳）は園田の防空壕を攻撃のたびに行き来していたが、い

とこから「君たちはまだここにいるのか！米軍は上陸しているのに」といわれ、追われるように北部へ向かった。高原の野村つる子さん（当時13歳）は、美東国民学校が燃えているのをみて、3月29日に北部に向かった。北部へ向かう住民たちは、昼は米軍の攻撃から隠れ、夜に移動し、1泊か2泊かけて羽地まで移動している。

こうして北部に着いても、そこでの生活は苦しいものだった。すでに食料の配給はなく、山のなかにつくった避難小屋は雨風を満足にしのげなかった。持参した食料が底をつくと、木の実・ソテツ・ヘゴ・カタツムリなどまで食料にした。近くの畑をあさって畑の主に見つかって暴力を振るわれたり、避難民同士や敗残兵と食料を奪い合ったりといったことまで起きた。さらに、蚊が多い山中ではマラリアが蔓延して人々を苦しめた。

そのような北部での生活を諦め、「ここにいたら飢え死にするから、どうなってもいいから帰ろう、あっち（地元）に行けば食料もあるはず」（森根の屋良鶴子さん、当時16歳）の証言のように、地元へ引き返す者も出てきた。山に隠れ続けた住民たちも、やがて山を下りて米軍に収容されていった。

米軍占領から収容所、基地建設へ

米軍は越来村・美里村一帯を占領すると、収容所の設置を始めた。

泡瀬の下原収容所は1945年4月9日に開設された。収容住民の数は4月13日で3247人、22日には6200人に及んだ。下原収容所にいた仲宗根光子さん（当時15歳）は「泡瀬も少し焼け残っていたんですよ。避難民は全部そこの家にごった返しさ。入れられる分は家に人を入れていた。寝泊まりできる分（空間）があればいいから」と、収容所の混みようを話している。周辺の田畑に残っていた作物を集めて配給とし、焼け残った屋敷やテントに寝泊りさせ、炊事や洗濯、食料集めなどの作業をあてた。収容所の運営を担う将校、通訳となる日系米兵のもと、住民のなかから区長や班長も選ばれた。南には中部戦線の砲火、海には迎撃される日本軍の特攻機を目にしながらも、収容所の生活が始まった。

しかし、下原収容所がある泡瀬に、米軍は飛行場の建設を予定していた。5月中旬に住民たちを北の高江洲（うるま市）方面に移して飛行場建設が始まり、せっかく戦火を免れた泡瀬の街はすっかり敷き均されてしまった。6月末に米軍の戦闘機部隊が配備され、宮古・八重山や奄美・九州方面への出撃拠点となっていく。同時に越来村の西側にある日本軍の中飛行場も米軍によって大幅に拡張されて嘉手納飛行場となり、やはり住民たちの集落や農地を飲み込んだ。米軍の侵攻・占領、収

●―下原収容所（沖縄県公文書館所蔵）
この頃までは戦前の泡瀬の街並みが残っていた。

容所による住民の管理、そして基地建設が、日本軍との地上戦と並行して沖縄のあちこちで進められていった。そして、米軍は沖縄を日本本土侵攻のための足掛かりとしてつくりあげていくのである。

基地の出現が変えた住民の生活

9月7日、嘉手納基地にある米第10軍司令部前で日本軍の降伏調印が行われ、沖縄戦は公式な終結を迎えた。しかし、ここはかつて森根という集落だった。日本軍の中飛行場を東へ大きく拡張する形で建設された嘉手納基地は、宇久田・大工廻・青那志・森根・嘉良川・呉冨士・焼廻といった集落を飲み込んだのである。米軍は10月23日に収容所の住民に対して帰村許可を出すが、帰るべき故郷がそもそも基地になって居住はおろか立ち入りさえ許されない住民も出てきたのである。

●—琉球諸島における降伏調印（沖縄県公文書館所蔵）
　会場となった米第10軍司令部前は戦前まで越来村字森根の集落だった。

　例えば、戦前は3300人余りが住んでいた泡瀬は下原収容所として使われた後、泡瀬飛行場になってしまった。泡瀬の住民らは代わりの居住地を求め、北にある古謝・桃原の土地をどうにか分けてもらうことにした。古謝・桃原の住民にしても、自らの財産である土地を差し出すことは容易なことではなかったはずである。

　園田は嘉手納飛行場で故郷を奪われた住民たちが多く集まった。この地域は起伏が多く、ほとんど田畑と山林で占めていた。そこに嘉手納基地に接収されて故郷を失った住民たちが、代わりの居住地として集まり、やがて定着したのである。しかしもともと複雑な地形なうえに、戦後の混乱期に宅地化したため、無秩序な市街地になってしまっている。

　広大な土地の喪失は、それまでの農業主体の生活を失うことでもあった。土地を失った住民たちは、代わりに巨大な基地がもたらした基地雇用、基地経済の労働力として吸収されていった。こうして現在に至る「基地の街」がつくられていく。一方、帰ることのない故郷に見切りを付けて八重山や県外、南米へ出稼ぎ、移民に渡る者も続いた。
　　　　　　　　　　　　（伊佐真一朗）

〔参考文献〕『沖縄市史 第五巻戦争編 冊子版』2019年、『沖縄市史 第五巻戦争編 CD版』2020年、『美里からの戦さ世証言』沖縄市、1998年

キャンプ・コザ ——戦場から来た住民たち——

　キャンプ・コザは越来村（現在の沖縄市）嘉間良・安慶田・照屋・越来の4字一帯に設けられた民間人収容所である。

　4月6日に米海兵隊の軍政チームによって開設され、4月16日に住民の収容が始まり、中部や南部での戦場で収容された住民たちが運び込まれた。4月末で3763人だった収容者数は、6月26日には1万人を超え、7月末には1万2379人を数えた。急増する収容者数に元からある屋敷では到底足りず、テントや家畜小屋まで寝床にする窮屈な暮らしを強いられた。

　米軍は収容住民に食料や医療を用意した。また、区長や班長といった住民の取りまとめ役から炊事・洗濯・警備・運搬、そして遺体埋葬といった作業を住民に当て、米軍の管理下での住民自治がつくられていった。

　当時19歳の与座千代さんは、米軍上陸直後に島袋（現在の北中城村）で米軍の銃撃にあい、そのまま収容された。その後キャンプ・コザに連れてこられ、「ミシン部」の仕事にあてられた。キャンプには家族と離ればなれになった子どもたちが集められた孤児院があり、この子どもたちの服を米軍の軍服から仕立て直すのが与座さんたちの仕事だった。

　この孤児院には、日本軍の看護要員だった学徒隊の女性たちも来てい

る。6月21日に南部で捕虜になり百名収容所に入っていた稲福マサさん（当時18歳）は、同じ梯梧学徒隊の2人とひめゆり学徒隊の7人とともにキャンプ・コザの孤児院に来た。稲福さんたちは日々連れて来られる子どもたちの生活から、遊び、学習まで面倒をみた。子どもたちのなかには心身ともにひどく衰弱した者もおり、そのまま息を引き取る子も毎日のように続いた。

　キャンプ・コザの一角には収容所で亡くなった人々が大きな溝のなかに葬られていった。「戦後の再出発」ともいわれる収容所生活だが、戦場の傷や苦しみはまだ続いていた。　　　　　　（伊佐真一朗）

〔参考文献〕『沖縄市史 第五巻戦争編CD版』2020年、青春を語る会編『沖縄戦の全女子学徒隊』フォレスト、2006年

●——キャンプ・コザの子どもたち（1945年8月4日、沖縄県公文書館所蔵）

うるま市 ……………………… 日本軍不在の沖縄戦

・国内戦没者を上回った国外戦没者
・「故郷を護る」、少年少女の「集団自決」
・米軍基地と民間人収容地区の混在

国内より多い国外戦没者

　沖縄市に隣接したうるま市は、2005年に具志川市・石川市・勝連町・与那城町（戦前は具志川村・美里村石川・勝連村・与那城村）が合併してできた市で、平安座島・浜比嘉島・宮城島・伊計島、そして津堅島も含まれる。

　戦前、うるま市域は出稼ぎ・移民者の多い地域だった。地上戦となったフィリピンやサイパン・テニアン島をはじめとした南洋群島では、沖縄戦と同じく住民が戦場へとかり出された。また、「集団自決」（強制集団死ともいう）など、凄惨な犠牲を強いられた。具志川市の調査によると、「平和の礎」（15年戦争の戦没者数）をもととした国内の戦没者は1665人に対し国外が1673人、いずれかもわからない戦没地未詳17人を含めると戦没者総数3355人が確認されている。国外での戦没者は実に50%を超える。

　そのなかで具志川市の国外戦没者の犠牲者率はフィリピン・南洋群島だけで約87%を占めており、うるま市は沖縄戦では捉えることのできない戦争犠牲者がいる。

うるま市の戦争前夜

　1944年8月、具志川村において最初に配備された独立混成第44旅団第15連隊が北部へ移動すると、第24師団歩兵第89連隊の各中隊が具志川国民学校や天願国民学校など、各地の国民学校や民家などに駐屯した。国民学校の高学年生以上の地域住民は戦車壕や散兵壕の構築、食糧や軍馬飼料の供出、北飛行場・中飛行場建設などに徴用された。住民は日本軍を歓迎する一方で苛酷な徴用と供出に疲弊した。

　第15連隊が北部へ移動した同8月、具志川村で学童疎開が始まった。8月22日に米潜水艦ボーフィン号に撃沈された対馬丸には具志川村の住民が一般疎開として12世帯が乗船していた。宮里区の仲里起三郎、妻マツ、長男庸夫さんの3人は海上で漂流しているところを救助されたが、判明している犠牲者数は33人で、人数不明の家族も数世帯ある。対馬丸と同じ船団だった暁空

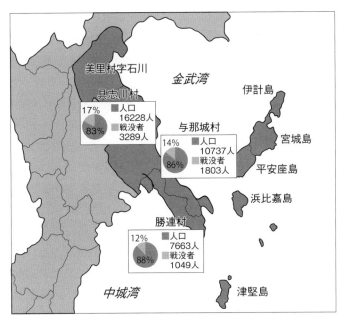

美里村字石川
金武湾
伊計島
具志川村
17% ■人口
16228人
83% ■戦没者
3289人
与那城村
14% ■人口
10737人
86% ■戦没者
1803人
宮城島
平安座島
浜比嘉島
勝連村
12% ■人口
7663人
88% ■戦没者
1049人
中城湾
津堅島

●―うるま市沖縄戦関係地図（人口数は1940年国勢調査、戦没者数
は「平和の礎」〈2023年〉より）

丸には具志川国民学校の児童らが乗船している。暁空丸は無事に長崎港に到着した。

1944年10月10日に那覇市や各日本軍飛行場・港湾施設などを襲った十・十空襲は、平安座島周辺に停留中の十数隻のマーラン船（ヤンバル船ともいう）を襲った。地上では北・中飛行場を奇襲した帰り際に、焼夷弾を落とす程度で大きな被害はなかったという。

突如撤収した日本軍と北部疎開

1944年12月、第89連隊の南部移動が始まった。そのときの様子を字具志川の平敷昌一さん（当時9歳）は、具志川国民学校では「昭和19年の末頃、具志

川に駐屯していた軍隊が突然」、「南部へと移動した」と述べ、勝連国民学校に通っていた宇座徳光さん（小学5年生）も「昭和19年のある月に突如勝連国民学校から撤収してしまった」と振り返る。また、地上戦直前の2月6日に防衛隊として現地召集された平安名幸彦さん（当時37歳）は「首里へ移動させられた」とも述べており、地上戦間近に召集された人々も南部へと向かった。それは津堅島を除く、金武湾周辺に点在する平安座島・浜比嘉島・宮城島・伊計島も同じだった。4つの島々には、島出身の兵士十数名が通信隊として残る程度となった。

また、宮城島では高台に模擬大砲が

設置されていたが、正規軍が不在となったことで住民は危険と感じ撤去したという。

日本軍は、1944年12月頃から翌年2月までに残置部隊を残し南部へ撤収する一方、1945年2月中旬、県庁は地上戦に備え住民の北部疎開を計画、具志川村民を東村有銘へ、勝連村民を国頭村奥へ、与那城村民を東村へと指示している。

勝連村で北部疎開が決まると、地方事務所や県の吏員らがきて、「勝連村は危険だから安全な国頭へ」と村人を説得にきたという。

勝連村出身の大城清栄さん（当時9歳）は「徒歩で昭和20年3月13日第一次国頭疎開者（169人）として私たち家族5名も親族3世帯で安全の地に難を避けるため応募して勝連を出発」、「3月16日国頭村字奥へ到着した」と回顧する。大城さんは、避難生活中に空襲に遭い「持参の食料も食いつくして、食べ慣れない山のヘゴの茎や蘇鉄等、何でも食べては中毒を起こしたり、栄養失調で死亡者も出た」と振り返る。その後、村の引率者だった緑間さんが、米兵の山狩りにあい射殺された。

また、与那城村の新垣金造村長は、指定地の東村ではなく、金武湾を隔てた対岸にある金武村に、村内のヤンバル船を総動員し、住民を移動させた。金武村では想定外の与那城村民の疎開受入れ態勢がなく困惑したという。他方、

与那城村では疎開地での食糧不足を懸念し村内に残る住民も多かった。

具志川村でも北部疎開せずに村内に避難した住民もいる一方で、米軍による空襲・艦砲射撃後に、慌てて北部疎開した住民も多い。具志川村出身の横田春子さん（1939年生）は「母親は身重な体で子ども二人を連れ、荷物を背負って山中を歩き回ったが、食べ物にこと欠くありさまで、結局、お腹の赤ちゃんは八か月で流産してしまった」と述べ、上原敏子さん（1916年生）は「母親が病弱なうえに、子ども三人を連れて山原の山中をさまよい、マラリアにも罹りながら、家族を飢え死にさせないために、食糧さがしに歩き回る生活を」したと述べている。

県の北部疎開計画は、住民にとって決断することができない無謀な計画で、たとえ避難地に辿りついても多大な苦難を強いられたのである。

日本軍不在のなかで起きた「集団自決」

米軍上陸4日目の4月4日午前、具志川グスクの第二陣地壕で2人の成年と16〜18歳の少年少女たちによる「集団自決」が起きた。彼らは師範学校・農林学校・第二高等女学校在学生で、親から志願の許可を得るために一時帰郷した生徒と地元の青年学校に通っていた少年少女たちだった。

3月23日から始まった米軍による激しい空襲で学校に戻ることができな

かった少年少女らは日本軍が南部へ移動する際に、すでに手榴弾を2個ずつ持たされていた。比嘉圭一さん（1927年生）は「郷土を守るのは自分が守る」、天願幸子さん（1928年生）は「ムラの有力者からも『郷土を守れ』と期待を背負わされていた」と述べ、仲本文子さん（1928年生）は「みんな張り切っていた」、「みんなアメリカーにやられても、自分たちは手榴弾を持っているので、自分たちで死ねるという妙な優越感みたいなものをもっていた」と、当時の思いを振り返る。

●—米軍に捕まった住民、うるま市安慶名にて（1945年4月4日、沖縄県公文書館所蔵）

　なぜ、少年少女たちは、自ら死んでも郷土を守るという心理となっていたのだろうか。それは明治政府から始まった、55年以上連綿とつながる皇民化教育、それに付随する軍国主義教育が、学校だけでなく社会全体で培われた結果であった。

　さらに、日本軍は住民が捕虜となり、米軍へ日本軍の情報を漏らしてしまわないよう、少年少女らに自決用の手榴弾を渡していた。このことも大きな要因だった。

　字具志川に進攻した米軍は、集落内に隠れていた住民を一定の場所に集め連行した。その様子を第二陣地壕に潜んでいた少年少女らは目撃しており、家族はどこかで殺されると思い、進攻してくる米兵を手榴弾で殺し、もう一つの手榴弾で自爆する決意で待ち構え

ていたのである。

　少年少女らが潜んでいた具志川グスクの第二陣地壕の周辺には同じように住民の避難壕が連なっていた。避難壕を見つけた米軍は、次々と住民に壕から出るよう指示しながら第二陣地壕に近づいてきたとき、少年少女らは目の前にきた米兵に手榴弾を投げつけたのである。投げつけられた米兵のチャールズバードさん（当時21歳）は「われわれがいつものように巡回していると、手榴弾が2つ、丘から飛び、転げ落ちてきました」、「とにかく何発かの手榴弾を投げ、火炎放射をしました」と振り返る。

　米軍の攻撃に遭った天願幸子さんは「みんなが一斉に『海ゆかば』をうたいだし、次に警防団長（徳吉善盛・当時30歳）が『自爆！』と合図するや、あっちこっちで手榴弾が爆発しました」と述べ、仲本文子さんは「私の手榴弾は前もって安慶名信綱さん（当時16歳）に

81

あげてあったので、信綱さんと島袋真吉さん（当時16歳）が爆発させ、二人とも覆いかぶさって爆発させたようで、二人は即死でした」、「又吉国雄さん（1929年生）は、信管を叩くのが弱かったのか、不発だった」と振り返った。

天願景順さん（1927年生）は「そうこうしているうちに米軍の反撃が始まって、火炎放射器や機関銃を撃ち込まれました。私は真っ赤な火がぼうっーと入ってくるのを見ました。入口の誰かが焼かれてアイターアイター（痛よー痛よー）と叫んでいました」と述べた。

爆発音で失神状態になった比嘉圭一さんや、手榴弾を持っていなかった天願幸子さん・仲本文子さんは一命をとり止めたが、負傷した天願さんは、米軍の担架に乗せられ、民間人収容地区となった川田の病院に運ばれたと述べている。

具志川グスクで起きた「集団自決」では、成年含む少年少女23人中13人が

●―具志川グスクの「集団自決之碑」
　　周辺には住民避難壕跡が残る。

犠牲となり、10人が生き残った。その様子は『具志川市史 第5巻戦争編 戦時記録』に詳細に記されているので、ぜひ一読して欲しい。

米軍政府施設と住民の混在

4月上旬、米軍は中部地区を占領下におくと、金武湾一帯から中城湾沿岸の集落地を民間人収容地区と位置づけ、中南部で保護した住民を次々と収容地区に押し込んだ。現在のうるま市の範囲でいえば金武湾に面した石川市および平安座島・浜比嘉島（一部）、中城湾側では通称下原（シチャバル）と呼ばれる南風原・塩屋・川田・高江洲・前原一帯から沖縄市泡瀬方面まで続く。

北部へ疎開せず、米軍に村内で保護された住民の多くは、いくつもの民間人収容地区を転々とさせられた。与那城村西原に収容された兼箇段の住民は字具志川に移され、さらに宜野座村惣慶に移動している。

川崎の大嶺ツル子さん（年齢不明）は歩いて栄野比に連れて行かれ、その後川崎に戻るが、次に安慶名へ、さらにトラックに乗り勝連半島の平敷屋で降りると、歩いて金武湾側の屋慶名に向かい約5か月間過ごし、次に、勝連半島太平洋側の高江洲へ移動させられたという。『具志川市史』には、めまぐるしく、多い人で6か所も移動させられた住民の証言がある。

米軍政府は、沖縄本島内に12か所の民間人収容地区を設置、その一つである平安座島および浜比嘉島の浜集落を、平安座市と位置づけ、近隣の宮城島・伊計島の住民を強制的に移動させた。平安座島・浜比嘉島・宮城島・伊計島の４島は戦前から多くの移民を輩出する地域だったこともあり、帰郷した住民らが英語やスペイン語で米軍と交渉したことで多大な犠牲がでることはなかった。

　平安座島は多くの家屋を失っていたが、となりの浜比嘉島は大きな被害はなく、米軍は約7000人の民間人を収容している。

　沖縄本島で最もくびれた金武湾沿いにある石川市には、民間人収容地区と沖縄本島全域を統括する米軍政府が早くから設置されている。ポツダム宣言受諾後の８月15日には、軍政府への諮問機関として沖縄人で構成された沖縄諮詢会が設置され、石川にて第１回の諮詢会会議が開催された。戦後の県行政の始まりである。

　1945年12月下旬、米軍は金武湾周辺に倉庫群を設置したことで、港湾労働者を募集した。主に那覇軍港に土地を接収された那覇市垣花の人々が北部の収容地区から移動させられ、字具志川と田場の海岸沿いに「金武湾」集落を形成したのである（「金武湾区」の項参照）。

　1946年１月になると、田場に戦後の

沖縄高等教育の始まりとなる沖縄文教学校と外国語学校が創設された。両校は、鉄血勤皇隊や看護隊として召集されながらも、生き残った少年少女たちの学び舎となり、琉球大学が開校するまでの４年４か月存続した。元沖縄県知事の大田昌秀氏を含め、戦後沖縄の政治、経済、教育指導者を輩出した高等学校・外語学校の開学だった。

　また、石川から近い栄野比に戦後最初のラジオ放送局が開局されると米軍政府の宣撫工作である番組「琉球の声」がスタートした。1954年に開局した現在の琉球放送（RBC）の前身である。

　米軍は住民を各収容地区へ転々と移動させている間に、米軍天願通信所、平良川通信所、キャンプ・コートニー（現在の在沖海兵隊本部）などを建設した。現在うるま市には、海上訓練施設も含め８か所の米軍基地と３か所の自衛隊基地が所在しており、市面積の約7.7％を占める。そして2023年、陸上自衛隊勝連分屯地に地対艦ミサイル配備が計画され、石川地区では住宅地や、子どもの教育の場である県立石川青少年の家に隣接する場所に、自衛隊のヘリ発着・射撃訓練施設が建設されようとしている。　　　　　　　　（川満　彰）

〔参考資料〕『具志川市史 第５巻戦争編戦時記録』2005年、うるま市教育委員会『勝連町の戦争体験記録』2006年、『与那城村史』1980年

石　川 ——沖縄戦後復興の発祥地——

米軍は沖縄本島に上陸後、すぐに石川を占領し民間人収容所を設置、戦火を免れた空屋敷に茅葺きの家やテントを建て、毎日増加していく避難民を住まわせた。だが、生き延びたものの、栄養失調やマラリアなどの病気で命を落とす人が後を絶たなかった。

1945年8月上旬、石川に収容された避難民は3万人を超えていたという。

日本が無条件降伏を国民に知らせた8月15日、各地にあった39もの収容所から住民の代表128人が石川に招集され、第1回仮沖縄人諮詢会が開催された。諮詢会とは、米軍政府の諮問に対する答申、軍政府への陳情などを行う組織であり、中央政治機構ができるまでの、執行権・議決権を持たない暫定機関でしかなかった。

一方、諮詢会は「地方行政緊急措置要綱」の制定など、戦後の行政機構のさき

●—写真に付した米軍キャプションには「沖縄本島石川の地元民」とある（沖縄県公文書館所蔵）

がけとなった。また要綱では男女問わず年齢25歳以上の住民に選挙権・被選挙権が付与され、日本で初めて女性にも参政権が与えられている。

この要綱にもとづき各地にあった民間人収容所は「市」となり、市長選挙が実施され、石川は美里村と分離し石川市となった。

10月末頃、避難民たちの帰村が許されると各地の民間人収容所は次第に人口が減っていくなかで、諮詢会は「市」を解消する通達を出した。そのなかで3万人前後の人口を維持していた石川だけは市として存続することになった。

諮詢会の周辺にはうるま新報・警察・銀行・ホテル・裁判所・消防局、戦後直後の教育拠点となる石川学園などの学校があり、軍政府も市内に置かれ、石川は「県都」といえる活況を呈したが、これらの施設も那覇に移転していくことで、その役割は終えた。

1959年6月、戦後最悪の「石川・宮森米軍ジェット機墜落事故」が発生、18人の命を奪った。現在宮森小学校の校内に慰霊碑「仲良し地蔵」が建立され、「NPO法人 石川・宮森630会」が継承活動をすすめている。

（瀬戸隆博）

〔参考文献〕『石川市史』1988年、沖縄ある記編『沖縄の戦後を歩く』沖縄しまたて協会、2020年

高江洲 ——変動していく収容所——

　現在のうるま市に位置する高江洲（当時は具志川村）には、米軍上陸後間もなく設置された収容所のひとつ「高江洲収容所」があった。高江洲地域の字民は米軍上陸前に北部へ避難した人が多く、米軍上陸後に村内で保護された字民は他地域へ移動させられた。『沖縄県史』（2017年）によると、4月3日には「高江洲収容所」が設置され、同時期に設置された桃原・前原の民間人収容所を合わせた収容地域を行政区画として「高江洲市」とし、最も多い時期で約1万6000人（1万4987人とも）を収容した。4月上旬には、戦前の仲喜洲小学校跡地に、高江洲小学校が新たに開校しており、おそらく沖縄戦中の最も早い開校だと思われる。

　高江洲地域は1944年の十・十空襲以来の攻撃で7割以上の家屋が破壊されていたため、住居は不足し、収容所外から運んできた資材や米軍支給の資材で規格住宅を建築した。避難民は軍作業に駆り出されたが、無断欠勤者が出ると3日間連続で配給を停止するなど、米軍側は強権的な発令を行っている。その後、配給は再開されたが、再開を懇請した民間人監督責任者の第一助役は北部地域へ追放された。

　9月に南風原収容所（うるま市）も加えた「前原市」が設置されると高江洲は解消され、「高江洲区」と

なった。「高江洲収容所」は時期によって流動的に移り変わっていくため、収容所は固定されたものではないといえる。11月頃からは高江洲収容所の避難民が元の居住地へ戻っていくとともに、北部で収容所生活を送っていた字民が高江洲へ戻ってくるようになった。地元へ戻ってきた字民が目の当たりにしたのは様変わりした地元・高江洲であった。中村正子さん（1934年生まれ）は「夢にまで見た我が家に帰ってきたのに、住むことができず、他人の屋敷に造られた長屋が割り当てられた」という。1946年9月時点の高江洲区の人口は1720人であるが、そのうち本来の字民は590人、高江洲以外の具志川村民が663人、村外が467人であり、なお多くの避難民が高江洲に残されていたことがわかる。　　　（大田　光）

〔参考文献〕『具志川市史 第5巻戦争編 戦時記録』2005年

●——下原の収容所での混雑した状況を緩和するために建てられたテント（1945年5月10日、沖縄県公文書館所蔵）

金武湾区 ——那覇市民の移動過程の集住地——

1945年10月、壺屋の陶器職人が収容地区であった久志村（現在の名護市）から、陶業復興に向け那覇市へ帰還した。ほぼ同時期に久志村を出た別集団が、那覇市垣花の「仲仕（荷物の陸揚げをする労働者）」と家族1800人であった。移動先は沖縄島中部の具志川村（現在のうるま市）、海岸沿いの米軍駐屯地「キャンプ・チンワン」だった。周辺にはホワイトビーチやブラマの浜などの港、天願倉庫や田場倉庫などの物資集積・運輸拠点など米軍関連施設が集中していた。垣花の「仲仕」たちが港湾作業に従事するため連れて来られたのが、後の「金武湾区」である。

当時、那覇市は壺屋周辺以外、米軍用地となっており、那覇市民は他の町村の人々のように帰還できなかった。こうしたことから、翌1946年に県外・海外からの沖縄への引揚げが始まると、金武湾区には行く先のない那覇出身の引揚げ者400〜500人が住んだ。このとき海岸に近い場所から1班、2班とはじまる居住区の区割りはすでに、15班まで膨張した。引揚げ者も港湾の軍作業で働き始めた。一帯には「戦果」品の闇市場が元となった「銀座通り」ができ、県外や海外の経験をいかして商売を始める者が金武湾の名前を冠した劇場やホテル、デパートなどを次々と開業した。

1948年、那覇市が真和志村の一部を借り受けた「那覇市行政」地域が市民帰還の呼び水となり、自力で帰還できる那覇市民が移動し始めた。しかし、沖縄戦で稼ぎ手を亡くした「戦争未亡人」や高齢者、子どもたちだけの家族は金武湾区に残留せざるを得なかった。こうした人々は厳しい生活状況のなかでも、お互いを助け合う関係性をつくっていた。

しかし、1950年代に那覇市が開放され復興が本格化すると、金武湾区の人々は「復興」から取り残された人々として繰り返し報道された。金武湾区は現在、地域の名称としては残らず、バス停の名称などに残るのみである。

（謝花直美）

〔参考文献〕 謝花直美『戦後沖縄と復興の「異音」—米軍占領下 復興を求めた人々の生存と希望』有志舎、2021年

●—金武湾区地図

津堅島 ——本島東側にある離島で唯一の戦闘——

　津堅島は、勝連半島南東約5kmに位置する。当時、人口約1000人のこの島では本島東側の離島で唯一、日米軍による戦闘が行われた。

　中城湾に浮かぶ津堅島は、軍事的要衝として重視され、1941年頃から中城湾臨時要塞建設が進められ、島に中城湾臨時要塞重砲兵連隊が設置された。

　1945年には重砲兵第7連隊第1中隊・独立混成第15連隊第1中隊第3小隊・防衛隊など約350人がいたという。また、15〜19歳の女子13人が補助看護婦として各壕に配置された。

　1945年4月6日、津堅島に米軍が上陸し戦闘となった。これは日本軍の配置や戦力を調べる偵察目的だった。米軍は一度撤退したが、その後島への砲爆撃は激しくなった。10・11日には米軍が再度上陸し攻撃を行ったため、日本軍は島の南西部にある「36陣地」と呼ばれる本部壕に追いつめられた。補助看護婦だった根神よし子さん（当時17歳）は、「森の中の陣地は、負傷兵でいっぱいとなり、歩行困難な兵隊は、自決を強要され歩ける者は、3，6陣地（ママ）へ集結するように命じられた」と証言した。日本軍の一部は島を脱出し、後日、島に残る負傷兵の本島への移動を試みたが、23日、「36陣地」が攻撃され、多くの犠牲者が出た。

　住民は県外や国頭村へ疎開したり、勝連半島へ避難したりしたが、約200人が島にいたという情報もある。住民は、軍から戦闘中は壕に隠れているように指示され、南西の海岸の壕に家族ごとに隠れていた。日系3世の米兵坪田輝人さんが壕から出るよう日本語で根気強く説得し多くの住民が助かったという。しかし、米軍の呼びかけに応じず壕を出なかったため射殺された住民もいた。1933年から1946年9月までの津堅出身戦没者260人のうち津堅区内での戦没者は65人とされる。

　戦闘終了後、島は米軍に占領され、住民は本島の民間人収容所に移動させられた。1949年に住民は島に戻ることができた。
　　　　　　　　　　　　（伊差川鈴子）

〔参考文献〕　うるま市勝連地区戦争体験記録編集委員会『勝連町の戦争体験記録』うるま市教育委員会、2006年

●——36陣地の上に建てられた慰霊碑

北谷町 ……………… 極東最大の米空軍基地・嘉手納飛行場を抱える町へ

・日本軍の中飛行場から米軍の極東最大の空軍基地・嘉手納飛行場への転用
・義勇隊への召集、竹槍訓練を遠因とする住民被害
・米軍の土地接収による帰村の遅れ、嘉手納との分村、産業構造の変容

「二つのアメリカ」の町

　沖縄本島における米軍上陸地点の一つである北谷町は、米軍の極東最大の空軍基地である嘉手納飛行場を抱えるなど、町面積の50％以上が米軍基地に接収されている一方で、「ハンビータウン」や「アメリカンビレッジ」といった返還地・埋立地を中心に、目覚ましい経済発展を遂げている。このように、現在の北谷町は、暴力装置としてのアメリカと大衆消費社会としてのアメリカといった「二つのアメリカ」を体現するような町である。

中飛行場の建設

　沖縄戦当時、現在の北谷町は、隣接する嘉手納町とともに「北谷村」という一つの村を形成していた。戦前の北谷村は、サトウキビを主な換金作物としており、サトウキビの作付けは沖縄県の平均の倍以上に達していた。現在の嘉手納町にはかつて嘉手納製糖工場があり、村内を走る県営鉄道嘉手納線が物流の大動脈として機能した。

　北谷村のようなサトウキビ産業を主幹とした農村地域にとって、基地が建設されるのは決して好ましい事態ではなかったであろう。ところが、1943年、大本営は南西諸島の防衛強化の名のもとに北谷村に日本軍の飛行場を建設する準備を始めた。この飛行場こそが嘉手納飛行場の前身となる陸軍中飛行場である。中飛行場は、1944年4月下旬に本格的な着工が開始され、同年9月末の完成が目指された。1944年4月の計画段階で、中飛行場は1500mの滑走路を持つ、「小型用」の飛行場として構想された。

　ところが、完成予定日を間近に控えた同年9月1日の時点で、中飛行場に滑走路の新設が計画された。飛行場の完成目標が9月下旬であることを踏まえると、中飛行場の建設はまさしく突貫工事の様相を呈していたことであろう。建設工事には一日当たり約3000人の徴用労務者や勤労奉仕隊が従事し、北谷村民も男女の別なく、「労務供出」の名目で中飛行場の建設に動員された。

　とはいえ、中飛行場の建設作業は鍬

とスコップを使用するなど、至って原始的なものであった。滑走路は砂利を敷いてローラーで均した程度であったが、滑走路となった農地ではサトウキビ・芋・大根などの農作物はすべて刈り取られた。また、中飛行場の建設工事には朝鮮半島出身者も多く動員されており、休憩時間が短いといった差別的な待遇を受けていた。「日本人が鉄砲を持って見張っていた」というなかでの作業であった。

　このような住民の動員をもって9月下旬に完成した中飛行場だったが、1944年10月10日の十・十空襲により、兵舎や滑走路は壊滅的な打撃を受けた。次頁の写真は中飛行場に配備された竹細工の模擬飛行機である。日本軍のこうしたカモフラージュも、北谷村の地場産業を利用したものであった。日本軍は桃原に伝わる竹細工の技術を利用し、航空機を模したのであった。

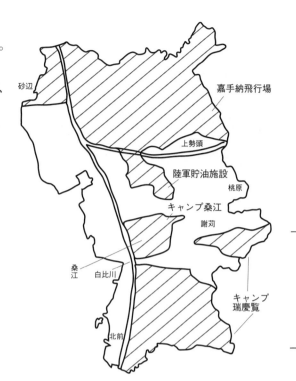

●─北谷町略地図
斜線部は米軍基地にあたる（2024年2月現在）。

北谷村の要塞化と住民動員

　1944年3月22日、大本営直轄の第32軍が創設されると、沖縄への日本軍部隊の配備が始まった。北谷村には、1944年7月に独立混成第44旅団が駐屯を始めた。北谷村では第32軍創設以前から監視哨への動員が行われていたが、日本軍部隊の駐屯とともに動員体制が本格化した。動員方法については、各人を個別に動員するというよりも、部隊が村長と打ち合わせを行ったうえで地域の有力者に陣地構築の要請を行ったり、あるいは北谷村の各団体長や各区長と「懇談会」を開催したりといったものであった。こと北谷村においては、村長・各団体・字を利用した動員体制が採られており、コミュニティーごと動員するそのさまは、「根こそぎ」さながらであった。

●―竹細工でできた日本軍の模擬飛行機（1945
年4月16日、沖縄県公文書館所蔵）

　こうした動員体制により、北谷村の
要塞化がよりいっそう加速していった。
先に述べた中飛行場への動員に加え、
陣地構築にも多くの村民が動員された。
北谷村に駐屯した日本軍部隊は、北谷
村を米軍上陸地点と想定しており、な
かでも戦車対策に力を入れた。そのう
ちの一つが「対戦車壕」である。その
構築作業にかかる動員規模は、1日あ
たり労務者55人、勤労奉仕者365人、学
童奉仕者175人といった人数で、北谷国
民学校5年生以上の学童も「学童奉仕
者」として動員された。幼い子どもと
いえども、「対戦車壕」の構築に、10時
間もの「奉仕」が課せられた。

　ところで、この「対戦車壕」である
が、「壕」と呼ぶにはあまりにも稚拙な
ものであった。「対戦車壕」とは、深さ
3m、幅4mの落とし穴のことであっ
たり、あるいは木材や石のかたまりを
道路に並び立てたりといったもので、
これらは米軍の進撃を妨害する目的で
「構築」されたのであった。このほか、

米軍の進撃を妨げる目的で行われ
た作業に、地雷の埋設があった。北
谷村民はこのような危険な作業に
も動員された。地雷の埋設作業に
は少年少女までもが動員され、米
軍の艦砲射撃が飛び交う1945年3
月30日にも埋設作業が行われた。
また、戦車対策として、海岸沿い
に松の大木を並べる作業も行われ
た。白比川沿いには特攻艇基地が
建設され、村民は秘匿壕の構築や特攻
艇の出し入れにも動員された。

　また、日本軍の駐屯とともに、北谷
村でも慰安所が設置された。北谷村へ
は辻の女性たちが動員された。休日に
なると切符を手にした日本軍の兵士た
ちが、村内に設置された慰安所に出か
けていく光景が見られた。

戦争体験の諸相―義勇隊と竹槍訓練

　第9師団の台湾抽出後、独立混成第
44旅団に代わって北谷村に駐屯した部
隊は、第62師団第12大隊、通称「賀谷
支隊」であった。賀谷支隊は1945年1
月に中部一帯に配備され、北谷村には
第1中隊が布陣した。名称こそ「大隊」
とされているが、実際の戦闘能力は機
関銃一個中隊、それから歩兵砲一個中
隊のみであった。第32軍司令部は「持
久作戦」をとり、米軍上陸地点での本
格的な交戦を回避する方針を固めてい
た。

　戦時行政への切り替えをすすめた沖

縄県は、1945年2月、本島中南部の住民を北部に疎開させる方針を固めた。北谷村民の疎開地には羽地村（はねじそん）が指定されたが、字単位の割り当てには時間を要し、決定したのは3月18日のことであった。村民が北部疎開に前向きではなかったこともあり、途中で北谷村に引き返す者もいた。なお、県外疎開については、北玉国民学校（きた・たま）の学童23名と引率教師1名が熊本県に疎開した。

一方、米軍は沖縄本島上陸に備え、1945年3月23日を皮切りに猛烈な艦砲射撃を浴びせた。4月1日、米軍は読谷村（よみたんそん）・北谷村の海岸沿いから沖縄本島へ上陸すると、上陸後2時間ほどで中飛行場を占領し、その日のうちに不時着使用が可能なほどに修復した。中飛行場は嘉手納飛行場として沖縄戦でも使用された。嘉手納飛行場は米軍の極東最大の空軍基地となった。

米軍上陸後、中部一帯に配備された賀谷支隊は散発的な戦闘を展開した。米軍との戦力の差は歴然としており、賀谷支隊は4月3日には北谷村から後退し、戦線は宜野湾（ぎのわん）・中城（なかぐすく）方面に移っていった。村民の総出で「構築」された「対戦車壕」は、米軍の進撃を食い止めることはできなかった。「対戦車壕」について、国場カメさん（1914年

●—建設がすすむ嘉手納飛行場（1945年4月28日、沖縄県公文書館所蔵）

生まれ）は「何の役にも立たなかった」、「まるで茶番」であったと冷ややかに振り返る。

沖縄戦を通じて、北谷村では7962人のうち、1207人の村民が亡くなった。比率にして約15％となる。沖縄県の市町村としては決して高い戦没率とはいえないが、戦没地別の割合をみてみると、南部23％、北部21％、北谷村内が20％とあり、村内で亡くなった村民が一定程度いた。そのなかには日本軍の責任が疑われる事例がいくつか散見される。

義勇隊の名目で召集され、賀谷支隊と行動を共にし、弾薬運搬の任務を強いられた喜友名豊子さんによると、任務中に日米両軍の戦闘に巻き込まれ、米軍から射殺された者、手榴弾で「自決」した者が続出したという。喜友名

さん自身も、日本兵から手榴弾2個を渡され、1個は敵に投げつけ、もう1個は自決するよう兵士から告げられた。

このほか、壕に避難している村民が竹槍で米軍に抵抗しようとして、全員が殺害されたという事例もみられる。北谷村に限ったことではないが、当時は竹槍訓練が教育現場や地域社会で頻繁に行われていた。こうした状況のもと、対米軍を想定した竹槍訓練は、「軍の命令に従わないといけない」ものとして村民に認識されていた。

生き残った村民たち

その一方で、米軍に対する認識が次第に揺らぎ始めていった。崎原ツルさん（1922年生まれ）は壕のなかで米軍に遭遇したとき、毒が入っているからと、米兵から手にした飴玉を口にしようとはしなかった。米軍のトラックに乗せられたときも、「どうやって殺されるのか」といった恐怖が崎原さんを支配していた。ところが、砂辺の仮収容所で多くの人々が保護されている光景を見て、支給された大きなおにぎりを手にしたとき、崎原さんは「命は助けてくれるんだ」と初めて実感した。

アメリカでの生活体験がある者の存在も大きかった。国場カメさん（1914年生まれ）は、ハワイ帰りの男性に「武器を持っていたらやられる。竹槍などは隠しなさい」と諭され、米軍の呼びかけに応じた。アメリカでの生活経験

がないにしても、「戦は敗けた」、「アメリカ兵が来たら手を挙げるんだよ」、「武器を見せたらやられる」と周囲を諭す老人がいた。この老人に諭された照屋豊子さん（1921年生まれ）は、米兵に暴行されまいと顔に煤を黒く塗って壕を出た。日系の米兵の存在も安心感を与えたようだ。「二世が一緒だから大丈夫だ」と確認し合う男性の姿がみられた。

米軍に保護された北谷村民は砂辺や北前の仮収容所に連れていかれた。砂辺の仮収容所は、テントもなく砂地にバラ線が張られた程度のものであった。当初は食事も与えてもらえず、米兵が投げ込むキャベツをそのまま生で食べた者もいた。北前に収容された仲村渠ナベさん（1916年生まれ）は虚脱状態であったのであろうか、「私たちが座っているところからは、桑江あたりが真赤に燃えあがっているのがみえた」、「自分たちは、ただうつろな目でみていたような気がする」と、戦火に燃えゆく郷里を茫然自失と眺めた。

砂辺や北前の仮収容所で数日間ほど過ごした村民は、ほどなくして宜野湾村野嵩・中城村島袋の収容所へと移動した。そのなかには福山などの本島北部東海岸の民間人収容地区に移送された者もいた。

遅れた帰村

戦後の北谷村には、嘉手納飛行場を

はじめとする多数の米軍基地が置かれたため、戦後しばらくの間、村の全域が立入禁止とされた。やむなく北谷村は仮の役所を越来村の嘉間良（ごえくそん　かまら）に置き、村の行政を担った。村内への居住許可が下りたのは1946年10月25日のことで、このとき上勢頭（かみせど）と桃原が居住許可となった。翌月、嘉手納でも居住が許可された。1947年1月6日には謝苅（じゃあがる）の一部が居住許可となった。北谷村は先遣隊を派遣し、標準住宅の建設、共同耕作地の開墾、軍の廃材の収集を行うなど、村民の移動に備えた。

村民が待ち望んでいた移動は、1947年2月25日を皮切りに開始された。北谷村へは北部に収容される村民を優先的に受け入れた。村民の移動に先駆け、2月19日、村役所は越来村嘉間良から北谷村桃原大毛（ウフモー）に移転した。桃原大毛は「戦前ならめったに足も踏み入れない山間地帯」であったが、北谷村民はそうした地域から生活を再建したのであった。いまだ「遺骨があちこちに野ざらしのまま」といった状況もあった。

分村と産業構造の変容

北谷村の南北を分断するように拡張された嘉手納飛行場は、北谷村から嘉手納が分離する直接の要因となった。1948年5月、嘉手納飛行場への立ち入りが全面的に禁じられた。村役所への通路が遮断されると、嘉手納地域の住民は飛行場を大きく迂回するかたちで役所へ行かなければならなくなり、嘉手納では次第に分村の機運が高まっていった。同年12月4日、北谷村と嘉手納村の分村が正式に認可された。

北谷村の産業構造も大きく変容していった。米軍による土地接収により耕作可能な農地は激減し、戦前のようなサトウビキ産業は成り立たなくなった。村民はわずかな黙認耕作地（耕作が黙認されている軍用地）や軍作業によって生計を支えた。やがてその軍作業も職種に変化がみられるようになった。当初は村内の家族部隊や婦人部隊でのハウスボーイやメイドなどが主流であったが、1949〜50年にかけて、米軍施設工事・港湾道路・運送・事務・PX・炊事・衛生などのさまざまな職種が生まれた。村民は日々の労働を通じて「米軍の側に何かあわただしい動き」を感じ取っていた。

米軍の「何かあわただしい動き」といった懸念は、米軍の演習によって現実のものとなった。機関銃を用いた実戦さながらの実弾演習が、桑江や謝苅の山間部で行われると、「また近いうちに沖縄も戦争になるんじゃないか」といった危機感が村民の間で語られた。

（清水史彦）

〔**参考文献**〕『北谷町史 第1巻通史編』2005年、『北谷町史 第5巻資料編4 北谷の戦時体験記録（上下）』1992年、『北谷町史 第6巻資料編5 北谷の戦後』1988年、『戦時体験記録』北谷町役場、1995年

北谷町

中城村・北中城村 ……………沖縄戦で分断された村

Ⅱ 中部

・日米両軍の最初の本格的な戦闘
・村内で捕虜になった人が多い
・米軍施設により戦後、中城村（なかぐすくそん）と北中城村に分村

移民帰りが多い村

　世界遺産に登録されている「中城城跡（なかぐすくじょうあと）」を有する中城村・北中城村は、かつては一つの村だった（以降、中城村は両村を指し、それぞれの村域を指す場合は中城村域・北中城村域を用いる）。

　写真は「中城城跡」の二の郭（にのかく）に建立された中城村の忠魂碑（ちゅうこんひ）である。忠魂碑とは、愛国心や天皇に対する忠誠心を育てるために建立された、地域出身の戦死者を讃えるモニュメントだ。中城村の忠魂碑は1915年に建立され、日露戦争と第一次世界大戦の村出身戦死者6人が刻まれており、戦時中は毎年招魂祭（しょうこんさい）が行われていたそうだ。

　戦前の中城村の大きな特徴は「移民に行った人が多い」という点であった。彼らのなかには数年あるいは十数年を移民地で過ごしたのちに中城村に帰り、故郷へ錦を飾った人々も多い。沖縄戦当時、一緒に避難していた人のなかに海外で生活した経験を持つ人々がいたかどうかが、生死を分けることにつながった場面もあった。

住民総出で陣地構築

　中城村に本格的な日本軍の配備が始まったのは、1944年8月だった。村内の中城国民学校・津覇（つは）国民学校・喜舎場（きしゃば）国民学校は駐屯する日本軍の兵舎となり、子どもたちは集落の公民館などで学ぶことになった。またその頃、中城国民学校からは90人、津覇国民学校からは約110人、喜舎場国民学校からは55人が熊本県へ学童疎開をしている。一般疎開の行き先は熊本県が多く、大分県・宮崎県にも疎開していた。

　駐屯した日本軍（第62師団）は、中城城跡をはじめ、村内各地に陣地構築を開始した。155高地（トゥームヒル、現糸蒲公園付近）の陣地構築をした和宇慶（わうけ）出身で当時11歳だった新垣繁子さんは以下のように証言している。「糸蒲（いとかま）には日本軍の陣地があって、私も作業に参加した。斜面に横穴の壕が掘られていて、横穴がまっすぐ直線に掘られたものと、途中で曲がって海側を攻撃できるようになっているものがあった。鉄砲を撃てる窓（銃眼）のようなものも

あった。私は、掘られた土をザルに入れ手で運び出す作業をした」。子どもも大人も、動くことができる村民は陣地構築作業に駆り出されていた。

村内に駐屯していた日本兵は学校のほかにも、集落の立派な家に分散して宿泊していた。また、津覇・仲順・屋宜原の民家を慰安所にした。

米軍上陸前には、やんばる疎開の指定地とされていた久志村（現在の名護市）に疎開した住民も多い。

日米の最初の本格的な戦闘

中城村における戦闘の特徴として、村北部は急速に米軍の占領下におかれるが、村の南部、特に新垣以南では米軍の進軍速度が遅くなる点があげられる。これは、日本軍は新垣以北では米軍の進撃を遅らせるために少数の部隊を配置しただけだったが、新垣以南では多くの戦闘部隊を配置し本格的な抵抗を行う計画だったからである。

北谷海岸から上陸した米軍は、1945年4月2日の夕方には島袋を突破し、翌日には「165高地」（中城城跡〜台グスク付近）と荻道に向かい、喜舎場や安谷屋付近と野嵩（現在の宜野湾市）北東部にも進撃した。米軍は沖縄上陸後数日で現在の北中城域を通過したのち、中城村域の新垣や北上原に配備された日本軍から激しい抵抗を受ける。4月

●——中城城跡の忠魂碑（喜納大作撮影）

5〜6日には中城村域の北上原の161.8高地（ザ・ピナクル）、4月8〜9日に155高地（トゥームヒル）、4月19日からは伊集のウスクンダ原の陣地（スカイラインリッジ）の各陣地で激しい戦闘が展開された。新垣から伊集まで約4kmの距離を進軍するのに、米軍は18日もの日数を要したことになり、この地域の戦闘の激しさを物語っている。

米軍の激しい攻撃にさらされた、村南部の北上原・南上原・和宇慶・伊集などの集落は、住民や家屋にも特に大きな被害がでた。伊集出身の新垣稔さん（当時10歳）は、伊集の集落内で米軍の攻撃を受け父を亡くしたと証言している。

島袋収容所

4月4日には、島袋に収容所が開設された。島袋収容所にはおもに中城村や宜野湾村（現在の宜野湾市）の人々が収容された。開設日の翌日には6000人、

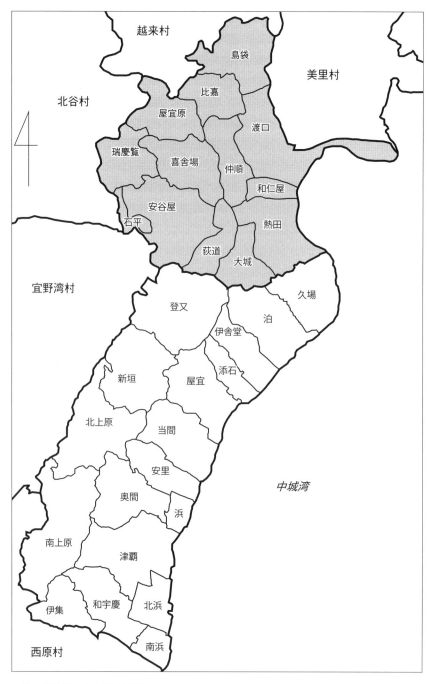

越来村

美里村

島袋

比嘉

北谷村

屋宜原

渡口

瑞慶覧

喜舎場

仲順

和仁屋

安谷屋

石平

熱田

荻道

大城

宜野湾村

登又

久場

泊

伊舎堂

添石

新垣

屋宜

北上原

当間

安里

中城湾

奥間

浜

南上原

津覇

伊集

和宇慶

北浜

西原村

南浜

●—中城村・北中城村地図

４月13日には１万人を突破した。その後、南部で捕虜になった人々が収容されるようになり、島袋や野嵩の収容所だけでは収容不可能となったため、新たに喜舎場と安谷屋にも収容所が設置された。

７月、米軍の作戦のために島袋・喜舎場・安谷屋の収容所は閉鎖され、人々は金武村（ぎんそん）（現在の宜野座村と金武町）に移動させられた。

島袋収容所の人々が移送された福山（ふくやま）（現在の宜野座村）では人々は食料にも困窮し、栄養失調・マラリア・赤痢などで多くの人が命を失うこととなった。

村内で捕虜になった住民と逃げ惑った住民

北中城村域は米軍の進攻が早かったため、住民の多くは村外へ避難する余裕がなく、村内にとどまっていたところを捕虜となった。しかし、東側の平野地にあった集落は、日本軍陣地から離れており集落付近への攻撃が少なく通行が容易だったため、４月初旬から南部へ避難し、約３か月間戦場を逃げ惑う体験をした人々もいる。中城村域の人々も村内に避難して捕虜になった人々が多いが、北上原や南上原および伊集や和宇慶などは、日本軍陣地に対する激しい米軍の攻撃を目撃し、砲弾を避けるように南部へと避難した人々もいた。

（１）村内避難（北中城村域）

瑞慶覧（ずけらん）の人々は村内の御願山（ウガンヤマ）のガマと名幸（なこう）ガマに避難した人々が多かった。御願山のガマに避難した人々は移民経験がある人が米軍と話をして全員助かったが、名幸ガマに避難した人々はそのほとんどが亡くなってしまった。瑞慶覧出身の仲本正善さん（当時45歳）は御願山のガマに避難した一人で、当時のことを以下のように語っている。

「私は御願山のガマの責任者でしたから、上陸前にこっちの壕の人たち何人かと名幸ガマからも４，５人来てもらって米軍が上陸したときどうするかの相談をしたことがあります。でも何の結論も出すことができなくて、ただ『どうしよう』『どうしようか』と言いあうだけで終わってしまいました。このときまでは白旗あげて降参するような雰囲気は全然ありませんでした。でも、御願山の壕では米軍の呼びかけで捕虜になり、名幸ガマでは米軍が『出て来なさい』と言ったのに出て行かなかったために犠牲になってしまいました。名幸ガマには壕入り口に松の枝がいっぱい入れてあり、それに火をつけられて狭い壕のせいもあり70人余り亡くなっています。そのとき毒薬を飲んだという話も聞いていますが、本当かどうか分かりません。あの中では３人が助かっているのですが、１人は私の妻の兄で、火を消そうとしているところを米軍に捕まったようです」

（2）村内避難（中城村域）

泊出身で当時9歳だった宮里江美さんは、現在も泊集落に残っている自然洞窟のウドゥイガマに、祖父母と母、姉、妹2人の7人で避難した。ガマの中は地面には床（板）が敷かれ、住民が滞在できるように準備されていたという。ガマの中に川が流れており、水をくむこともできた。ウドゥイガマには何十人も避難していたが、宮里さん家族がハワイ移民帰りで英語が話せたため、無事に捕虜になったという。

「米軍に見つかっても、ガマの住民に混乱は無かったよ。米軍に捕まったら、男性は戦車の下敷きにされるとか流言もあったけど、みんな落ち着いていた。母が米軍の話を通訳できたから、安心していたんだろうね。それから1週間ほどしてから、米軍が私の母に『戦が来たら危ないから安全な所へ行こう』と伝えたので、みんなでガマから収容所へ移動することになった。母が米軍

●―島袋収容所内の配給所（沖縄県公文書館所蔵）

とやり取りして、米軍の話を他の住民にも伝えていたから、ガマから出る準備をする時間があったよ。壕を出るときもみんな落ち着いていた。私も特に不安は無かったね。『これからどこに行くのかな』くらいの気持ちだった。母は『一番上等な着物を着てガマを出なさい』と呼びかけていたから、みんな振袖とかを着てガマを出た。お参りをするような格好で収容所に入ったから、他の住民たちはビックリしていた」

（3）南部避難

1923年生まれで、当時3歳の娘を連れて嫁ぎ先の家族と南上原から南部へ避難した普天間春さんは、最初は実父の友人を頼って大里村古堅（現在の南城市）に向かう。しかし、「（米軍の）戦車が来ている」といううわさを聞き、夜間にあわてて大里村稲嶺（現在の南城市）に避難し、そこで義父が亡くなった。その後、現八重瀬町の志多伯、現糸満市の波平・新垣・真壁と、逃げる途中で家族親戚を失いながら南へ南へと避難していった。

春さんは子連れでの避難について以下のように語っている。

「捕虜になる何日も前には食べ物がなくなりました。娘は3歳になっていたので私のおっぱいも出ず、お腹が空くと泣きやまなくてかわいそうでした。子どもたちはみんな甘えてきましたが、わがままを言うことはありませんでし

た」。

その後、現糸満市の福地にたどり着くが、避難民は「こっちも危ない、あっちも危ない」と右往左往していた。春さんたちは「家に帰ろう」と決め、海岸を歩いていたところを捕虜となり、知念村（現在の南城市）の収容所に送られた。

戦後は南上原に帰って生活するが、隣近所には沖縄戦から立ち直れない人もいたという。普天間春さんの義母は、「あんた1人じゃないからね。イクサシ　ヤーニンジュ　ムル　ウランナトール　トゥクルン　アンドー。ケーマーチョール　チュヌチャーヌ　ホージガタン　シワルナイクトゥ。ムル　ウリ　バカーン　カンゲーランクトゥ。（戦争で家族みんないなくなったところもあるよ。亡くなった人たちの法事もしなければいけない。いつもこればかり考えないで）」と、生き残った人はしっかりしないといけないよと励ましていたそうだ。

帰村と分村

1945年11月、コザ地区（現在の沖縄市）に居住していた中城村民に、安谷屋への移動が許可されたため、先遣隊を派遣し帰村の準備が始まった。翌年の1月29日には、安谷屋と当間に帰村許可が出て、本格的な帰村が始まった。

中城村域の住民は、村内に設けられた収容所や、受け入れ地域を経由し故

●─島袋収容所の青空教室（1945年4月15日、沖縄県公文書館所蔵）

郷へ帰村した。

村外から帰村する住民を受け入れるため、まず1946年1月に現在の中城村当間にある吉の浦公園付近に収容所が建設された。その後、津覇・奥間・伊舎堂・添石・新垣などの集落が住民を受け入れる拠点となった。

北中城村域の住民は、帰村が許可されていなかった瑞慶覧・屋宜原・荻道・大城・石平の住民もしばらく安谷屋で生活していた。その後、荻道・大城は1946年7～8月頃に帰村許可が出た。石平は現在もほぼ全域が軍用地となっており、屋宜原と瑞慶覧は一部開放された場所に住民が戻って生活している。

1946年3月には喜舎場・仲順に帰村許可が出たため、まだ帰村許可が出ていなかった熱田・和仁屋・渡口の住民も喜舎場・仲順で生活していた。熱田・和仁屋・渡口は46年6月に帰村が許可された。

島袋と比嘉は元の集落は米軍が接収

99

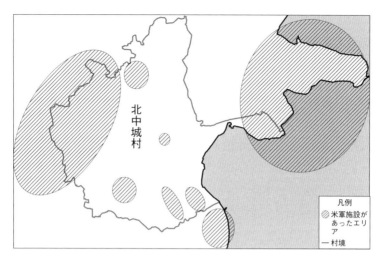

凡例
◎ 米軍施設が
　あったエリ
　ア
― 村境

●―1948年北中城村内の米軍施設

していたので、住民はチクガーバル（現
在の沖縄市久保田）で新たな集落をつ
くって生活した。島袋は1951年に開放
された。

　1946年5月20日、戦前の中城村は、現
在の中城村と北中城村の二つの村に分
離した。分離の理由について詳細はい
まだにわかっていないが、村内に設け
られた米軍施設によって戦前の主要道
路が遮断され、中城村域と北中城村域
での往来が非常に困難となった（図参
照）。そのため、一体的な行政運営に支
障をきたし分離が促されたと考えられ
る。　　　　　　　　　（山城彰子）

〔**参考文献**〕　『北中城村史 第4巻戦争・証
言編1・証言編2・論述編』2010年、『ガ
イドブック 中城村の戦争遺跡』2020年、
『中城村の沖縄戦 資料編』2022年、『中城
村の沖縄戦 証言編上巻・下巻』2022年

宜野湾市 ‥‥‥‥‥激戦と戦後生活が同時期に混在

- 緑豊かで人の往来も多かった中心地はいま、普天間基地のなかに消えている
- 集団投降できた地域と投降を許されなかった地域で、住民の戦没率に大きな差
- 野嵩は、混乱のなかから立ち上がる宜野湾市民の戦後のスタート地点

人々が行き交う沖縄島中部の中心

　戦前の宜野湾市（当時は宜野湾村）には22の字があり、約1万4000人が暮らしていた。普天間には沖縄県庁中頭郡地方事務所をはじめ中頭地方教育会館や農事試験場など官公庁が設置され、本島中部の中心地域であった。普天間宮から真栄原まで続く約5kmの街道は「宜野湾並松（ジノーンナンマチ）」の名で親しまれ、琉球王国時代からの琉球松が立ち並んでいた。

　県道沿いで商業が営まれていたほか、大半はサトウキビを中心とした農業で生計を立てており、田芋の栽培や畜産も盛んに行われていた。那覇―嘉手納を結ぶ軽便鉄道が西海岸を走り、大謝名・真志喜・大山の3駅では人々の往来も盛んだった。宜野湾村の中心は字宜野湾で、宜野湾村役場のほか学校・郵便局・病院・旅館などが並んでいた。田畑も広がり緑の多いのどかな丘陵地だったが、それらは現在、米軍普天間基地のなかに消えている。

住民の1.5倍の日本兵が駐屯

　1944年夏、宜野湾村にも日本軍がやってきた。村内には当初、第9師団の一部と第62師団歩兵第63旅団、同64旅団の一部（独立歩兵第22大隊）が駐屯。瓦葺きの大きな家は将兵の宿舎に割り当てられた。陣地構築も本格化し、区長を通して人夫や食糧の供出を強いられ、前年から始まっていた陸軍北・中・

●―普天間宮参拝後、並松街道を行進する
　那覇市垣花女子警防団（那覇市歴史博
　物館提供）

南飛行場などへの徴用も加速し、村民は戦争協力に明け暮れた。

8月に入ると学童集団疎開が始まる。普天間国民学校と宜野湾国民学校合わせて52人の児童生徒に引率教諭2人、付添3人が一団となり、宮崎県東郷村の坪谷国民学校に疎開した。嘉数国民学校からは児童生徒32人に教員1人が引率、同じ東郷村の福瀬国民学校に疎開した。疎開学童は8月28日、貨物船「伏見丸」に乗せられて那覇港を発った。対馬丸撃沈事件からちょうど1週間後の出航だったが、軍事機密上、事件のことは知らされなかった。

子どもたちは飢えに苦しみ、沖縄では経験したことのない寒さに凍えた。同情した地元の人々は、「ムゾナギ（もぞなぎ、かわいそうにの意）」と親切にしてくれたという。1946年10月、学童は全員無事に帰沖したが、この間に引率教員の1歳女児が風邪をこじらせ、無医地区だったがゆえに満足な治療を受けられず亡くなる出来事もあった。

1944年10月10日の十・十空襲で宜野湾村に大きな被害はなかった。一方、首里や那覇から宜野湾村内の親類縁者をたよりに避難してきた者、北部への避難の途中に立ち寄る者、そして県庁も一時普天間へ移動し泉守紀知事以下職員らが避難してきたため、村内は大混乱に陥った。宜野湾街道や伊佐から普天間へ向かう通りは、蟻の行列のようであったという。村婦人会は、村役

場前と普天間宮前で避難民に対し炊き出しをして与え、それは数日間続いた。

12月、第9師団が台湾へ抽出されると部隊の配置転換があり、村内にも入れ替わりで多数の将兵が入ってきた。とりわけ嘉数には、人口800人余のところへ1200人もの部隊（独立歩兵第13大隊）が駐屯したことにより、日本軍一色、文字通り軍靴の音が響くようになった。日本軍部隊は絶えず動員指令を出し、区長は残り少なくなった住民を輪番制で動員した。当時39歳だった知花静さんは、嘉数高地で石粉運びに徴用され、毎日朝9時から5時まで作業をした。自宅に石部隊の一般兵が駐屯するようになった伊波寛子さん（1927年生まれ）は、お腹をこわした兵隊に「母は芋やら豆腐やら持って行っては、ご苦労さん、ご苦労さん、早く食べなさいとすすめていた」と証言する。軍民の一体化が進んでいった。

1945年2月になると、村民の本島北部への疎開が始まった。宜野湾村の割当先は、今帰仁村の平敷・謝名・崎山などであった。第一陣が村を発ったのが2月20日前後、その後も親戚や隣近所で集団になり、荷馬車に荷物を積んで疎開する者が出てきた。後れをとったのが佐真下の住民で、村を離れたのは空襲が始まった3月23日のこと、約15世帯70人にのぼったという。全体で約1300人、村人口の1割弱の人々が、北部へ疎開したとされている。

この頃、宜野湾街道の松の木を切り倒すため、赤道や長田から12〜13人の村民が日本軍に徴用された。街道の松を切り倒し道路に敷くというこの作業は、米軍の戦車が通るのを妨害するためだったという。2人1組になってノコギリを使い、1日3本以上、別の村からも徴用されていたのでかなりの人数で、それは1か月近く続いた。赤道出身の仲村春英さんは「涙をのんで並松を伐採」したと証言している。

投降する住民が多かった村中北部

沖縄島に上陸した米軍は、4月2日には宜野湾村北部に達した。やがて村南部に構築されていた日本軍の主陣地から頑強な抵抗を受け、8日頃から約2週間にわたる激戦が続く。とりわけ嘉数の北側にある嘉数高地は、沖縄戦最大の激戦地の一つだった（「嘉数・前田高地」の項参照）。宜野湾村は同じ村内にあっても、早くから米軍の支配下に入った中北部と激戦の続いた南部で、戦場の様相が大きく異なる。

新城では、アラグスクガーに全住民約300人が避難していた。壕内では毎朝班長会議を開き、アメリカとハワイから帰ってきて英語のできる宮城蒲上さんと宮城トミさんの二人を中心に、「全員どんなことがあっても死ぬことを考

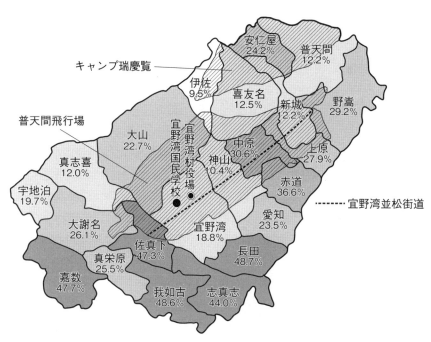

●—宜野湾村民の字別戦没率（『宜野湾市史 第3巻資料編2（市民の戦争体験記録）』巻末「付録資料」より筆者作成）

えないこと、そのため見つかったら抵抗しないでアメリカ兵の言う通りに行動する」ことを確認していたという。人々は、米兵は「鬼畜」で、見つかったら皆殺しにされると聞かされ不安に思っていたが、蒲上さんらは「アメリカ人は鬼畜ではない、優しい人も多い」と言って安心させようとしていた。4月5日、米軍が壕にやってくると、その2人が米兵と交渉し、「殺しはしない」という約束をしたので全員壕から出た。こうしてまったく犠牲を出さずにすんだ。

　喜友名のフトゥキーアブには約500人（200人の記録もある）が避難していたところ、4月3日に米軍がやってき

●—日本軍が退却した後、占拠していた洞窟を調べる米兵（1945年5月4日真栄原のアガリイサガマ、沖縄県公文書館所蔵）

て「出て来い」と呼びかけた。このとき、数人の若者が竹槍を持って息巻いていたので、知念堅吉さん（当時37歳）が「壕の外はどうなっているかわからないし、出てみなければ殺されるかどうかもわからない」といって必死に止め、投降して助かった。ただ4、5人の少女たちは、壕にいた防衛隊員から「米軍に捕まったら何をされるかわからない」といわれたのを信じ込み壕から出なかったので、米軍に手榴弾を投げ込まれて殺されてしまった。

　字宜野湾のクブタマイ小ヌ前ガマには、区の1番組の25世帯100人余りが隠れていた。最初、米兵が壕の入り口に立って「出ナサイ」といったとき、みんなびっくりしてひっこんでしまった。しかし、ミンダナオ帰りで1番組の班長だった宮城一秀さんは、「出なさいというときに出ようじゃないか」、「（米兵は）殺しはしないだろう。一等国と一等国の戦争なんだから捕虜にするだろう。捕虜になったら弾運びや何かをさせられるかも知れないが、そんなことをしてでも生きていた方がいいんじゃないか」と呼びかけた。そうして全員無事に壕から出て保護されたのである。

日本軍に翻弄される村南部地域

　一方、日本軍が主陣地を構えた村南部では、中北部に比べ多くの住民犠牲を出す。佐真下の住民約100人が避難していたジルーヒジャグワーガマには日

本兵が入ってきて、少尉が日本刀を振りかざして芭蕉を切ってみせ、「米軍の捕虜となる者は絶対許さない。捕虜となる者はこの刀で切り殺す」と脅したという。また、「米軍の捕虜になれば、戦車の下敷にされて殺されるのだ」と住民に吹き込んだ。そのために4月17日に米軍がきて投降を呼びかけたが誰も応じず、米兵が壕に入ってきて捕まったのは約20人、ほかの住民は別の穴から脱出して沖縄島南部へ逃げた。しかし南部で一家全滅など多くの犠牲を出している。

我如古(がねこ)は戦没率が48.6％と村内で最も高い地域の一つだが、「平和の礎」刻銘データによると約75％は沖縄島南部で死亡したとされている。米軍の猛攻に遭った人々は地下壕に逃げ込んだが、「この島を守っているのは兵隊だぞ、だから非戦闘員は壕をあけ渡せ」と怒鳴る日本兵もいて、住民はいつもびくびくし通しだったという。

嘉数は沖縄戦における初期の激戦地といわれる地域である。住民の犠牲は、月別でみると4月の1か月間が最も多く、これは苛烈な日米の戦闘に住民が巻き込まれた可能性を示している。また、嘉数の住民は字内のテラガマに100人、アンガーガマに100人、現在の浦添市牧港(うらそえしまきなと)にあるチジフチャーガマに400人などと分散避難していたが、日本軍が区長に対し「住民は軍の足手まといになるから避難せよ」と指示したため、

親戚や家族などで一組になり、壕を出て激しい弾雨のなかを南に向かい離散した。沖縄島南部で待っていたのは猛爆撃のなかをひたすら逃げ惑う生活で、南部での嘉数住民の犠牲は字全体の57％を占めている。

「宜野湾村民はスパイだ、殺せ」

沖縄島南部で宜野湾村民が恐怖したのは、米軍の掃討戦に加え、村民に向けられた「スパイ視」であった。「友軍の兵隊に『どこから来たのか』と問われて『宜野湾から来た』と言うと大変だった。宜野湾村の人々は、早い時期に捕虜となって、米軍と仕事をしていたので、『スパイ、スパイ』と言われた」(伊波みつ子さん、1928年生)、「島尻(しまじり)で私たちが宜野湾から来たと言うと、宜野湾の村長や宜野湾の人はスパイだと言われて大変だった。私たちは宜野湾出身とは言わず、浦添だと偽っていた」(仲本菊子さん、1927年生)、「その頃から『宜野湾村の奴を見つけたら殺せ』ということも聞かされるようになった。そこで知らない兵隊を見ると、私は中頭とだけ答えることにした」(伊波寛子さん、1927年生)などという多くの証言が残っている。

戦後の出発地となった野嵩地域

嘉数での激戦が始まる前、すでに村北部では戦後が始まっていた。4月4日の野嵩収容所の開設である。米軍が

●—班長から作業割当を受け、トラックで米軍の指定場所に出かける（宜野湾市野嵩、那覇市歴史博物館提供）

野嵩地域をどのように把握していたかは不明であるが、ほとんど攻撃をしなかったため多くの民家や公共施設が戦前のまま残された。南部の戦場を生き抜いて野嵩に連れてこられた15歳の少女が「まるで夢ではないかと思われるところ」といったほどである。

　早い時期に保護された村中北部の住民の多くは、まず北谷町砂辺の海岸に集められ、野嵩へ移動。その後、沖縄市の嘉間良や安慶田、あるいは北中城村島袋、うるま市前原（別名トゥールーガマ）などの収容所へ、さらに北部は宜野座村福山、金武町古知屋へと移動を強いられた。

　一方、米軍が進攻するにつれて野嵩の収容民は爆発的に増え、1万人前後になる時期もあった。南部の戦場で保護された他市町村の人々が占めるようになり、番号が付された各家に7、8世帯が雑居するような状態だった。

　戦争が終わって、11月、名護市田井

等で収容所生活を送っていた今帰仁疎開の代表幹部知念清一ら4人は、ふるさとへの帰還を目指し野嵩へ調査にきた。ところが米軍の配給食糧で生きている収容民は、これ以上人口が増えて食糧や家屋不足を来すことを危惧し地元民の帰村を喜ばなかった。知念らは北部への帰路、名護市世冨慶に立ち寄り、帰村できなければ世冨慶の一角に宜野湾村民の疎開者部落をつくろうかとまで話していたようである。しかし地元に帰る夢は大きく、さっそく米軍と交渉して羽地村在住の404人の名簿を作成し、11月25日に帰村を果たした。徐々に村民が戻ってくる。

　戦後の宜野湾は沖縄の戦後の縮図といっても過言ではない。その最大の要因は米軍基地の存在である。1946年4月、市町村制が復活し戦後のスタートが切られたが、村内ではすでに前年6月から普天間飛行場の建設が始まっていたほか、多くの土地が米軍に抑えられていた。地元民が自由に立ち入ることは許されなかった。

　そもそも宜野湾は純農村であったが、米軍が土地を占領したために1950年時点の耕作地は戦前の32％にまで減少した。また軍用地のうち3分の2は未使用地で、目の前に土地があるにもかかわらず使用できないという理不尽さに、住民は苦しんだに違いない。

　軍作業に就きながら土地を取り戻す

●──普天間飛行場を整地するブルドーザー（1945年6月、沖縄県公文書館所蔵）
奥に見えるのは宜野湾並松か。

沖縄住民の戦後史が始まった。1955年
伊佐浜の土地闘争は、島ぐるみ運動へ
と発展していく。　　　　　（吉川由紀）

〔**参考文献**〕　宜野湾市がじゅまる会『戦
禍と飢え 宜野湾市民が綴る戦争体験』
1979年、『宜野湾市史 第3巻資料編2（市
民の戦争体験記録)』1982年、『宜野湾市
史 第8巻資料編7戦後資料編I 戦後初
期の宜野湾（資料編)』2008年

嘉数・前田高地 ——激戦地となった二つの丘陵——

嘉数高地は、宜野湾市の嘉数集落の北に位置し、東西に筋状に広がった丘陵である。その北側は急峻な傾斜地であり、南下する敵を足止めすることに適した地形であった。また、背後にある前田高地からの支援も受けやすく、防御陣地を構築するうえでは最良の場所であった。

日本軍にとって重要な地域とされ、さまざまな部隊が配備された。1944年8月22日に独立歩兵第22大隊が配備、同年12月6日には大規模な配備変更があり、独立歩兵13大隊が嘉数に配備され陣地構築を開始。歩兵部隊のほか、独立迫撃砲第9中隊なども陣地構築を行った。陣地構築には嘉数の住民が動員された。

米軍上陸後の1945年4月8〜23日にかけて独立歩兵第13・22・23大隊と米軍との間で激戦が展開された。その様子について歩兵砲中隊に所属していた米須清彦さん（当時19歳）は、「嘉数の山々は草木一本も残らず採石場同然となって

いた」と証言している。

4月19日頃より嘉数南西の伊祖高地に米軍が侵入し、第62師団司令部は23日夜に嘉数高地の部隊を仲間・前田地区に撤収させた。

嘉数高地の南方にある前田高地の厳密な範囲は明確ではないが、基本的には浦添丘陵に属する東西に延びる丘陵を指し、南西側と北東側は崖や急峻な斜面になっており、嘉数高地と同様、南下する敵を足止めすることに適した地形である。米軍側からは「弓鋸の嶺」を意味する「ハクソーリッジ」と呼ばれた。

前田高地では嘉数高地が米軍に占領されたのちの4月25日から、南下する米軍と交戦、翌26日以降高地頂上の争奪戦が繰り返される。日本軍は、米軍の砲爆撃を受ける間は壕内に退避し、米軍歩兵が頂上に近づくと反撃するという作戦をとった。この連日にわたる激戦は5月4日まで続いた。6日には米軍に完全に制圧されるが、壕内に閉じこめられた部隊もおり、前田高地にとどまって交戦する部隊もいた。

前田高地には住民も多く避難しており、前田・仲間地域の住民は過半数以上が戦没している。　　　　（仲程勝哉）

〔参考文献〕『宜野湾市史 第3巻資料編2 市民の戦時体験記録』1982年

●—戦後の嘉数高地（1946年1月、沖縄県公文書館所蔵）

浦添市 ……………住民を巻き込んだ日米交戦の地

・浦添全域が軍事要塞化され、米軍上陸後は日米交戦の地に
・戦前から戦中にかけて住民が日本軍への協力を強いられ多くの住民犠牲が出る
・米軍基地（現牧港補給地区）建設のため、全域で収容所からの帰還が遅れる

戦前の浦添─歴史豊かな交通の要所

　かつての中山王の居城・浦添城跡がある浦添市は、数多くの重要な史跡が残る歴史豊かな場所である。その浦添市（戦前は浦添村）には、戦前まで18の字があり、約１万1100人が暮らしていた。村の大半はサトウキビ畑を中心とした農地が広がり、野菜やスイカの栽培、漁業も行われていた。

　西部には軽便鉄道の駅が３つ（内間・城間・牧港）があり、多くの人や物が行き交った。また、東部の丘陵地の経塚・仲間・当山には首里から続く普天間街道が通り、那覇と沖縄島中部をつなぐ交通の要所であった。

　しかし、その風景は沖縄戦とその後の基地建設によって大きく変貌することになる。

日本軍の駐屯と住民の動員・慰安所

　1944年夏頃に浦添村に第62師団が配備され、各学校や民家が兵舎として使われるようになった。『浦添市史』掲載の統計によれば、村内で4300人以上の

兵隊が民家を利用したとされている。特に西原・沢岻ではそれぞれ600人以上の兵員が民家を利用したと推測され、糧秣庫も多く設置されていた。

　また、日本軍配備以降は全域で住民を動員しての軍作業が行われた。各地での陣地構築作業はもちろん、村西部における陸軍南飛行場（仲西飛行場）の建設にあたって、多くの者が徴用されて重労働を強いられた。

　例えば、城間の屋良芳子さん（1928年生まれ）は陣地構築作業について、以下のように証言する。「陣地作りは若者から年配の人まで一緒にやりましたが、まず松の木を伐り、家を作るようにその木を掘った穴のところに柱として立てるわけです。私たちの仕事はカゴやモッコを用いた土運びで、掘るのは兵隊たちでした。約２か月間、朝８時から夕方の５時頃まで働きましたが、奉仕作業でしたから手間賃しかありませんでした」。

　さらに、日本軍は食料や物品の供出を住民たちに求め、軍と区長の間のトラブルも多く発生した。仲間では駐屯

●—浦添市城間（米軍通称「アイテムポケット」）に残る日本軍陣地壕（仲村真氏提供）

部隊の軍曹が供出を迫って軍刀を抜いて区長を脅した例もあった。それに加えて、村内の7字14か所に日本軍の慰安所が設置され、辻遊廓の沖縄女性や朝鮮人女性などが働かされていた。

経塚の大田朝英さん（1906年生まれ）は「当時、戦争に勝つためには何でも軍のいうがままですから、すぐ出て行きなさいといわれて、出たら慰安所に使用されたのです」と当時を振り返る。家を追われて馬小屋で暮らし始めるが、大田さんの年老いた父はそれで老衰が進み亡くなってしまう。

疎開と十・十空襲

8月に入ると学童集団疎開が始まる。仲西国民学校および浦添国民学校の学童らは8月末〜9月初旬に那覇を出港し、宮崎での疎開生活を始める。疎開先で子どもたちは飢えや寒さに耐えながら勤労奉仕作業を強いられたり、空襲にあったりもした。

戦後1945年8月15日以降は両校ともに食料の自給体制を整えざるを得ない状況になる。特に仲西国民学校の一行は移転先を探して開墾し、その地を「愛汗学園」と名付けて地域の人たちの支援のもとに共同生活を営んだ。沖縄への帰還は、出港から2年以上経った1946年10月以降となった。

また、一般疎開で宮崎・大分・熊本に行った人々もおり、疎開先では農家の手伝いや内職をして過ごしていた。

1944年の十・十空襲では、仲西飛行場が攻撃目標となるとともに、西部では米軍機による機銃掃射による被害も出る。牧港には大型爆弾が投下され、住民2名が犠牲になった。

さらに、1945年になると1月22日の空襲により宮城で7名が亡くなる被害が出るとともに、3月にかけても浦添各地への空襲が相次ぎ、徐々に緊迫の度合いを増していく。

上陸前動員と日米の戦闘経過

1945年2月には国頭疎開の呼びかけが始まる。浦添の人々を受け入れる予定となっていたのは国頭村の8つの集落だった。しかし、疎開の対象となったのは老人や子どもおよび付き添いの女性であり、疎開先に身寄りもない多

くの村民は国頭疎開を渋ったという。

そして、3月6日には第32軍による大規模な防衛招集があり、集落に残っていた男性の多くは防衛隊員として行動することになる（浦添配備部隊への招集は800名）。また、女子救護班・炊事班・女子義勇隊などの名目で女性たちも日本軍に動員されていく。

4月1日に読谷・北谷に上陸した米軍は主力部隊を南下させ、日本軍司令部の首里を目指す。その間にある浦添には、西海岸沿いを南進する部隊と、内陸丘陵地を南進する部隊が攻め入ってきた。対する日本軍（当初第62師団）は「第一防衛線」を牧港—嘉数—南上原—和宇慶をつなぐ一帯に設定し、4月

8日頃から日米の交戦が始まる。

4月23日頃に第一防衛線を突破した米軍は、26日頃に伊祖—仲間—浦添城跡—前田—幸地を結ぶ「第二防衛線」に迫り、浦添各地で本格的な日米の戦闘が行われることになる（「嘉数・前田高地」の項参照）。

内陸の丘陵部では一進一退の攻防が続いたが、西側の海岸線を突破した米軍は、5月3日頃陸軍南飛行場を制圧し小湾付近まで進行する。対する日本軍は沖縄島南部に配備されていた第24師団を中部戦線に投入し、5月4日には一斉攻撃をしかけるが失敗。13日頃には丘陵部の南にある沢岻高地が米軍に占領され、その後戦闘は那覇のシュ

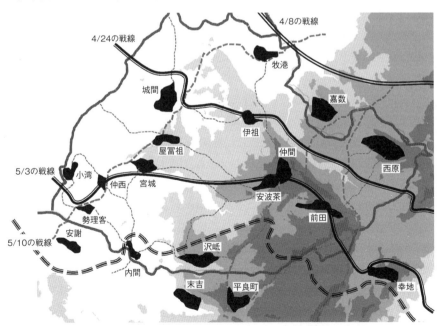

●—浦添の概略地図と日米両軍の戦線の移動（『大正・昭和琉球諸島地形図集成』『沖縄方面陸軍作戦』などより）標高は「地理院地図」より30mごろに色が濃くなるように設定。

ガーローフや大名（おおな）（首里）に移っていく。

こうした浦添全域での戦闘のさなか、防衛隊・義勇隊・救護班などとして日本軍に動員された浦添の人々も多く命を落とした。そして、日米両軍が戦火を交えた浦添には、軍隊に動員されなかった一般住民も多く残っていた。

戦火の中を逃げ惑う浦添の住民

後述のように、浦添は中部市町村のなかでは村内で亡くなった人の割合が高い。まず村内で住民が戦闘に巻き込まれていく様子がわかる伊祖出身の銘苅幸江さんの体験を紹介する。

銘苅さんは米軍上陸前まで家の壕に隠れていたが、すぐ隣に日本軍が壕を掘り始めたため別の壕を探しに出る。しかし1歳の子どもを連れた家族での壕探しは難しく自分の壕に戻る。その後4月は壕で過ごすが、水汲みに出たときなどに同じ伊祖の住民が爆弾の破片でやられるのを目にする。

米軍の接近にともなって隠れていた壕は日本兵に追い出され、仕方なく伊祖にある別の日本軍の壕を探して入る。ところが、その壕では大声で泣く1歳の子どもを日本兵に殺される（銘苅さん自身は目撃していないが、状況からして殺害したのは日本兵であったとしている）。その後、米軍が接近してきたためその壕も出て、砲煙弾雨のなかを逃げ続け、別の壕を探す途中で家族は離れ

離れになる。ようやく見つけた別の壕も馬乗り攻撃を受けて脱出、その後棚原（たなばる）（西原（にしはら））あたりで隠れ続け、5月末にようやく捕虜になる。

この銘苅さんの体験からは、日米交戦下の浦添で住民の逃げ場は極めて限られており、その限られた場所でも頻繁に壕の出入りをせざるを得なかったことや、日本兵から直接的な危害を加えられていることがわかる。

また、村内に残された住民の体験として、宮城のウーグヮーガマでは「集団自決」で約10名の死者が出たとの証言がある。宮城出身の上原正子さん（1934年生まれ）はそのことを次のように語る。「私の父は爆弾背負わされていました。これで自爆しなさいと教えられていました。万が一の事があったときは自爆しなさいと、初年兵もみんな教えられているもんですから、あの時は大雨で爆弾も水浸しで濡れているもんですから不発もあり、真ん中の男は亡くなって周りの女は残ったんですよ」。

次に、南部に避難した住民の体験を紹介する。新垣貞子さん（当時14歳）は米軍の攻撃が激しくなった4月10日頃に西原を出る。識名（しきな）・一日橋（いちにちばし）・大里（おおざと）（糸満（いとまん））と南下するときも、壕やガマへの避難と日本兵による追い出しを繰り返し、戦場を命からがら逃げ続ける。新垣さんたちは4家族計32人での行動であり、避難中の死者も相次ぐ。

新垣（糸満）では、壕を探して逃げ回るものの見つからず、自分たちで壕を掘る。しかし、そこに入った途端に直撃弾を受けてさらに死者が出る。その後は壕も見つけられず岩陰・木の下・半壊した民家などをひたすら逃げ回る。その頃には日本兵も反撃どころではなく、軍民混在での逃避行になっていたという。そして、新垣さんは6月20日頃に喜屋武で米軍に捕まる。

この体験を振り返り、新垣さんは「国民を守るはずの兵隊が逆に国民を苦しめたのです。私たちは三度も壕から追い出され、そのために多くの家族、親族を失いました」と語る。

統計からわかる浦添の特徴

『浦添市史』の編纂過程では全戸の悉皆調査が行われた。その成果として、浦添の各字の戦災実態が統計的に明らかにされている。これは、発刊（1984年）当時としては画期的なものであり、その後の他市町村史にも影響を与えた。

そのように蓄積されてきた各市町村

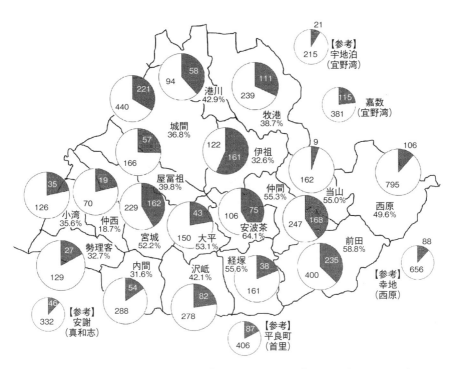

●——浦添各字の戦死率と「村内戦死率」（『浦添市史』および「平和の礎」データより）
円グラフ網カケ内は村内での戦死者数、白部分は村外（海外含む）での戦死者数。字名下は戦没率。参考の各字は該当市町村内での戦死者数をあらわす（安謝は真和志村内、平良町は首里市内）。

の戦災実態を比べると、浦添は中部の他市町村のなかでも、特に村内で亡くなった人の割合（以下「村内戦没率」と記載）が高いことがわかる。

図に浦添の各字の戦没率（字名下の％表記）と村内戦没率（グラフ）を示している。戦没率は各字で高い数字を示しているが、概ね西部よりも内陸部の字の方が高い。一方で、村内戦没率をみると、城間・港川〜前田の日本軍の第二防衛線周辺で高くなっていることがわかる。特に伊祖の戦没率は村内で高い方ではないが、村内戦没率は他字と比べて非常に高い。

浦添で村内戦没率が高い要因として、次の①〜⑤があげられる。

①疎開できず多くの住民が村内にとどまった。②軍の徴用が大規模で避難できなかった。③村内各地にガマや壕（陣地壕や各家庭の壕を含む）が多くあった。④米軍接近まで若干時間の猶予があり村内にとどまった住民が多かった（第一防衛線に近い西原・当山では南部避難の時期が早い）。⑤浦添で日米が交戦した時期に壕追い出しが頻発し、戦場彷徨を余儀なくされた住民が多かった。

日本軍が組織的にほぼ壊滅状態となった南部とは違い、浦添での日米交戦期にはまだ日本軍の指揮命令系統や組織体制が機能していた。それにもかかわらず、日本軍は激戦地に残る住民を避難・保護する意図や手段を持たず、それが村内戦没率を高くする要因と

なっている。南部に避難した多くの住民が亡くなっていくのとは異なる形で、そこに日本軍の本質的な組織としての特徴や性格があらわれている。

牧港飛行場の建設と遅れた帰郷

戦場で米軍に捕まった人々は北部各地区の収容所に入れられる。そこでも栄養失調やマラリアによる死者が続出した。浦添の人々に収容所から帰還の許可が出るのは、1946年2月であった。しかし、そのときもすぐに故郷に帰還できたわけではなく、まずは「仲間キャンプ（現浦添小・中学校近辺）」に移動し、そこで過ごしたのちに各字へ段階的に帰還していくことになる。

ただ、米軍は沖縄戦で浦添を占領してすぐに、西海岸側の小湾・城間・宮城・牧港などの平地に飛行場（現牧港補給地区）の建設を始めていた。特に、故郷の全域が基地に接収された小湾の住民は故郷に戻ることができないまま1949年に宮城に居住地をつくり、現在まで同移住地での暮らしを余儀なくされている（「小湾」の項参照）。

(北上田源)

〔参考文献〕 『浦添市史 第5巻資料編4』1984年、『浦添市西原字誌 下巻』2018年、『沖縄県史9 沖縄戦記録1』1971年、『沖縄県史各論編6 沖縄戦』2017年、『字誌なーぐすく（浦添市宮城字誌）』2012年

小　湾 ——基地に消えた集落——

　沖縄本島には、嘉手納飛行場などの米軍基地が、国道58号を沿うようにくまなく配置されている。浦添市では、国道から海岸沿いにかけての地域が米軍牧港補給地区に接収されており、その一角に小湾がある。

　小湾と基地との関係は、「仲西飛行場建設部隊」が集落に駐屯した1943年に始まる。翌1944年から日本軍の本格的な駐屯が始まると、小湾住民は男女の別なく、近隣の陸軍南飛行場や陸軍中飛行場の建設に動員された。

　米軍が小湾に進攻したのは1945年4月29日であった。小湾に布陣した日本軍は、天長節（昭和天皇の誕生日）のこの日、「石部隊の名誉にかけて決戦をせんとす」のかけ声とともに壊滅した。住民の多くは南部に避難したが、高齢者は集落に残留した。集落に残留したほとんどが亡くなり、南部に避難した者も半数以上が命を落とした。全住民のうち、一家全滅を含む約36％の人々が犠牲となった。

●——1945年7月、牧港飛行場の建設風景（沖縄県公文書館所蔵）

　一方、日本本土攻略のため、南飛行場を整備・拡張していた米軍は、日本の敗戦後もこの基地を手放すことはなく、牧港飛行場として使用する方針を立てていた。しかし、1945年12月、牧港飛行場の構想は撤回、「牧港総合補給基地」を運用する方針に切り替わった。

　小湾は立入禁止とされ、小湾住民は郷里に隣接する勢理客を代替地として求めた。とはいえ、勢理客はあくまでも「一時居住」として想定され、小湾は「いずれ開放される」という見通しが立てられた。代替地を求めること自体が苦渋に満ちた「選択」であったであろう。

　しかし、1949年1月、米軍施設から1マイル以内の新築を禁ずる「1マイル制限」が公布されると、郷里へはおろか、勢理客での一時居住すらも閉ざされた。小湾住民は郷里から離れた宮城クモト原への移動を余儀なくされた。宮城クモト原は、近隣にMP部隊（ミリタリーポリス）やフィリピン部隊が駐留していた。小湾住民、特に女性たちは、軍隊の性暴力に怯える日々を送った。

　沖縄戦から78年が経過した現在も、小湾は基地に消えたままである。
（清水史彦）

〔参考文献〕 『小湾生活誌 小湾字誌〈戦中・戦後編〉小湾新集落の建設とあゆみ』小湾字誌編集委員会、2008年

西 原 町 …… 町全体が要塞化、中部戦線最後の戦場

・村全体が首里防衛のための軍事要塞へ
・南部へ避難しさらに犠牲が増大
・軍による住民スパイ視

Ⅱ 中 部

首里の北（ニシ）にある西原

　西原の名称は首里の北（方言でニシ）にある地方ということに由来する。西原は首里王府の直轄領で王府時代はその領域も東は津堅島から、西は天久（現在の那覇市）におよんでいた。西原町（戦前は西原村）は水利に恵まれた地形を利用し、水田の村として栄え、近代に入ると糖業の村として発展した。糖業の発展による大型工場の竣工や県糖業改良事務局の設置などで村外からの人々が行きかい、経済的発展を遂げていく。また糖業の好景気に支えられる形で社会の基盤整備も進み、近隣町村と交通の利便性が高まっていった。

子どもたちの学び舎に日本軍本部

　1944年7〜8月にかけて第32軍に編成された地上戦闘部隊が次々と沖縄に移駐してきた。
　西原村には第62師団独立歩兵第11大隊（1233人）が翁長を中心に、師団工兵隊（177人）が幸地を中心に、師団野戦病院分室が棚原に各駐屯した。大隊

本部は翁長の西原国民学校（現在の西原中学校）に、工兵隊本部は幸地集落の字事務所（現在の公民館）裏に配置された。将校たちは瓦屋の民家の一番座を与えられ、兵士たちは狭い茅葺の家に5、6人ずつ入り、それでも収容できずに樹木の下にテントを張って宿泊した。大隊本部に校舎を占拠された国民学校の児童たちは、各字の字事務所に分散して名ばかりの授業を受けたが、やがて上級生は陣地構築に動員されて、実質的に学校生活は中断された。

　村民の居住区に軍隊が割り込んできて軍民混在となり、摩擦が生じた。原則として、兵隊たちは民間人との会話や食糧をもらうことも禁じていた。軍の食糧不足は深刻になっていたので下級兵はいつも空腹をかかえており、村民からこっそりイモや豆腐、黒砂糖などをもらって上官に隠れて食べていた。

　食事も下士官と兵隊ではだいぶ違っていたという。大隊が駐屯していた西原国民学校長の新垣盛繁さん（当時51歳）によると、住民からの魚・豚などの供出（軍への提供）でごちそうがあっ

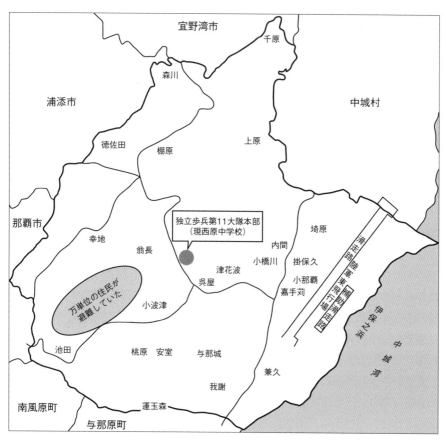

地図内の文字:

宜野湾市

千原

森川

浦添市

中城村

徳佐田

棚原

上原

那覇市

独立歩兵第11大隊本部
（現西原中学校）

幸地

翁長

内間

埼原

津花波

小橋川

掛保久

呉屋

小那覇

嘉手苅

万単位の住民が
避難していた

小波津

中城湾

伊保久浜

宜野湾線東恩納演習場

池田

桃原　安室

与那城

兼久

我謝

南風原町

運玉森

与那原町

●─西原町略地図（『西原町史 第3巻資料編 I 西原の戦時記録』より）

たが、それは下士官以上が食べ、兵隊は塩とごはんのみだったという。

住民総出の軍作業─根こそぎ動員

　日本軍が駐屯すると、村内での陣地構築などの徴用に住民総出で駆り出された。徴用の場合、役場の労務係から各字の区長に人数の割り当ての指示がきた。区長はその人数を集め、その人たちにどこそこの現場に行くよう指示をした。松材などの運搬に欠かせな

かった荷馬車を持っている人は真っ先に徴用に駆り出されたという。陣地壕の構築で、男たちはツルハシやショベルで穴を掘り、女性たちを掘り出された土や石をザルに入れ、そのザルを頭にのせて運んだという。村内だけでなく村外の徴用も厳しい状況はかわらず、なかには暴力を振るわれた住民もいた。西原から読谷の北飛行場建設作業に駆り出された普天間朝光さん（当時37歳）は、弾薬を運ぶ作業についたが、毎日

●─西原飛行場（沖縄県公文書館所蔵）

殴られ、鞭で打たれ、「これほどきつい作業はなかった」と語っている。また嘉手刈の住民のなかには棚原の陣地構築が終わると、与那原駅近くの陣地壕、またそこが終わると沖縄戦が始まる直前まで小波津の陣地構築へと、ほぼ休む間もなく新しい現場で作業にあたった人もいた。村の労務主任をしていた安谷屋広英さん（当時47歳）は、徴用で休むときには軍隊から「病気の時でも医者の証明を持ってこい」といわれ非常に厳しかったと証言する。

昼夜兼行の西原飛行場建設工事

陸軍沖縄東飛行場（通称・西原飛行場、小那覇飛行場）は西原村字小那覇から仲伊保にまたがる海岸平地に建設された。西原村での飛行場建設は、第32軍の飛行場部隊が沖縄に来駐した1944年4月中旬頃から用地接収に動きだした。飛行場中隊の将校が役場の幹部や地主代表に、軍が土地借り上げしたうえで、農作物の補償をするという条件を提示し

た。しかし、契約はなされず測量が始まり、地代の支払いもなく工事が始まった。その補償金は支払われたが、すぐに戦費調達のための国債を買わされ、日本の敗戦によってその国債は紙切れとなった。

役場職員の大城孝敏さん（当時48歳）は「地元西原村や周辺町村から毎日400〜500人ほどの徴用人夫が出て、働いていた」と語り、「機械力もなく、馬車やモッコ、ショベルなどを使って手の作業」でまったくの人海戦術だったという。作業時間は連日11時間におよび、雨中でも関係なく作業が続けられたが、作業が難航すると、監視の下士官たちに竹ムチで追い立てられた。

すすまなかった村外への疎開

1944年10月10日、米軍による大空襲がなされた。十・十空襲である。東飛行場は半分も完成しなかったためか、伊江島、中・北飛行場に比べ攻撃はそれほどなく、飯場などが炎上しただけであった。しかし、我謝の大型製糖工場や、飛行場に隣接した小那覇集落の飯場や民家が銃爆撃を受け、34戸の家屋が炎上した。このほか、村内各所で日本兵の姿が発見されたため、米軍の戦闘機の攻撃を受けることになった。またほとんどの村民は日本軍の演習と思ったといい、那覇方面から黒煙があがるのをみて米軍の空襲だとわかった。

それでも高台から見物していたが、小那覇に銃爆撃がきてはじめて附近の避難壕や山林に避難した。

度重なる空襲で国頭疎開の機運が高まり、西原村では村役場の職員が戸別訪問ですすめた。しかし、なかなかすすまなかった。村民が躊躇する理由の第一に食糧問題があった。十・十空襲直後も西原村は比較的食糧事情に恵まれていた。空襲によって物資の値段が高騰し、被災者が西原に流入し、西原村の人口が1万人を超えたという。西原村は首里・那覇に近い農業地域という地の利を生かし、村民は毎日のように首里市場へ芋を出荷して現金収入を得ていた。その値段は1斤（約600ｇ）2〜7銭に急騰していた。こうしたことから「物価高騰で村内でこんなに儲かるのに、なぜわざわざ食糧難のヤンバルに疎開するのだ」という人が少なくなかった。ある老人は「イクサは兵隊がやるもので私達庶民は関係ない」といって動こうとしなかったという。また駐屯していたのは精鋭部隊との評判もあった第62師団で、そのなかには「敵はわれわれが水際で撃滅するからあわてて疎開しなくてもいい」と豪語した兵隊もいた。森川では空襲警報が鳴ってもまったく攻撃しない日本軍に疑問を持った住民が、駐屯していた日本軍に聞くと、「敵を引き寄せて1週間ないし10日間で叩き潰す作戦」だと答えたという。結局、米軍上陸まで村民の多くは軍民混在のなかで村内にとどまることとなった。

押し寄せる戦禍から逃げまどう住民

米軍は3月23日に上陸前空襲、翌24日から艦砲射撃を開始した。4月1日に沖縄本島に上陸後、宜野湾嘉数での戦線を16日で突破し、浦添の前田高地に迫ってきた。幸地の住民は、米軍上陸前にはほとんど避難することなく地元にとどまっていたが、米軍の艦砲射撃が撃ち込まれ戦車が中城村に進撃するにおよんで、首里へ逃げた。森川を通っている県道は宜野湾方面から避難する住民がひしめきあっていた。避難民は森川の住民に戦争が迫っていることを伝え、逃げるようすすめた。墓のなかに逃げていた森川の住民は、自分の家が焼けるのを見届けながら避難した。

村の海側に面する我謝・兼久などからは、米軍上陸後、住民が池田に避難してきた。池田一帯には山や谷地が多く、また水が豊富のため、2〜3万人の村民や村外から避難してきた住民がいた。ほとんどの住民は十分な食料を持たず避難したため、周辺の畑から野菜や芋をとり、飢えをしのいだ。池田では米軍の砲爆撃でやられるよりも、日本軍の壕追い出しや南部へ移動する命令が出され、その途中で犠牲になる住民が増えていった。桃原も緑に覆われた場所が広く、4000〜5000人が避難

●—小波津集落の弾痕の塀

100万ドル分の弾薬が撃ち込まれた運玉森

　米軍の沖縄本島上陸から3週間あまり、西原にも米軍の攻撃が迫ってきた。4月24日には、第一線の嘉数高地の日本軍陣地は壊滅し、内間・幸地も米軍に占領された。首里防衛陣地帯の第一線に配置された第62師団は後退した。そのため、西原国民学校に本部を置いていた第62師団独立歩兵第11大隊は第一線中央の前田高地に移動し、島尻地区に温存されていた第24師団が西原に移動することになる。このことは首里での攻防戦が近づいたことを意味し、日本軍は首里周辺に避難・残留していた住民に、作戦の障害になるとして、南部に移動するよう命じた。西原でも、第24師団本部から小波津正光村長宛てに村内残留の一般住民を南部に移動させるよう要請が出され、村長は村内の避難壕や墓に避難している村民を説得し移動させた。しかしこの移動は激しい砲爆撃のなかに住民をさらすことになり、犠牲者をさらに増やす結果となった。4月末には西原村の各地で激しい白兵戦が展開され、日本軍の運玉森の守備陣地に迫ってきた。

　その後、運玉森での激しい攻防戦が約8日間続き、日本軍陣地は米軍の凄まじい反撃を受け、一帯は焼き払われていた。壕に隠れていた字安室の金城

していた。墓という墓が全部開けられ、遺骨の入った甕も放り出され、そこに避難した。この一帯には日本軍陣地もあり、大量の艦砲弾が撃ち込まれ即死した避難民もいた。墓に隠れている住民に日本軍は食糧を催促し、「お前らがここにいると戦闘の邪魔になるからここから出ていけ」という暴言を吐く日本兵もおり、この一帯にいた避難民は南部へ逃げることになった。避難した南部では激しい砲爆撃と過酷な食料不足が待っており、さらなる犠牲を招くことになった。沖縄戦での戦没者は5106人、戦没率は46.9%にのぼり、この数字は全市町村で最も高い数字となっている。戦没者のうち約68%は米軍の掃討戦が行われた南部で犠牲になった。日本軍によって避難場所の移動を指示されたことや、南部へ撤退した日本軍と行動をともにしたことがその原因としてあげられる。

澄さん（当時40歳）は、攻撃が終わったあと壕から出てみると「全滅したんだなあ」と思ったという。米軍の戦史には激しい攻撃を受けた運玉森を「100万ドルの山」（100万ドル分の弾丸を撃ち込んだ山）と記述されている。

生き残った西原村民は野嵩（宜野湾）、コザ・中川（金武）、惣慶・古知屋（宜野座）など本島北部の収容所に入れられた。沖縄戦終結の翌年1946年4月に帰村許可が下りることになり、各地から住民が戻ってきた。しかし米軍基地が村内各所を占め、当初は旧村役所周辺の我謝・与那城地域のみの居住だった。本格的な帰村が始まるのは西原から米軍が撤退する1947年9月以降である。

「お前はスパイだろう」

日本軍が西原に駐屯を開始した段階から、「防諜」の名のもと、軍隊と民間人の交わりは制限されていた。

米軍との激しい戦闘のなかで多数の死傷者を出した第62師団と入れ替わる形で、西原に入ってきた第24師団配下の部隊の陣中日誌が残っており、そのなかに米軍が上陸する前から「スパイが入っているから秘密書類の扱いに注意」との注意が出されている。また米軍が住民をスパイとして扱っている、避難民を装い潜入した人間がスパイを働いているという宣伝や、秘密書類・

●—陥落した運玉森（沖縄県公文書館所蔵）

作戦の秘匿を一兵に至るまで徹底して守れという命令が出されていた。

兵事主任だった字内間の大城純勝さん（当時39歳）は役場へ行こうとすると、日本軍からいきなり「お前はスパイだろう」と頭ごなしに疑いをかけられたという。役場での職名と用件を言っても聞き入れられず、「敵機が飛んでいる最中に壕から抜け出て歩く奴はスパイでなくて何か」とまったく話にならなかったが、押し問答の末、スパイ嫌疑は晴らすことができた。字伊保之浜では、桃原から避難し壕に隠れていた老人たち全員が引きずり出され、一人ずつ日本兵に斬殺された。その数は7人にのぼる。　　　　（瀬戸隆博）

〔参考文献〕『西原町史 第3巻資料編1 西原の戦時記録』1987年、『西原町史 第1巻通史編1』2011年、林博史『沖縄戦が問うもの』大月書店、2010年

Ⅲ 北　　部

伊平屋村

伊江村

伊是名村

沖縄愛楽園

古宇利島

今帰仁村

屋我地島

大宜味村

国頭村

東村

瀬底島

本部町

名護市

辺野古

恩納村

宜野座村

金武町

屋嘉

北部の沖縄戦

　沖縄島北部はやんばるとも呼ばれ、その範囲は、現在の恩納村・金武町・宜野座村・名護市・本部町・今帰仁村・大宜味村・東村・国頭村と、周辺の島では伊江島や伊是名・伊平屋島を含む。戦後、一部を除き恩納村から国頭村へ連なる山々は米軍基地となり、国頭・東・大宜味村にまたがる北部訓練施設は、2016年に約53％が返還されると、その後ユネスコ世界自然遺産に登録された。この奥深い山中では中南部とは異なった戦争があった。

第32軍の北部の位置づけ

　1944年、北部の森は南部の陣地構築用に伐木され、住民は伊江島をはじめ、各地の飛行場建設にかり出された。

　第32軍は日本軍を中南部へ集中させる一方、伊江島を含む北部では約3000人の宇土武彦大佐率いる独立混成第44旅団第2大隊（通称宇土部隊）と、約1000人の少年兵でゲリラ戦を任務とした第3・第4遊撃隊（秘匿名護郷隊）を配置するのみだった。

　宇土部隊のなかには、沖縄へ向かう途中で米軍潜水艦に撃沈され、負傷した兵士も多く、その編成内容は第32軍の「捨て石」といえる。そして宇土部隊は本部半島の八重岳周辺に陣地を構えた。

　1945年2月、第32軍と県庁は中南部住民の北部疎開を計画。県の戦えない住民の疎開、戦えると判断した者は疎開させないという10万人疎開計画は、第32軍の意向に沿った形で押し進められた。それは住民保護以上に地上戦に備えた戦闘態勢づくりの一環だったのである。北部の住民は飛行場・防空壕設営に加え、中南部住民用の避難小屋建設を強いられた。

北部の沖縄戦

　4月7日、名護町を制圧した米軍は、13日には辺戸岬に到達。同じ頃、米軍は八重岳へ猛攻撃を加え、宇土部隊が多野岳に撤退し始めた16日に伊江島へ上陸すると、21日に陥落させた。海岸沿いは米軍に抑えられ、日本軍は山中に潜むようになると敗残兵と化し、避難民から食糧を強奪したり住民虐殺を繰り返したりしていた。山中には何万人もの避難民が飢餓や病気、敗残兵に苦しめられながら彷

徨っていたのである。

避難民は、米軍の投降呼びかけで下山すると、そのまま米軍が設置した民間人収容所に収容されたが、食糧不足は日常化し、栄養失調・マラリアなどで多くの人々が亡くなった。住民は、どこに避難しても休まることはなかった。

沖縄戦当時の市町村	現在の市町村
名護町・羽地村・久志村	名護市
本部町・崎本部村	本部町
金武村	金武町・宜野座村
国頭村・今帰仁村・東村・伊江村・伊是名村・伊平屋村は戦中と今も同じ	

国頭村・東村の場合

次に本文であまり触れていない国頭村・東村・大宜味村・金武町の特徴的な事件などを記述しておく。

4月13日に辺戸岬に到達した米軍は、辺土名地区を中心に民間人収容所を設置。他方、国頭村山中には敗残兵が出没し始めた。5月に入り、食糧の入手が困難になると敗残兵らは狂暴化し収容所を襲った。国頭村桃原では、一家族が敗残兵の夜襲を受け、子どもは軽傷だったが女性は無残な姿で死亡したという。

また、東村では尚謙少尉率いる農林鉄血勤皇隊員の20人が、福地原で日本兵と米軍の戦闘に巻き込まれ、尚隊長ほか9人の少年兵が戦死した。そのとき、少年たちは2個の手榴弾しか持っていなかったという。

大宜味村の場合

5月中旬、大宜味村渡野喜屋で米軍に保護された住民が敗残兵に虐殺される事件が起こった。「渡野喜屋事件」である。当事者の仲本政子さん（当時4歳）は、兄（当時8歳）から聞いたと前置きし、山から下りてきた数人の敗残兵に、米軍から支給された食糧を奪われると、父を含め7人が山中へ連行され首などを突き刺され殺害、仲本さんを含む80〜90人の女性や子どもたちは、砂浜に集められ、そこに手榴弾を投げつけられたという。生き残ったのは15人ぐらいと述べている。この事件は米軍資料にも存在する。

金武町の場合

金武町の海岸沿いには豊廣実大尉率いる震洋隊45隻が配備されたのは、1945年1月下旬である。第32軍の命令で3月下旬に何度か出撃するもすべて失敗に終わり、4月4日未明に壊滅状態に陥った。生き残った兵士は山中へ潜伏し敗残兵になったと考えられ、生死も不明なままである。

（川満　彰）

伊江村 ·················沖縄戦と戦後の「縮図」として

・「東洋一の飛行場」の建設に北部一円の住民が大量に動員された
・6日間の地上戦において、村民の半数が犠牲となった
・飛行場は米軍基地に使用・拡張され、戦後も村民の帰郷は制限された

伊江島からみる沖縄戦と戦後

　伊江村(いえそん)は、沖縄本島北部の本部(もとぶ)半島から北西に約9kmに位置する平坦な地形をした楕円形の島からなる(一島一村)。東部には約172mの城山(ぐすくやま)という岩山があり、沖縄では「タッチュー」と呼ばれ親しまれている。現在でも2割以上の世帯が農業に従事し、サトウキビ・葉タバコ・野菜などを生産する、土地との結びつきの強い地域でもある。戦前は馬を用いた「馬耕」が盛んであった。

　この平坦な地形は、日米両軍から飛行場建設の適地とされ、沖縄戦時においては日本軍に、戦後も米軍によって「不沈空母」としての役割を担わされ続けることになる。

　伊江島の経験は、"根こそぎ動員"や地上戦における凄惨な戦争体験が一つの島に集中したことから、「沖縄戦の縮図」と表現されることがある。ただし、それは戦前・戦中だけでなく、長期にわたる収容所生活、そして帰郷後も続く米軍基地の重圧からすると、戦後史

も含めた、沖縄の「縮図」である。

飛行場建設と進行する戦争準備

　1943年に入ると米軍(連合軍)は北太平洋地域(ガダルカナル島など)の島々を占領した。大本営は後に「絶対国防圏」を設定(同年9月)するが、夏にはこの圏域の守備を目的に陸軍が調査団を派遣していた。その調査を受け、南方に展開していた陸軍航空部隊を支援する中継基地として、徳之島(とくのしま)・伊江島・読谷(よみたん)に飛行場建設の計画をたて、伊江島での建設工事を開始した。

　1944年3月に第32軍が創設されると、伊江島での工事は急ピッチで進められた。同年4月には、第50飛行場大隊(田村大隊)が飛行場建設の部隊として上陸、5〜8月にかけての建設作業への動員数は延べ3万7840人にのぼった(1日に数千人が作業を行う)。

　この作業には、沖縄本島北部一円から徴用労働者が入れ替わりで動員された。飛行場建設とはいっても、スコップや鍬などの原始的な道具が中心で、重労働の苦しさに加え、水の乏しい島

だったため乾きや飢えにも悩まされた。本部町出身の湧川幸子さん（当時16歳）は、モッコを担ぎ飛行場へ土を運ぶなどの重労働を行ったが、風呂にも入れず、食事も「まともな芋すらなく、ほとんど麦飯ばかりであった。そのために多くの者が下痢で苦しんでいた」と語った。

また、作業現場には、監視役の兵隊による暴力も横行しており、作業を怠けた見せしめに馬にひきずられて死亡した者もいたという。我那覇宗盛さん（当時28歳）は、「各班には班長というのがいて、何回となく"気合"を入れられた（殴られた）」という。

また、この飛行場建設は、伊江島の村民との交渉もないまま進められ、強制的に農耕地や住宅地が取り上げられた。形式的な売買契約は行われたが、貯金を強要されたり、国債の購入を求められ、現金は受け取れなかったという。

土地の強制的な買収により、盛んであった「馬耕」ができなくなっただけでなく、大きな家屋は軍人宿舎として接収され、村民は住む場所も奪われた。また、建設現場近くには、辻遊廓の女性らによる「慰安所」もつくられた。「慰安婦」に対して、陣中日誌には、「救急法を教育す」という他ではみられない記録も残っている。

その後、伊江島飛行場は、1944年9月にはほぼ完成し、南北に3本の滑走

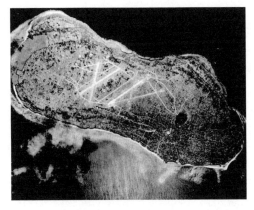

●─伊江島全景と飛行場の航空写真（1945年3月20日、沖縄県公文書館所蔵）

路を有する「東洋一の飛行場」とも呼ばれた。重要な軍事拠点であったため、十・十空襲以降、米軍による空襲にさらされたが、修復作業には軍民が協力してあたった。

伊江島からの疎開と「立退き」

すでに1944年夏には、10万人におよぶ県外疎開計画（本土8万人・台湾2万人）が出されていたが、伊江島では縁故疎開など限られた人々だけであった。疎開という選択が難しかったのは、伊江島に特有の理由があった。それは、島という地理的な事情に加え、飛行場建設をはじめとする戦争準備のため、村民の多くが徴用され、疎開が一家離散と生活の不安をまねくものであったからである。

十・十空襲後に危機感が高まり、ようやく疎開は本格化したが、消極的な姿勢を示す者も多かった。役場で疎開

伊
江
村

129

●—日本軍が破壊した飛行場（1945年4月12日、沖縄県公文書館所蔵）

促進を担当していた東江正有は、明確な時期は不明としながらも今帰仁村への疎開命令に対し、「村民は、自分の生育地や家を投げ捨てて他所に行くことを渋っていました」と語っていた。

年が明けて1945年1月になると、それまで止んでいた空襲も激しくなり、親類縁者を頼った対岸の本部半島への移動も活発に行われた。翌2月には、県の指示による集落ごとの疎開が中心となった。

しかし、十・十空襲前の交通機関であった2隻の船は、空襲時の爆撃で航行不能となっており、日本軍が徴用していたわずかな漁船とサバニと呼ばれるクリ舟しか移動手段はなかった。

軍に協力した者や防衛召集者を出していた家族のなかには、軍の船への乗船を優先された人たちもいた。しかし、多くの村民にとっては、サバニ1隻を確保するのも「戦争のようだった」のであり、高額となった渡し賃を支払い、危険な夜の海に漕ぎ出さざるを得なかった（食料などの持ち出しも制限）。

この時期の伊江島から本部半島への避難は、計画にそった疎開ではなく、着の身着のままの「立退き」であった。

2月から本格化した「立退き」は、伊江島への米軍上陸前の4月上旬まで続いた。しかし、移動できたのは、約7000人いた村民の内3000人余で、島外に出る手立てのなかった約4000人もの村民は、島に残され、地上戦に巻き込まれることになる。

飛行場破壊と地上戦の開始

米軍上陸が近づくなか、1945年3月中旬には、米軍に奪われ日本本土への空襲の拠点となるのを恐れ、飛行場の破壊命令が出された。伊江島出身で502特設警備工兵隊に召集されていた玉城盛興さん（当時28歳）は、「破壊方法はダイナマイトを埋め、導火線を引いて発火させ、あちこちに穴をあけました。（中略）いくら何でも自分でまた壊すのですから大変なことになったとほとんどの人が感じていました」と、破壊の状況と広がる動揺について証言している。この飛行場破壊に対する動揺は、村民たちの「立退き」を後押しすることになった。

3月23日以降に、各地への空襲と沖縄本島に対する艦砲射撃が始まった。

伊江島への空襲は、4月10日から激しさを増し（13〜15日で292機による54回の攻撃）、さらに14日には約10隻の米艦船に包囲され艦砲射撃が開始された。

そして、16日には、激しい爆撃の後、午前8時に米軍が島の西部から上陸してきた。上陸にあたったのは、3週間前に慶良間諸島を攻略した第77歩兵師団であり、レーダーサイトの建設と飛行場整備が伊江島占領の目的であった。

それに対する日本軍は、井川正少佐を指揮官として、約2700人の兵力でむかえうった（独立歩兵第44旅団〈井川隊〉約650人が基幹）。このうち約1000人は防衛召集された者たちであったが、正規の兵役以外にも青年義勇隊・女子救護班・婦人協力隊などとして多くの村民が動員された。井川少佐は、「一日でも長く飛行場の占領を妨害」すると訓示し、城山の地下陣地壕にこもり徹底抗戦を行った。

日本軍は、戦車を中心にした作戦を進める米軍に対し、高射砲による戦車への攻撃、斬り込み攻撃や奇襲攻撃を行った。3度にわたって斬り込みを行って生き残った古堅清光は、1人、2人と血まみれになって倒れる仲間の様子に触れつつ、「私の部隊は75名いたのが最後には7名しか残らなかった」と語っていた。また、女性にも竹槍や手榴弾を持たせて斬り込みをさせるなど、

●─伊江島上陸当日の米軍艦（1945年4月16日、沖縄県公文書館所蔵）

まさに玉砕を強いる"根こそぎ動員"であった。

18日未明には、兵力の3分の2を投入した夜襲により米軍を海岸まで撤退させようとしたがかなわず、19日まで城山のふもとで激しい戦闘が行われた。戦闘の激しさから、米軍はこの場所を「血塗られた丘」と呼んだ。上陸後の6日間にわたる戦闘で、日本側の死者は4700人余にのぼったが、その内約1500人は民間人だったとされる。米軍の記録によると、戦闘中、住民は軍服を着せられ、日本軍の武器を持っていたため兵隊と見分けがつかず、「死体を点検してはじめて、民間人であったことがわかった」という。一方、米軍側の死傷者は1120人（内死者239人）で、沖縄戦を「ありったけの地獄を集めた戦争」と表現した著名な米従軍記者のアーニー・パイルも戦死した。

また、米軍は、破壊されていた飛行場の復旧も進めた。5月10日には、戦

闘機隊の運用を開始し、九州方面から飛来する特攻機の迎撃や地上戦闘支援にあたらせていた。

「集団自決」と住民殺害

軍民が一体となった伊江島の戦闘では、米軍の攻撃で追いつめられた人々が各地で「集団自決」をはかった。

アハシャガマには、約120人が避難しており、のちに米軍に追われた防衛隊員らも逃げ込んできた。ガマの入口が米軍に攻撃され、投降の呼びかけもなされたが、内部はパニック状態になり防衛隊員によって持ち込まれた爆雷や手榴弾の爆発によって多くが亡くなった。生き残ったのは約20人だったとされるが、その一人である新城茂一さん（当時14歳）は、「捕虜にされたら、身体を一寸切りにされると聞かされていましたので、もう、自決するのはあたりまえ」だと思っていたという。

ユナッパチク壕でも、4月23日に「集団自決」が起こった。東側の入口付近で防衛隊員が誤って手榴弾を爆発させたことで、敵兵がきたと思った住民が、事前に日本兵から渡されていた手榴弾を爆発させた。それが反対側の出口まで連鎖するのに10分もかからなかったという。

また、「集団自決」の引き金になった可能性もある住民殺害もサンザタ壕で起こった。そこでは、脱出しようとする住民に対し、伊江島出身の少年兵が手榴弾を投げ込み十数人が死亡した。

住民は、ガマや壕で難を逃れることができたとしても、米兵からの攻撃だけでなく、日本兵からの攻撃にも怯えることになる。日本軍は兵士に対して投降を許さなかったが、それを住民に対しても強要し、背く者には容赦なく銃を向けた。なかには、米軍に保護されたのち、家族を探しにガマに戻った村民が、日本兵に殺害されたと思しきケースもあった。

島外での移動と終わらない戦争

地上戦が終わったのち、伊江島の村民は、米軍基地建設のため島外での移動を強いられ、生活再建のために島に戻れたのは1947年に入ってからであった。疎開や「立退き」で逃げのびた村民は、久志村（現在の名護市）の大浦崎収容所、その後には久志小と呼ばれる開墾地へと移動し、2年余を過ごし

●─伊江島占領後、急ピッチで滑走路を建設する米軍（沖縄県公文書館所蔵）

た。

　また、島内で生き残り米軍に捕らえられた村民は、1945年5月に慶良間諸島に強制移動させられた。地元民がいるなかでの避難生活は、テント暮らしであり、食糧事情も悪くマラリアで命を落とす者も多かった。

　それぞれの地域で帰村の要請もなされたが、1946年4月に始まった慶良間諸島からの移動の先は、村民のいた久志小や故郷がみえる本部村・今帰仁村だった。

　こういった複雑な移動と苦難を強いられた住民はほかにいなかったとされる。その背景には、伊江島を飛行場として確保し、拡張するため、村民を帰島させなかった米軍の意図があった。

　その後、安定した生活再建を求めようやく帰島した村民の前には、米軍の滑走路3本がすでに完成し、島の6割以上が軍用地となった厳しい現実が横たわっていた。

　この現実のなか、1948年8月6日には、未使用の弾薬を運搬していた弾薬輸送船（LCT）が爆発し100人以上の住民が亡くなった。

　1950年代に入ると、米軍はさらなる基地建設のため、伊江島をはじめとする土地の取り上げを本格化させた。伊江島の村民にとって、土地を奪われることは、生活の糧を奪われることを意味したが、琉球政府や米軍は土地取り上げを止めるよう求める農民らの陳情を聞くことはなかった。「沖縄のガンジー」とも呼ばれる阿波根昌鴻らは、「陳情規定」という非暴力の取り決めをつくり米軍と直接対峙し、また伊江島の窮状を伝えるために乞食の恰好をし、むしろ旗を掲げて各地を回ったのである（乞食行進とも呼ばれる）。阿波根をこのような平和運動へとかり立てたのは、自身の戦争体験に加え、沖縄戦で息子を失ったことへの深い悲しみがあった。

　伊江島も一つの震源地となった土地の取り上げへの抗議の声は、沖縄本島全域に広がった（島ぐるみ闘争）。伊江島の住民にとって、沖縄戦の終結が戦争の終わりを示すものではなかった。

（秋山道宏）

〔参考文献〕『伊江島の戦中・戦後体験記録—イーハッチャー魂で苦難を越えて 証言資料集成—』伊江村教育委員会、1999年、謝花直美『沈黙の記憶 1948年—砲弾の島伊江島米軍LCT爆発事件—』インパクト出版、2022年、『名護・やんばるの沖縄戦』名護市役所、2016年

伊江村

伊平屋島・伊是名島 ——米軍上陸の島と、上陸なき島の虐殺——

　沖縄最北端の米どころで知られる自然豊かな伊平屋島と伊是名島。南北で隣り合い、1939年7月の分村まで周辺5つの島々とともに1村を成した2つの島は、沖縄戦で異なる痛みを刻んだ。

　いずれも日本軍の部隊配置はないが、陸軍中野学校出身の斉藤義夫と馬場正治が離島残置諜者となり、「宮城太郎」「西村良雄」の偽名で教員として潜伏。後に敗残兵も島に入り込み、伊是名では米兵や住民が虐殺される事件が相次いだ。

　伊平屋では1945年6月3日、米軍が4000～5000人規模の上陸作戦を展開。抵抗なく約3時間で占領し、住民47人が死傷した。占領下で米兵による性犯罪が起き、助けようとした男性が銃殺される事件もあった。レーダー基地などが建設され、11月23日まで駐留した。

　一方、伊是名は米軍の上陸を免れた。当時村議の東江正勝さん（当時49歳）は、「名嘉徳盛」という青年が伊平屋へ泳いで渡り、島に軍はいないと伝えたからだと証言する。「海外移民帰りで知恵も勇気もある青年だった」という。

　ただ、惨劇が相次ぐ。最初の虐殺は5月末頃。不時着し島民に助けられた特攻隊員が斉藤や馬場らとともに、墜落後に漂着した米兵を射殺した。6月10日頃には八重岳などの戦闘を逃れた宇土部隊の平山勝敏大尉ら7人が上陸し、後に流れ着いた米兵2人を虐殺。仲田精昌さん（当時13歳）は、島の青壮年らが穴を2つ掘り「息絶え絶えにもがく若い兵を投げ込んだ」と著書に記す。

　住民虐殺は8月以降。伊平屋の収容地から米兵に同行し、敗戦を伝え回った「チナースー（喜名主）」と呼ばれる喜名政昭（当時42歳）と、スパイ視された奄美大島出身の少年3人が犠牲になった。

　喜名の義弟・政和（当時13歳）は危険を知らせようとしたが、「生良巡査に見つかって、半殺しにされた」。見張りや遺体処理をさせられた防衛隊の島民から平山大尉が射殺したと後に聞いた。敗残兵らが生む「軍当局」の支配的空気が島民を加担させ、戦後長らく沈黙させた。　　　（新垣玲央）

〔参考文献〕『沖縄県史10 沖縄戦記録2』国書刊行会、1974年、『伊平屋村史』伊平屋村史発刊委員会、1981年

●—米軍上陸後、最初に集められた伊平屋住民
（1945年6月3日、沖縄県公文書館所蔵）

名 護 市 ………… 山のなかの戦争と民間人収容地区

・少年少女たちの山のなかの戦争
・山中での避難民の戦争
・米軍が設置した民間人収容地区―人権のなかった収容生活

名護市の戦争前夜

名護市は、戦前の名護町・羽地村・久志村が合併してできた市である。東西を海に囲まれ、中央部には南北に連なる山々がそびえる。ここ名護市では沖縄島中南部とは異なった沖縄戦が繰り広げられていた。

1944年9月頃から、名護市内に日本軍が駐留すると、各学校は兵舎となり、住民は陣地づくりや飛行場建設にかり出された。

同年10月10日、十・十空襲で本部町の渡久地港、今帰仁村の運天港などが攻撃に遭うと、負傷者は名護市内の第三高等女学校に運ばれ寄宿舎は病院と化し、生徒はその看護にあたった。

大嶺弘子さん（当時4年生）は「その惨状に足が竦んだ。どの部屋も足の踏み場もないほど大勢の負傷兵で埋まった。海上で体の大半にやけどを負った人（中略）麻酔薬も無いまま手や足を切断される人（中略）それは地獄絵以上にむごたらしさ」を感じさせたと回顧する。

そして地上戦が近づくと、住民は中南部からくる避難民用の避難小屋づくりに追われた。

第三中鉄血勤皇隊となごらん学徒隊の沖縄戦

1945年3月23日、名護の街で空襲が始まり、4月に入り艦砲射撃が襲った。市街地はガレキと化し住民は山のなかへ逃げ込む一方で、県立第三中学校では非常召集が発令され鉄血勤皇隊が結成された。

東江康治さん（当時18歳）は「3月26日、伊豆味国民学校に集まった三中学徒隊は、宇土部隊へ150名、第3遊撃隊へ150名と二手に分けられた」と述べ、東江新太郎さん（当時16歳）は「私たち47人の3年生は通信隊として宇土部隊へ配属された」と回顧する。宇土部隊とは宇土武彦大佐が率いる独立混成第44旅団第2大隊のことである。彼らは鹿児島港から沖縄へ向かう途中、米潜水艦に撃沈されており、防衛庁防衛研究所の『沖縄方面陸軍作戦』には「乗船部隊約4600名中行方不明約3700

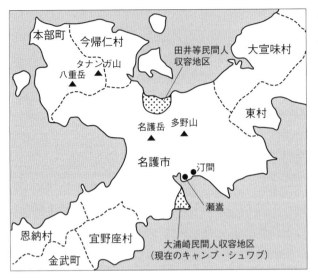

●—名護市および周辺の日本軍配置場所と主な民間人収容地区

名の大損害」と記されている。第32軍は、生き残った兵士と別部隊をあわせ、混成部隊として一部を北部へ配置するとともに県立第三中学生を鉄血勤皇隊・通信隊として召集したのである。

また、第三高等女学校では３月24日、事前に看護教育を受けた20人のなかから10人に動員命令が下され、八重岳中腹にある陸軍病院名護分院（以下野戦病院）に配属されている。

米軍は４月７日、名護湾へ上陸すると中部から陸路であがってきた部隊と合流し、沖縄島から本部半島を遮断するかのように名護街道を北上した。そして本部半島の中央部にある八重岳・真部山に潜む宇土部隊陣地を陸海空から囲い込むようにして猛攻撃を始めた。

４月13日、八重岳・真部山は米軍の

猛攻撃をうけた。現地入隊の山川宗秀さん（当時19歳）は、16日になると「戦死した人の手榴弾も取って投げたほど激しい戦闘」だったと述べる一方で、陣地には「兵隊より避難民も多く入っていた」と振り返る。鉄血勤皇隊の比嘉親平さん（当時15歳）は「敵は子供の潜んだ茂みに容赦なく弾を撃ちまくり」と回顧し、米軍が直通壕を火炎放射器で攻撃したところを目撃している。比嘉さんは「３日前にはこの壕内に20人余りの避難民がいたが如何なったのだろう」と振り返る。八重岳・真部山の戦闘では鉄血勤皇隊だけでなく、多くの避難民が巻き込まれていたのである。

４月16日、砲弾下にいた宮城光吉さん（当時３年生）は、斬り込み攻撃のため「散兵壕を出ると周囲は惨憺たる砲撃の跡であった。手足がちぎれた死体など、数多くの死体が散らばっていた」と述べ、「座喜味盛正（当時３年生）が吹き飛ばされた」と回顧する。攻撃に耐えかねた宇土部隊は４月16日、八重岳から東側にある多野岳へ撤退を始めた。

他方、なごらん学徒隊がいた八重岳

の野戦病院には、4月9日頃から負傷兵が次々と運ばれてきたという。上原米子さん（当時18歳）は「夜になると負傷兵が運び込まれ、手足を切断する大手術も麻酔なしだった」「10日頃には、日が暮れると第一線の真部山から傷兵がどんどん運ばれ」、病棟に「入らないので川沿いの辺りにも寝かして」と振り返る。

撤退が始まると上原さんは「野戦病院に入っていた重症患者、歩けない者にカンメンボー（乾麺麩）と手榴弾一個ずつを手渡した」と述べる。負傷し野戦病院にいた三中学徒隊の大城幸夫さん（当時15歳）は「置き去りという意味だった。手榴弾を渡された時僕は茫然として大泣きした」と回顧する。大城さんは同級生の比嘉親平さんに助けられた。

戦後、上原米子さんは多くの重症患者を置き去りにしたことを悔やんだ。

三中鉄血勤皇隊・なごらん学徒隊は、一部を除き、多野岳に辿りつくことができず途中で家族のもとへ向かう隊員もでて、そのまま自然解散となった。しかし、なごらん学徒隊の安里信子さん（当時4年生）は負傷兵の看病で撤退が遅れ、米軍に撃たれ亡くなった。

また、宇土部隊には農林鉄血勤皇隊20人と二中鉄血勤皇隊15人も加わっていたが、農林隊は東村で米軍と交戦し、隊長の尚謙少尉と少年兵9人が戦死、二中鉄血勤皇隊では3人が戦死した。

秘密戦―少年兵護郷隊の戦争

沖縄島北部では、青年学校に通っていた15〜18歳の少年、約1000人が第三・第四遊撃隊（秘匿名＝第一護郷隊・第二護郷隊）として1944年10月下旬から45年3月にかけ随時召集された。召集の目的は、第32軍壊滅後もゲリラ戦を続けることだった。

当時の召集年齢は17歳以上だが、16歳で参加した仲泊栄吉さんは「強制だった」と述べている。

護郷隊を編成したのは、陸軍中野学校出身の村上治夫中尉（のち大尉）らである。陸軍中野学校とは大本営陸軍部（のち参謀部）直轄の諜報・防諜・宣伝・遊撃戦などを専門とする兵士を育成する特殊任務機関で、彼らは陸軍中野学校を卒業すると同時に随時、沖縄に派遣された。最終的に配置された人数は42人。そのうち護郷隊を指揮したのは11人である。また、北部では住民から選抜された有識者28人が一般住民を監視するという国士隊も結成されていた。国士隊を訓練したのも陸軍中野学校出身者らである。

少年たちは、遊撃戦を想定した射撃訓練や橋梁爆破訓練などを行った。東恩納寛文さん（当時17歳）は「訓練は夜間の襲撃、爆弾をお腹に巻いて敵陣にぶつかるという訓練。ひどかったよ」と述べる。また比嘉文雄さん（当時17歳）は「自殺の訓練もしたよ。靴ぬい

●—訓練施設だった名護小学校隣りに建立された少年護
郷隊之碑

で、足の親指を引き金にあてて、銃口を口にくわえて親指で弾くようにね、そうすれば楽に死ねるとね」と振り返った。

訓練はひとりでも失敗すると連帯責任として全員が殴られたり、少年兵同士で殴り合った。玉那覇有義さん（当時16歳）は「もう、どうなっているのか……。毎日殴り合いで、自分が死んでも相手を殺しても構わない、どうでもいいと思えてきた」と語った。暴力づくめの軍事訓練は、少年らを「自ら死ぬこと」「相手を殺すこと」を何とも思わない兵士へと仕立て上げたのである。

少年らは第32軍壊滅後のゲリラ戦に備え、60kgの米俵約4000俵を何度も往復しながら奥深い山中へ運んだ。

4月9日、多野岳で本格的な戦闘が始まった。志伊良正善分隊では、志伊良をはじめ3人の少年兵が戦死した。志伊良分隊は小銃が2人で1丁しかなかったという。

4月17日、米軍が駐留していた真喜屋・稲嶺集落の掃討作戦が行われた。村上隊長の合図で、護郷隊は一斉に襲いかかり、不意をつかれた米軍は反撃できずに撤退したという。他方、攻撃に参加した照屋義松さん（当時15歳）は「私が一番悔しかったのは自分の家を焼かなければいけなかったこと。焼かなければ戦後苦労はしなかった」と述べた。少年たちは国民学校や自らの家もすべて焼いていたのである。この焼き討ち攻撃で米兵を追い詰めすぎた3人の少年たち（今帰仁村出身）が反撃に遭い戦死した。

また、地の利を知らない本部半島のタナンガ山に配置された久志村出身の戦死者は23人にのぼり、第一護郷隊戦死者数91人の25%にあたる。

多野岳では少年兵が、少年兵に射殺される事件が起こった。分隊長が屋比久松雄さん（当時16歳）をスパイ容疑にかけたことが発端である。分隊長は、屋比久さんを山奥へ連行し、幼なじみの少年兵3、4人に射殺させた。撃った少年たちは、戦後も屋比久さんの遺族と同じ郷里で暮らしている。

山のなかの戦場—避難民の戦争

名護市の宮城ハルさん（当時27歳）は「避難中、いちばん皆が嫌がったのは子どもの泣き声であった」「『子どもを泣かすな』『みんなから離れろ』、後には

『子どもを埋めろ』との声もとんでくる。子どもを抱えた母親は死にもまさる地獄であった」と振り返る。

山のなかでも日本兵だけでなく避難民にとっても、子どもは迷惑でじゃまな存在であり、殺意の視線は米軍ではなく子どもに向けられたのである。

米軍上陸前の1945年2月中旬より、県からの指導で中南部住民の北部（やんばる）疎開が始まった。北部の受け入れ地域には中南部各町村の仮役場が設置され、北部住民は彼らの避難小屋づくりに追われた。名護市域には、主に小禄村（那覇市）、越来村・美里村（沖縄市）、中城村（北中城村含む）などの人々がやってきたが、多くは米軍攻撃が始まった3月23日以降のことである。4月1日以降、米軍が北部へ進攻してくると避難民は小屋を捨て山奥をさまよった。北谷町から避難してきた津嘉山シゲさん（1908年生）は「あの山からこの山」「毎日、日が暮れるまで歩き回った」と述べ、うるま市の中村正子さん（1934年生）は「母親が亡くなったのを知らずに、2人の子どもが周りをうろうろしていた家族を目撃した」と回顧する。

山中での食糧不足に追い打ちをかけたのが日本軍の敗残兵だった。彼らは米軍が近づくと身を潜め、避難民を探し出すと食糧を奪った。八重岳から撤退した宇土部隊は山中をさまよっていた。また今帰仁村を拠点としていた白石信二大尉率いる海軍27魚雷艇隊（通称白石部隊）は、沖縄人をスパイ視した殺害名簿を持っていたという。宮城光吉さん（前出）は、海軍兵士らが本部国民学校長の照屋忠英さんを殺害したのを目撃している。

名護町の兵事主任だった岸本金光さん（当時44歳）は、白石は「『次は今帰仁の長田盛徳郵便局長と屋部国民学校長の上原盛栄を殺す番になっている』と話していた」と述べる。また、国頭村や大宜味村では読谷村から撤退してきた第56飛行場大隊や宇土部隊の一部が住民虐殺を繰り返しており、各市町村史『戦争編』には敗残兵による食糧強奪・虐殺の証言は枚挙に暇がない。

さらに米軍も山中に避難していた民間の成人の男たちを虐殺している。本部町では、壕から男たちを追い出し、捕まえた男たちにたばこを与えながら背後から射殺。また米兵が妻に暴行をし

●—田井等民間人収容地区内の様子（沖縄県公文書館所蔵）

ようとしたのでやめさせようとしたところを射殺された事例もある。避難先の山中でも、住民は休まることはなかった。

民間人収容地区での暮らし

米軍は、戦闘の障害となる民間人を保護するため、北部・やんばるを主に12か所の民間人収容地区を設置した。県内でもっとも大きかったのが4月9日頃から開設された田井等民間人収容地区である。また、旧久志村域の全集落も民間人収容地区となっている。米軍資料には、45年8月末時点で羽地・久志域での収容人数8万8970人と記されている。

米軍の名護湾上陸地点である宇茂佐・屋部地域の住民は早い時期に田井等民間人収容地区に収容された。宜保栄治郎さん（当時11歳）は「約200人の避難民が一つの屋敷内に住んでいた」と回顧する。

田井等民間人収容地区には避難民の人数を把握するための人事監督署、食糧配給所、養老院、孤児院、病院、衛生面を保持するための散髪屋、青空教室などが設置された。しかし食糧は常に不足し、避難民は食糧を求め、収容地区を抜け出しては敗残兵が潜む山中を往復した。また女性は米兵から狙われた。避難民らは、女性目当てに侵入してきた米兵を空き缶や鉄製鍋などを叩き鳴らし追い出した。だが、米兵の被害にあう女性は絶えなかった。

旧久志村瀬嵩には『瀬嵩墓地台帳』、隣りの汀間集落には『出生死亡者名簿』（いずれもコピー）が残る。両名簿とも死亡者の日付・名前・年齢・本籍地などが記されており、1945年7月下旬から9月下旬の2か月間で、あわせて391人の人々が亡くなっている。多くは10歳以下の子どもと老人で、戦争体験者の「収容所内でも毎日のように人が死んでいった」という証言を、2つの資料は裏づけている。

各収容地区では共同墓地を設置し、決して広くない埋葬地では穴を深く掘り、亡くなった人に名前や本籍地を刻んだ墓石を抱かせ、積み重ねながら埋めた。戦後、しばらくたって遺族は掘り起こし遺骨を収集した。抱えていた墓石は名護博物館や宜野座村立博物館に保管されている。戦争体験者は収容期を「戦後」と位置づける人も少なくない。しかし、戦争非体験者の視点で当時の暮らしを鳥瞰すると、民間人収容地区は人権がまったくない暮らしだった。

民間収容地区期は、戦後ではなく沖縄戦中だったのである。　　（川満　彰）

〔参考資料〕『名護・やんばるの沖縄戦』名護市、2016年、『米軍政府と民間人収容地区 1945-1946年』名護市、2019年、名護市教育委員会『語りつぐ戦争 第4集』2021年

沖縄愛楽園 ——隔離と排除のなかで生きたハンセン病者——

国立療養所沖縄愛楽園は、名護市屋我地島にあるハンセン病療養所であり、そこには今でも多くの元患者が生活をしている。ハンセン病とは癩菌よって皮膚や末梢神経が侵される病気で、発症すると運動機能や知覚機能が麻痺し、症状によっては重度の障がいをもたらした。強制隔離政策が行われるなかで地域や家族からも排除された存在となり、子孫を残すことも許されなかった。

1944年3月の第32軍創設以降、日本本土や中国大陸から約10万の将兵が沖縄入りし、軍民混在の生活が始まった。当時は愛楽園に入所しないハンセン病患者が多く、各家庭の裏座や離れ、家畜小屋の屋根裏などで生活していた。そのため、日本軍はハンセン病患者との接触が増え、感染を恐れていた。

第32軍の創設と時を同じくして愛楽園の2代目園長に就任した早田皓は食糧増産に協力するとともに軽症患者を壕掘り作業にあたらせた。末梢神経が麻痺した患者に壕掘りは過酷であり、傷が化膿して指を切断するなど病状を悪化させた。「軍収容」は日を追うごとにすすめられ、最も大きな収容は9月であった。当時の状況を中部出身の女性（1932年生）は「屋慶名（うるま市）の役所の前に、トラックが集まっていたよ。動物園でも見るように人だかりよ。悲しくて

ね」と回想する。定員450人のところに913人の患者が隔離されたのである。

1944年の十・十空襲以降、たび重なる空襲で療養所も壊滅的な被害を受けた。翌年4月21日、米軍による屋我地島への進攻で愛楽園は終戦を迎え、被弾死は1人であったものの不衛生な壕生活で本病の悪化や食糧不足による栄養失調・餓死などで多くの命が失われた。

愛楽園入所者の桃原さん（1924年生の男性）は「毎日のように病気で亡くなる人が出て1日に5、6人は死んでおったんじゃないかな。僕のそばにいた人も腎臓病でお腹が大きく腫れ上がって横たわることもできなかった」と述べている。289人が犠牲となった。　　　（上間祥之介）

〔参考文献〕『沖縄県ハンセン病証言集沖縄愛楽園編』沖縄愛楽園自治会、2007年、早田皓『愛楽園被爆始末記』1973年

●—水道被爆前の園内の井戸利用（沖縄愛楽園交流会館提供）

名護市

辺野古 ——強制収容地区からキャンプ・シュワブへ——

いま、キャンプ・シュワブ前に辺野古新基地建設に反対する人々が座り込んでいる。彼らがみつめるシュワブ基地は沖縄戦時、本部半島住民が強制的に収容された民間人収容地区だった。体験者はこの地を大浦崎収容所と呼んだ。

米軍は、本部半島を日本本土進攻作戦の基地として利用するため1945年6月下旬、本部町・今帰仁村に加え、地上戦前に避難していた伊江村民ら2万〜2万2000人を約50台のトラックで辺野古まで連れてきた。与えられた幕舎だけでは足りず、多くの住民は山から刈り取った茅や枝で小屋をつくり寝泊まりした。

米軍から配給された食糧はわずかで、栄養失調によるマラリアや病気などが蔓延し、毎日のように人々が亡くなった。住民らは食糧を求め、敗残兵の食糧強奪や虐殺が横行する危険な山中を往復した。他方、米軍はうさぎ狩りと称し敗残兵を狙う一方で、往来する女性を襲う米兵もいた。本部町出身の仲里幸子さん（当時15歳）は、備瀬まで父と弟（小学3年生）が食糧を探しに行くと「友軍（敗残兵）の兵隊が来て、食べ物があったらよこせ、と言うし、アメリカーは女がいたら引っ張って山の中に連れて行くし」と述べている。また、今帰仁村出身の新城保子さん（当時20代）は「ここでの生活は、水浴、用足しの場所にもCP（民間人警察官・男）の監視があったので嫌な思いをした」と語る。女性は屈辱と卑劣な目線に脅かされ、住民はどこにいても人権はなかったのである。

1945年11月、大浦崎収容所からの帰郷が始まった。しかし崎本部村（現在の本部町）では米軍の桃原飛行場が横たわり住民は帰れず、その周辺の集落や伊豆味小学校近くで6か月近くテント生活を送った。

また、伊江島では米軍の基地建設が進行しており、伊江村民は島に帰ることができず、久志区の現県浄水場裏一帯に収容された。1947年3月、村民らは米軍基地と化した伊江島に帰った。 （川満　彰）

〔参考文献〕『名護・やんばるの沖縄戦』名護市、2016年

●—大浦崎収容地区の様子（沖縄県平和祈念資料館所蔵）

恩 納 村 ……………… 軍民混在となった山の戦争

・日本軍の物資供給拠点だった恩納村
・避難民がいた山中での遊撃戦
・村内で異なる住民体験

27kmにわたる細長い地形

　恩納村は南北に27.4km、東西に4.2km
と細長い形をしており、うるま市石川
地区（旧石川市）と隣接する部分は沖縄
本島の最も狭い地域にあたる。西側は
東シナ海に面し、東側は恩納岳を中心
とする山々が連なる。この自然豊かな
恩納岳をはじめとする山々は、沖縄戦
では住民の避難地となり、時間稼ぎの
遊撃戦の場となった。

　現在、恩納岳は米軍演習場キャンプ・
ハンセンに占められる。日米の共同訓
練が行われ、周辺では銃声が鳴り響き、
演習による山火事・流弾事件も起きて
いる。

恩納村への日本軍の配備

　1944年8月6日の朝4時に日本軍部
隊が恩納村へやってきた。駐屯した第
24師団歩兵第32連隊作戦主任大尉だっ
た高島勇之助は、夜明け前にもかかわ
らず、「学校の正門や玄関に日の丸の旗
をかかげ一列にならんで盛装した校長
以下の出迎えを受けた。（中略）生ま

て始めて兵隊を見るのだから村を上げ
ての熱狂的な歓迎ぶりであった」と戦
後の手記に残している。

　連隊本部が山田国民学校（現在の山
田小学校）に置かれると、安富祖・恩
納・仲泊・塩屋に中隊本部が配備され
た。日本軍は地上戦に備え、住民を徴
用し、陣地構築や壕などの坑木（落盤
を防ぐための支え）に使う伐木をさせる
など、強制的に働かせた。

恩納村での戦争準備

　駐屯していた歩兵第32連隊の戦法は
恩納村の内陸部に陣地をおき、同時に
恩納村西海岸から上陸してくる敵を水
際において撃滅するというものであっ
た。

　住民の証言によると、仲泊区の水際
には高さが1m余の木の棒を敵の戦車
が入ってこられないよう立て、陸地に
は戦車の進攻を阻むための深さ1mほ
どの戦車壕があったという。

　米軍は上陸前、水際に設置されたこ
の杭が日本軍の大砲に見えたのか、空
から杭を目がけて激しい機銃掃射を

●—恩納村略地図

住民がみた日本兵

　1944年夏頃、米軍の潜水艦による輸送船への攻撃が相次いだ。すでに日本軍の駐屯し始めた頃、補給は途絶えようとしていたのである。各隊では激しい陣地構築作業に見合うような栄養が補給できず、当時の軍医の報告書には「夜盲症患者が発生」すると記されている。

　沖縄への補給が厳しくなると、第32軍は緊急の課題として、食料不足を解消するため、住民からの供出で賄うようになっていく。その内容は細かく「乾燥野菜」「海藻」「鰹節」などの品目が

定められていたという。

　真栄田の宮平すみ子さん（当時19歳）によると、若い兵隊は「昼はお腹がすくのか、『芋売ってください』」と憲兵の目を盗んで民家の台所によくきていたという。また、地元の婦人会長がそうめんを茹でて炒めようと準備しているところに、兵隊がそうめんの入ったざるに手を突っ込んで食べているのをみたという証言もある。

　安富祖の當山忠茂さん（当時13歳）は、日本兵による暴力を目の当たりにしていた。住民が植えた山芋やにんにくを引き抜いたことで朝鮮人軍夫全員がビンタ打ちされている様子を「可哀そうだった」と回顧する。

　喜瀬武原の宇江城安男さん（当時13歳）は陣地構築のための木を担いでくる作業中、軍隊の備品をなくした日本兵が軍曹から暴力を受けていたのをみていた。その兵隊はたたかれて倒れるとまた起こされ、たたかれるというように、繰り返し「死ぬほど叩かれた」ため、翌日顔がふくれていた。その兵隊の姿をみて、宇江城さんは「軍隊は怖いと思った」という。

　さらに日本軍は、住民を伊江島飛行場建設にかり出す一方で、住宅の提供、食料供出を強いた。字恩納の當眞カメさん（年齢不詳）は、夫が飛行場建設や陣地構築のためにかり出されたことで、

　行っている。仲泊ではこの攻撃を受け、住民2人が犠牲になった。

一人で畑仕事・家事・子育て・家畜の世話と、休む暇がなかったという。それでも軍隊への割り当ての芋の量は変わらず、生活は厳しさを増していく。

物資供給拠点としての恩納村

　第32軍は、恩納村から以北の町村域を日本軍の兵馬の糧食などを調達する区域、陣地構築のための伐木区域と指定した。恩納の山々にも何百人という兵員の伐採班を配置させ、中南部の陣地構築や壕の落盤を防ぐための坑木となる松などを大量に伐木し、加工しながら中南部の各陣地へ運んでいる。

　作業には地域の成年男女や老齢の男性も動員され、運搬用に農家の馬や馬車が徴用された。伐木した松は皮をつけたままにしておくと傷みが早いので、その皮を剝ぎ取る作業は国民学校の生徒たちが担った。子どもの力で固い皮を鎌や鉈などで剝ぐのは容易ではなく、大変な作業だった。

　当時の様子を記した資料のなかに、「日夜寝食を忘れ陣地構築に余念なく」作業にあたり、「村民こぞって軍の協力にあたった」と日本軍は評価している。

恩納村へ進攻した米軍

　1945年4月1日、米軍は読谷―嘉手納―北谷海岸の約13kmの海岸から、その日だけで約6万人を上陸させた。上陸の際に日本軍の抵抗をほとんど受け

なかったこともあり、上陸地に近い恩納村には早い段階で到達した。

　米軍上陸地に近い宇加地のコージガマには区民のほとんどが避難していた。投降の呼びかけにきた丸腰の米兵をみて「一人だから殺せ」という血気盛んな住民もいたが、女性の一人が意を決してガマの外に出たことで、無事に全員投降した。

　宇加地の東にある山田には、巨大な自然洞窟カーブヤーガマがあった。ガマには地元住民や中南部からの多くの避難民がいたが、異なる地域から逃げてきたこともあり、お互いに方言で話すと通じなかったという。また、そのほとんどが女性や子ども、老人だった。

　このガマにも米軍が「ハマニイキマス、デテコイ」と投降を呼びかけにきたが、すぐには応じなかったという。ガマのなかでは年長の区民から「子どもは泣かせるな」と強くいわれ、母親たちは子どもを泣かせないように必死だった。その後、米軍へ投降すると避難民は、石川の浜に連れていかれ、そのまま収容生活に入った。

米軍による南北分断

　米軍は上陸から約3日で沖縄本島を南北に分断したことで日本軍・住民とも南北への行き交いができなくなった。米軍は、道路整備しながら沿岸部を北進し、学校などを拠点に物資補給する体制を整えていった。

米須重男さん（当時10歳）によると米軍上陸後の1週間で前兼久の家屋は焼かれ、わずかしか残っていなかった。また現在のリゾートホテル・ムーンビーチの一帯は畑だったが、そこに米軍が物資補給施設を設置した。

前兼久の隣の冨着は、様相が異なっていた。冨着勇さん（当時14歳）によると、米軍は住民に対して「今日中に出てこないと全部焼き払う」と投降を呼びかけてきたという。

上陸直後に進攻した宇加地・塩屋などには日本軍がほとんどいなかったが、冨着では、米軍は日本軍と戦闘を交えていたことで、住民の危険性が増していたのである。

住民避難場所となった恩納岳

恩納岳には、地上戦が始まる前から恩納村民や中南部から避難してきた万単位の人々がいた。第32軍と県庁は、国頭郡の町村を中南部住民の避難指定区域に指定したが、避難地での生活は決して安全ではなく、マラリアや食糧不足による栄養失調や病気で苦しんだ。

しかし、沖縄本島で戦禍を逃れるためには、恩納村以北の山々に住民は避難するよりほかになかったのも事実である。

米軍は占領地域を拡大しながら、恩納国民学校や恩納村で最も広い耕作地域である万座毛周辺に米軍飛行場や陣地を建設し始めた。恩納岳に避難していた村民は、その光景をみていたという。米軍は、耕作地をブルドーザーで敷きならし、わずか1週間で飛行機の滑走路を完成させた。その滑走路から恩納岳の上空に偵察機が飛び、その後、米軍は海から艦砲を恩納岳に撃ち込んだ。

また米軍は恩納岳への攻撃を終えた夜、万座毛にスクリーンを設置し映画を上映し、音楽を流していた。

恩納村の人々は山中の谷地に流れる大小の川の土手附近に簡便な小屋を立て、寝泊まりした。夜のうちに畑に行き芋を取って、夜から朝にかけて煮炊きし、昼間は小屋から離れ潜んだ。他方、米軍は谷地をパトロールしながら住民が寝泊まりしている小屋を見つけると容赦なく焼き払ったという。逃げきれなかった人が「山羊のように焼かれて放置されていた」という証言がある。

●—万座毛フットボール（沖縄県公文書館所蔵）

前述した當山忠茂さんは、パトロールする米軍にみつからないよう、山中での避難場所を毎日変えていた。

恩納岳に連なる山々に避難していた住民は、7月末には米軍に収容されるか、自ら民間人収容所に足を運び、戦後生活を始めることになる。しかし、敗戦を迎えた8月15日になっても、山深い喜瀬武原区の山奥には日本兵・住民が潜んでいた。

すでに民間人収容所に入っていた恩納村の人々は、喜瀬武原の山に詳しい人を選び、米軍の許可を得て、山中に潜んでいた住民に投降を呼びかけたのである。1945年9月、ほぼ全員が山を下り収容先へと向かった。

恩納村民が最も多く収容されたのは石川民間人収容所で、そのほか羽地（現在の名護市）・金武・宜野座にも収容されている。10月頃になると、村民のなかから先遣隊が派遣され、11月から帰村が始まった。しかし宇加地・塩屋の住民は米軍施設建設、それにともなう道路整備などで地元に帰れず、敗戦から1年以上経って戻ることができた。

第二護郷隊の戦争

住民が山中を逃げ惑うなか、同じ恩納岳で戦闘が繰り広げられていた。日

●—第二護郷隊之碑

●—仲泊比屋根坂から投降する住民（沖縄県公文書館所蔵）

本軍側の主力部隊は第四遊撃隊（秘匿名第二護郷隊）である。恩納岳に拠点をおいた第二護郷隊は総勢約400人を擁し、国頭・大宜味・東の三村、中頭郡から召集された10代の少年たちを中心に編成された。岩波壽隊長はじめ、中隊長は秘密戦、ゲリラ戦のスペシャリストを養成した陸軍中野学校出身で、彼らは短期間で少年たちをゲリラ戦の兵士に仕立てたのである。

護郷隊の役割は橋の爆破、後方かく

乱など、米軍の進攻を妨害しつつ戦力を消耗させる遊撃戦（ゲリラ戦）だった。護郷隊は、金武・恩納の米軍キャンプへの攻撃によって損害を与えるものの、米軍へ大きなダメージを与えるまでには至らなかった。戦闘が長期化するにつれ、追いつめられた護郷隊の死傷者も増えていく。金武の米軍陣地への攻撃で重傷を負い、後方任務にあたった元隊員の瑞慶山良光さん（当時16歳）は野戦病院で息絶えていく兵士を何度も埋葬した。

　6月2日、護郷隊は恩納岳を撤退する際に歩けない隊員は取り残すことになった。仲泊栄吉さん（当時16歳）は同郷の高江洲義英さん（当時17歳）が軍医に銃殺されるのを目撃している。この凄惨な事実は、戦後70年を経て仲泊さんから家族へ真相が伝えられた。恩納岳を撤退した護郷隊は東村有銘<ruby>有銘<rt>あるめ</rt></ruby>まで移動し、7月13日にそれぞれの故郷へ潜伏せよ、という名目で解散命令がだされた。その命令は、いったん地元で待機し、ひとたび再召集があれば、すぐに集まれというものである。しかし再び召集されることはなかった。

　護郷隊が撤退する6月以降、米軍は恩納岳に残存する日本兵を掃討していくようになるが、そのなかで米軍に射殺される住民もいた。

　日本がポツダム宣言を受諾した8月14日以降も戦争が終わったことを知らず、山中を逃げていた住民もおり、山

の戦争は護郷隊の撤退後も続いた。

（瀬戸隆博）

〔**参考文献**〕『恩納村誌』1980年、恩納村遺族会『恩納村民の戦時物語』2003年、『恩納村史 第3巻戦争編』2022年

屋　嘉 ——沖縄最大の捕虜収容所——

　金武村には沖縄最大の捕虜収容所である屋嘉捕虜収容所があった。米軍は、捕虜（軍人・軍属）と民間人（非戦闘員）に分けて収容し、捕虜はPW（Prisoner of War）、民間人はシビリアン（Civilian）と呼ばれた。

　PW収容所は読谷山村・北谷村・浦添村などにもあったが、屋嘉が最大規模で、約1万人余が収容された。内訳は本土出身兵約5000人、沖縄県出身兵約4000人、残りは朝鮮人軍属（軍夫）であった。

　捕虜は収容時に身体検査・尋問を受け、強制的に散髪され、頭からDDTを散布された。上着には黄色や白のペンキでPWと書かれた。食事はレーションが1日3食分支給されたが、並里区出身の松岡政幸さん（1912年生）によると、「レーションだけでは満腹できず、外作業の帰りにイモの葉を持ち帰って食べた」という。

　朝鮮人軍夫や若い日本兵が将校をリンチする事件が頻発した。敗戦して階級がなくなり、収容所内は無警察状態だった。例えば、久米島の鹿山兵曹長は収容されたその日に部下から暴行を受けて1か月の重傷を負った。

　レーションの空き缶でつくったカンカラ三線を用いた演芸会が盛んに開かれ、戦争の悲哀を歌った屋嘉節が生まれた。

　米軍は1945年6〜7月に3回に分けて約3000人の捕虜をハワイへ移送、劣悪な環境の移送船が多く、のちに「地獄船」や「裸船」と称された。金武区出身の仲間忠雄さん（1926年生）は、「6月27日ごろ船に乗せられ、サイパン経由でハワイについた。船ではパンツ1枚の生活が続いた」と証言する。第二陣となるこの船には、ハワイに送られた金武町出身者の多くが乗っていた。

　ほとんどの沖縄出身者が約1年6か月におよぶ収容所生活をハワイで過ごした。1946年10月頃から帰還が始まり、浦賀や名古屋を経由して中城村の久場崎に上陸した。

　屋嘉捕虜収容所は1946年6月に閉鎖され、その後は米軍の保養所・屋嘉レストセンターとして使用されたのち、1979年8月31日に全面返還された。

（吾津洋二郎）

〔参考文献〕『金武町史 第2巻戦争編』2002年

●—屋嘉捕虜収容所（1945年、那覇市歴史博物館所蔵）

Ⅳ　周辺離島・大東島

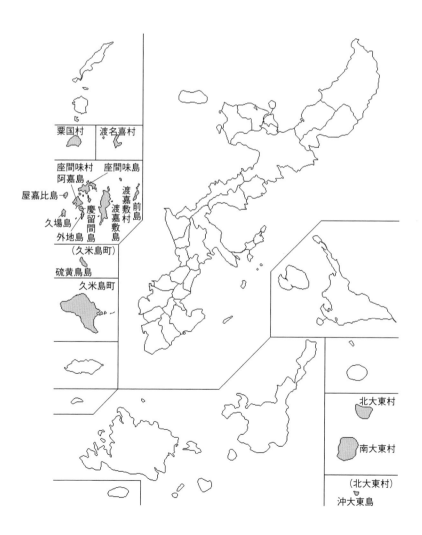

粟国村　渡名喜村

座間味村　座間味島
阿嘉島
屋嘉比島
慶留間島
久場島
外地島
(久米島町)
硫黄鳥島
久米島町

前島
渡嘉敷村
渡嘉敷島

北大東村

南大東村

(北大東村)
沖大東島

周辺離島・大東島の沖縄戦

　沖縄県は東西約1000km、南北約400kmの広大な海域に、無人島も含め大小160の島々がある。1940年には55の有人島があった。小さな島では、ひとたび戦争が起きると逃げ場もなく、制空海圏も奪われ孤立状態となった。島では日本軍の有無にかかわらず、それぞれの異質な戦争が起こっている。本章をはじめ、各章に記述された小さな島々の沖縄戦を俯瞰してはいかがだろうか。ここでは第32軍の島嶼戦略と、本章に記すことができなかった北大東村と渡名喜村の沖縄戦についてふれてみたい。

第32軍の島嶼戦略と住民

　第32軍の八原博通高級参謀は1944年6月下旬に東京で開かれた参謀長会議で「南西諸島の防備を強化するとせば、大東島如きに幻惑するのはやめ、最も要地である沖縄本島にこそ急遽兵力を増派すべきである」とし、「真に来攻を予期する重要な島を選んで、決勝的地上兵力を時機を失せず配置し」た方が肝要であると述べていた。他方、のちに第32軍参謀長となる長勇は「敵が南北大東島を奪取したならば、1〜2ヵ月で北大東島に約100機、南大東島に約300機の航空基地を設定し得るものと判断する」と参謀次長に進言。大本営はその進言を受け北大東島・南大東島・沖大東島へ第85兵站警備隊を配備した。そして第32軍は「来攻を予期する重要な島」に日本軍を配備した。

　日本軍が配備された伊江島や津堅島などは米軍の激しい攻撃を受け、島から逃げることができなかった住民が巻き込まれた。また、日本軍が配備されていない粟国島（ひとりの離島残置諜者がいたが）や渡名喜島では、連絡船が撃沈されたことで食糧が途絶え飢餓状態に陥った。さらに敗残兵がやってきた伊是名島、久米島や慶良間諸島のように駐屯していた日本軍が住民を虐殺するなど、威圧と恐怖で住民を統率する島もあった。そのような島では、軍に加担せざるを得ない村の有識者や一部の住民がいた。他方、住民被害の拡大を区長や有識者の判断で抑えた島もある。

北大東村の場合

　北大東村は、北大東島と沖大東島（ラサ島ともいう）の2つの島で構成されてい

る。南大東島へ第85兵站警備隊本部が置かれると、北大東島には住民約1800人に対し兵隊約3000人、沖大東島には住民約500人に対し兵隊約200人が配備された。また、兵士用の慰安所も南大東島2か所、北大東島・沖大東島にそれぞれ1か所ずつ設置している。北大東村の住民も飛行場建設や陣地構築にかり出され、地上戦に備えた軍民合同演習が実施された。南大東村と同じく1944年7月から、戦えないと判断された「年齢60歳以上及び15歳未満の女子」「妊産婦及病弱者」などに疎開を勧奨し、戦えると判断された青少年少女は島に残された。疎開先は東京の八丈島や沖縄本島で、北大東島で約700人、沖大東島では全住民が島を離れている。住民疎開計画の狙いは日本軍の食糧確保と地上戦に備えた兵士の確保だった。

　3月27日、南大東島に艦砲射撃が始まると、北大東島でも激しい空襲が始まり、沖大東島も断続的な空襲に見舞われた。兵士や住民はガマに避難したことで人的被害はそう多くはなかったが、南北大東島に配備された日本軍は112人が戦死した。

　戦後、沖大東島に住民が戻ることはなかった。「平和の礎」には15年戦争で亡くなった北大東村9人、南大東村43人の名前が刻まれている。

渡名喜村の場合

　渡名喜島は那覇から約58kmの位置にあり、1940年の国勢調査によると渡名喜村は人口945人、世帯数234戸となっている。渡名喜村は座間味島にいた海上挺進第1戦隊の管轄地域だったが、日本軍が駐屯することはなかった。

　十・十空襲では米軍機が直接島を襲うことはなかったが、日本軍の暁部隊に漁労班として徴用された3隻の鰹船が久米島近海で襲われ、渡名喜村出身者6人が亡くなった。十・十空襲後、那覇から島出身者らが避難してきたことで約800人の住民が1300人まで膨らみ、島は食糧難に陥った。

　米軍が慶良間諸島へ上陸した3月23日、那覇と島を往来する光泉丸が沈められ、早朝からグラマン機が編隊で来襲し、学校や集落に爆弾を投下した。その後も米軍機による断続的な空襲があり、住民は山の避難壕と集落を行き来するようになった。他方、備蓄米は3月中に底をつき畑の作物や家畜も食べつくし、漁に出ることすらできず野草や蘇鉄を食べて飢えをしのいだという。渡名喜島は孤立のなかで飢餓状態に陥ったのである。

　渡名喜島では、機銃掃射を受けて住民12人が犠牲となり、飢えと病気などで30人余りが亡くなっている。「平和の礎」には15年戦争で亡くなった292人の名前が刻まれている。

（川満　彰）

座間味村・渡嘉敷村……海上特攻の秘密基地とされた島々

・琉球国時代から海洋環境に恵まれた島々が戦争の最前線に
・敵に捕まったときのスパイ防止のため住民に「玉砕」をすすめた日本軍
・沖縄戦初の米軍上陸地として住民の「集団自決」が多発

海の特攻隊配備

　沖縄本島那覇市の西20〜40km洋上に位置し、渡嘉敷村と座間味村とからなる慶良間諸島。4つの有人島のほかに大小20余の無人島が点在し、透明度を誇る紺碧の海に美しい島嶼群を形成している。

　那覇に近いという地の利から、琉球王国時代は那覇と中国を往来する「唐船貿易」の中継地として賑い、また大型船の避難港としても慶良間海峡がその役割を果たしてきた。近代になってからは沖縄県の鰹漁業の創業地として栄えるなど、住民は海からの多大な恩恵をこうむってきた。

　しかしながら、こうした地理的条件によって戦禍に巻き込まれることになろうとは、島に生きてきた者誰一人として知る由もなかった。

　アジア・太平洋戦争末期の1944年9〜11月にかけて、慶良間諸島に海上特攻基地が設営されることになった。沖縄駐留の第32軍は、米軍の主な上陸地は沖縄本島南部の西海岸と予想、米軍の上陸船団を背後から襲撃する目的で慶良間諸島に300隻の特攻艇を配備する作戦を打ち立てた。艇の左右両舷にそれぞれ120kgの爆雷を搭載したいわゆる海の特攻隊だった。

　未成年を中心に組織された104人の特攻隊員（海上挺進第1〜第3戦隊）と、壕掘りや基地建設などを目的とした900人の基地設営隊（海上挺進基地第1〜第3大隊）が、座間味島・阿嘉島・渡嘉敷島の3島に配備された。

　兵士たちの宿泊は、民家が利用された。日当たりの最もよい部屋に数人から14、5人の日本兵が割り当てられ、住人は裏部屋での生活を余儀なくされた。

厳しく監視される住民

　日本軍が駐屯したその日から、住民には毎日のように動員が命じられた。座間味・渡嘉敷島での軍からの命令は、兵事主任（役場職員）を通して、住民に伝えられた。男性は陣地構築や漁労、軍の壕掘りなどにあたり、女性たちは国民学校高学年の子どもたちとともに食糧増産に従事した。

こうした日本軍との共同作業で、住民は必然的に軍の内情を知ることになる。軍は作戦にからむ情報が流出するのを防ぐため、住民に対して監視を徹底した。

船舶は軍に徴用されて自由な航行が禁じられ、住民の無人島への農作業や釣り、離島間の往来には厳しい許可制が敷かれた。そして座間味島では、集落を歩行する際、スパイ防止のマークを服に縫い付けることが義務づけられた。海上挺進戦隊・基地大隊が船舶隊（ 暁 部隊）の指揮下に入っていたため、部隊の象徴である日の出マークに、座間味島を意味する「サ」という文字をあしらい、軍から命じられた女子青年団が芋版で作成して各家庭に配った。

さらに民家に宿泊している将兵は家

●―座間味島に配備された特攻艇（沖縄県公文書館所蔵）
１人乗りの粗末なベニヤ板製だった。

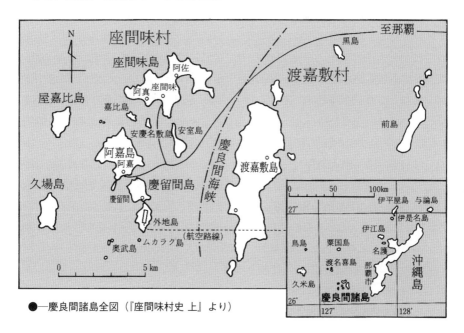

●―慶良間諸島全図（『座間味村史 上』より）

●—スパイ防止マーク

人に対し、「『鬼畜米英』に捕まったら女は強姦されるか米兵の慰安婦にされる、男は八つ裂きにして殺される、その前に玉砕するように」と敵への恐怖心をあおった。日本軍駐屯から2か月後、座間味・阿嘉・渡嘉敷島に7人ずつ、日本軍「慰安婦」が将兵の性の相手として朝鮮半島から連れてこられており、日本軍は地元の女性に対し、敵に捕まれば彼女たちのようになると脅したのである。

家父長制下の女性の役割は、結婚して夫の「家」を継承するための子どもを産み育てることである。もし敵に強姦され子どもを身籠もろうものなら、被害女性が親族から責められ集落にもいられなくなる。それだけに絶対に捕まるわけにはいかなかった。

「玉砕命令」は家庭内だけでなく、集められた青年団・婦人会などへの訓示として、また毎月8日の「大詔奉戴日」（アジア・太平洋戦争勃発の1941年12月8日を記念して、翌年から毎月8日を戦意高揚強化に利用）の儀式のなかでも、日本軍駐屯後の将校によって繰り返された。座間味島は忠魂碑前、その他の島はノロ宮などが使用された。

住民が米軍に投降するか捕まった際に、機密が漏れることをおそれた日本軍は、こうして日常的に「玉砕命令」を発信し続けていたのである。

1945年2月中旬、県内の部隊の再編が行われることになり、慶良間諸島の3つの島では基地大隊の約3分の2が沖縄本島に移動し、残りの部隊は特攻隊を率いる戦隊長の指揮下に入ることになった。沖縄本島の第9師団が台湾に移動したための穴埋めだった。

代わりに朝鮮半島出身の軍夫が配備されるとともに、日本軍駐屯以来、動員によって陣地構築や漁労に関わってきた地元の男性たちが軍の組織のなかに位置づけられていった。渡嘉敷島では前年10月下旬にすでに防衛隊が組織されたが、座間味の島々では16歳以上50歳までの男性が防衛隊に編成され、また阿嘉島の15〜17歳までの少年たちが「少年義勇隊」として、軍の監視哨、弾薬運び、防空壕掘りに従事させられた。当時15歳だった垣花武一（1930年生）は、「軍隊の一員になったようで誇らしかった」という。男性のみならず、女子青年も軍の炊事班や将校集会所、経理室に配属され軍との行動が命じられた。日本軍の人手不足を補うため、住民も駆り出されたのである。

はじめて住民が犠牲に

1945年3月23日、渡嘉敷島では午前

8時から、米軍の戦闘機による集落への波状攻撃が始まった。まもなく、村役場や郵便局、防衛隊の兵舎として使われていた国民学校校舎が爆破炎上し、集落にも被害が出始めた。その日から住民は谷間の待避所へと避難していった。

座間味村の島々でも朝から空襲に見舞われ、とりわけ座間味島では、生後2か月の乳児を含め23人の住民が犠牲となり、数人が重傷を負った。家族で屋敷内の防空壕に隠れていた渡慶次春子（当時24歳）は、目の前で母親の首が吹き飛び、自身は喉元まで埋まって九死に一生を得た。国民学校の校舎をはじめ多くの民家が焼失したため、住民はその日から集落に近い丘の中腹に掘っていた防空壕での避難生活を始めた。

翌24日も同様に朝から米軍機による空襲が始まり、夕暮れ時には去っていったが、ちょうどその夕刻、阿嘉島からみえる水平線上に米軍艦が姿をみせ始めていた。それに最初に気づいたのが阿嘉島の特攻隊員で、炊事班として従軍していた垣花ウメ（当時21歳）らは、「お前たちが一緒では足手まといになるから親元に帰れ」と命じられた。前日からの空襲で阿嘉島住民は谷間に避難していたが、彼女たちが米軍の来襲を伝えると、一斉に山奥へと移動していった。この日から、住民の5か月にもおよぶ山奥生活が始まるのである。

「玉砕命令」が出た座間味島

そして25日、いつもより激しさを増して集落を空襲した米軍は、昼頃から各島々に艦砲射撃を加え始めた。それが、米軍の上陸を予告する作戦行動であることを住民は知っていた。米軍にとって慶良間諸島攻略は、沖縄本島に上陸するための補給基地や船舶の停泊地、水上機基地の確保という狙いがあったのだ。

砲弾が落下するたびに島中が地震のように揺れ、防空壕の周りは火の海と化していった。そんな夜遅く、防空壕でおびえていた座間味島住民に対し、毎日のように軍からの動員を伝令してきた役場職員が「玉砕命令が下った。忠魂碑前に集合」と呼びかけたのである。

それを聞いた家族は残していた食糧をすべて子どもたちに食べさせ、晴れ着を着せて忠魂碑に向かった。砲弾が飛び交うなか、バラバラに集まってきた住民は、一人の日本兵から自分たちで「玉砕」するようにと手榴弾が渡されたり、照明弾が落下したため四散したりするなど、結局、住民がまとまって集合することはなかった。

引き返した住民のなかには、近くの防空壕に避難した家族もいたが、多くが日本軍や役場職員のいる防空壕へと押しかけた。自分の家族を手にかけることができず、将兵や村のリーダーに手を下してほしかったのだ。

しかし、米軍上陸を目前に、日本軍は陣地を移動したあとであり、役場職員とその家族はすでに「集団自決」を決行していた。死ぬ手段を失った住民は、自分たちの壕に戻ったり空いている日本軍壕に避難するなど、家族同士で疲れた体を横たえた。

翌26日、そんな住民の寝入りを襲ったのが、はじめてみる人種の米兵であった。家族5人が入った宮平初子（当時17歳）の防空壕では、米軍が入口をふさぐように、銃剣を構えて立ちはだかった。特に母親がパニックになり、早く自分から殺すよう夫にすがった。初子の父は持っていたカミソリで妻をはじめ子どもたちの首をきりつけ、最後に自らの首をきった。11歳の弟は即死、4人は重態で米軍に救助された。

他の壕でも男性たちがロープや農薬などを「武器」に妻や子ども、老母、姉妹を手にかけていった。唯一、女性・子どもだけの防空壕では、婦人会役員の女性が「天皇陛下バンザイ」のかけ声とともに手榴弾のピンを抜き、壕内で爆発させた。

こうして、50余あった防空壕の8か所で、家族単位の「集団自決」による死者が出たことがこれまでの調査でわかっている。それによって、村長や助役、役場職員、学校長、区長、婦人会長など村のリーダーたちが家族を引き連れ、「集団自決」で全滅した。

座間味村の「集団自決」は、いずれの島も米軍上陸の日に行われた。

慶留間島と屋嘉比島の「集団自決」

慶留間島では、艦砲射撃後の、島を取りまいた米艦艇から吐き出される小型舟艇を山頂から見下ろしていた数人の男性が、日本軍の特攻艇が敵艦に体当たりしているものと錯覚し、バンザイを叫んだ。阿嘉島駐留の一部特攻隊員が、慶留間島集落の裏海岸に基地を設営していたからだ。

ところが舟艇は次々島に向かい、やがて砂浜から上陸、学校の運動場を埋めつくした。恐怖心を覚えた男性らは、一目散に住民の避難場所に駆けつけ、敵の上陸を伝えた。あたりは騒然となり、一部婦

	軍壕	軍壕	軍壕	役場	軍壕	親族	家族	家族
■死亡	16	15	7	67	3	13	8	1
□生存	1	2	4	0	26	3	0	4

●―座間味島の壕別生存者・死亡者数

人会員が竹ヤリを手に立ち向かう準備を始めた。しかし不可能と知ると、逃げ場のない住民の選択は、「集団自決」しかない。前月の「大詔奉戴日」で、阿嘉島の戦隊長が訓示した「玉砕」の言葉が、住民にのしかかっていた。

男性たちが我先に妻・幼子の首を絞め、女世帯では母親が子どもの首に縄を巻き付けて木に吊るし、息絶えたことを確認すると、自らも首を吊った。また仲村渠米子（当時21歳）など若い女性たちは、農薬を飲んだり、艦砲弾で燃えさかる火のなかに飛び込んだ。

中学生が別の場所に避難していた住民に、「集団自決」が始まったことを知らせると、自分たちだけが生き残るわけにはいかないと、死を急いだ。

慶留間島では住民の約半数が死亡した。幼い子が多く、民家のタンスの引き出しが棺代わりに使用された。

また、戦前から銅鉱として軍事的に活用されてきた屋嘉比島では、採掘業者の従業員の２家族が睡眠薬とダイナマイトを使用し、「集団自決」で死亡した。この島には日本軍の駐留はなかったが、島の性格上、軍は厳しく監視しており、特に従業員にとって敵に上陸を許すことは「産業戦士」として責任をともなうものだった。

渡嘉敷島の「集団自決」

渡嘉敷島では手榴弾などが使われた。３月27日、米軍は渡嘉敷島の座間味村側（渡嘉敷集落の西側）から上陸を開始した。この日、日本軍から兵事主任を通して、住民の日本軍陣地北方への集結が命じられた。夜遅く、激しい豪雨のなかを子連れや高齢者には厳しい真っ暗な山道を歩いての移動が始まった。一夜明けた28日、住民は日本軍に命じられた谷間にたどり着いた。すでに近くまで迫っていた米軍は日本軍陣地を包囲し攻撃を始めた。そして住民の避難する谷間にも砲弾が撃ち込まれてきた。

２個の手榴弾を持参していた防衛隊員に促されるように、住民の「集団自決」が起こった。本来なら厳重に管理されるべき兵器が、日本軍から住民に手渡されていたのである。

おのおの親族がひとかたまりになり、１個の手榴弾を頼りに2、30人が頭を寄せ合った。数か所で手榴弾が爆発した。しかし全員が死ねる威力はなく、また不発弾も多かった。手榴弾のない家族は、鎌や鍬、棒きれ、縄などを使い、家族の力のある者が弱い者から手にかけていった。

いずれの島々も、犠牲者の多くが女性・子どもだった。

ニミッツ布告とB円軍票の試用

いち早く米軍に収容された座間味島住民は役場に集められた。庁舎の玄関わきには「ニミッツ布告」が張り出された。米軍の沖縄占領にともなう〝基

本法令〟だった。沖縄本島上陸後も、各地で公布されていった。

　6月に入り、米軍は座間味集落で「B型軍票円（B円）」を発行した。沖縄本島占領後の軍政施行に向けて住民が受け取るかどうかの判断をするためであった。軍作業に参加した男女に、一律1円が支払われ住民の反発はなかった。この島で4か月試用された「B型軍票円」は、1948年から10年間、正式に沖縄の通貨となった。

　多くの住民の犠牲をうんだ慶良間諸島は、日米にとって戦略的に都合のよい場所だったのだ。　　　　（宮城晴美）

〔**参考文献**〕　『座間味村史 上』1989年、『渡嘉敷村史 通史編』1990年、防衛研修所戦史部『沖縄戦記（座間味村・渡嘉敷村戦況報告書）』、宮城晴美『新版 母の遺したもの―沖縄・座間味島「集団自決」の新しい事実―』高文研、2008年

IV
周辺離島・大東島

久米島町 ························· 日本軍による住民虐殺

・沖縄本島での組織的戦闘が終わったあとの1945年6月26日、米軍が上陸した
・島に駐屯していた鹿山隊は住民20人を虐殺し、住民を恐怖で支配した
・戦後、鹿山元隊長による発言は沖縄県民に波紋を広げ、社会問題化した

鹿山隊の駐屯と住民

　沖縄本島から西に約100km、東シナ海に浮かぶ久米島は面積64km²の起伏に富む自然豊かな島である。琉球王朝時代から中国をはじめとする交易の要衝の地であった。島の最高峰宇江城岳（ウフクビリ山）からは、島のほぼ全景を見渡すことができる。1945年当時、宇江城岳の尾根を堺にほぼ西側半分を具志川村、東側半分を仲里村とし、人口1万2000人ほどだった。

　久米島に海軍の「電波探信隊」がやってきたのは1943年。44年、鹿山正兵曹長が隊長となり、隊員は当初の12〜13人から34人に増え、部隊はウフクビリ山に移動した。住民は鹿山隊を「山の部隊」などと呼んだ。鹿山隊の駐屯地に近い具志川農業組合には、米・野菜・肉・卵などの供出命令が重くのしかかった。具志川村役所日誌には、鹿山隊からの労務提供や供出の要求に多忙を極めたことが記されている。1944年4月、米軍潜水艦による艦砲射撃があったが、本格的な空襲は1945年から

始まり、学校や民家が被害を受け、死傷者が出た。空襲が激しくなるなか、1945年2月6日には鹿山隊長が役場を訪れ、「軍民協力して空襲下でも平気で増産に励もう」訓示した。

　鹿山隊は、割りあてられた地域の住民が労務作業にこない場合、武装した兵士を送って強引に住民を連行して、徹夜で作業させることもあった。労務中の住民が爆弾の破片にあたって死亡することもあり、作業は過酷を極めた。具志川村の濱川昌俊村長（当時）の戦時日誌からは、戦時行政を率いるトップとして、「皇軍を信じ切って」島民を統率しようと努めた様子がうかがえる。

　久米島には鹿山隊のほかに、陸軍中野学校出身の2人の離島残置諜者もいた。「上原敏雄」（本名は竹川実）、「深町尚親」（本名は氏元一雄）と偽名を名乗り、1945年1月に島に上陸した。上原は具志川国民学校訓導、深町は仲里村の青年学校の指導員として潜伏していた。同僚だった女性教員が「上原」から聞いた話として、米軍上陸後、一定

●―鹿山文書（沖縄県平和祈念資料館提供）

の場所に住民を集め、「玉砕」させる計
画があったという。しかし、実行はさ
れなかった。

　久米島具志川村警防日誌によると、
1945年4月1日、鹿山部隊から米軍が
沖縄本島に上陸し、久米島の銭田にも
米軍上陸の恐れありという伝令を受け、
非常警戒を指示。村の幹部を非常招集
し、「最後の処置」について打ち合わ
せたと記されている。島民の「最後の
処置」については、当時の具志川村警
防団長の内間仁広氏の日誌にも米軍上
陸前の6月17日、村長や助役、防衛隊
長、警察などと打ち合わせた記述があ
る。内間氏は米軍上陸後、「上原」と
たびたび面談し、7月27日には「上原
特務将校」と記されていることから正
体を知っていたとみられる。「最後の
処置」が「玉砕」計画であることも考
えられるが、特に具体的にふれられて
いない。「上原」らが何を計画していた
のかは、歴史の闇である。

Ⅳ
周辺離島・大東島

米軍の住民拉致と鹿山隊の通告

　久米島への上陸を前に米軍
は1945年6月13日深夜、ひそ
かに偵察隊を島の北側の比屋
定と北原に上陸させた。北原
では、牧場を経営していた宮
城栄明さん（当時39歳）の義弟
の少年の新城孫一郎さん（当時中学生）
と、近くに住む比嘉亀さん（当時67歳）
を拉致し、抵抗した牧場の使用人は射
殺された。拉致は日本軍の情報を聞き
出すためだった。米軍の記録（「尋問調
書」）には「アラグスク・マゴゾリ」の
供述が記されており、これが孫一郎さ
んとみられる。米軍は偵察の結果、日
本軍が50人規模であることを把握し、
当初の計画を大幅に下回る兵力で上陸
を決めたとされている。

　警防団から事件の報告を受けた鹿山
隊は事件から2日後の6月15日、具志
川村と仲里村の両村長と両警防団長に
対して「通達」を出した。拉致された
住民が帰ってきた場合、家族や一般住
民との面会を禁じ、軍に引き渡すよう
求めた。従わない場合、関係者や責任
者を軍則に照らし、厳重処罰するとし
た。米軍がまいた「ビラ」を拾って所
持していた者については、敵の「スパ
イ」とみなして「銃殺」するとした。久
米島具志川村警防日誌には、通達を受
け、各集落に注意を喚起したと記され

ている。

この頃、米軍は、沖縄本島での戦闘で捕虜になっていた久米島出身の仲村渠明勇さん（当時25歳）と米軍の野戦病院に収容されていた野村健さん（当時30歳）・比嘉良厚さん（当時21歳）からも情報収集していた。米軍の通訳は、仲村渠さんに、久米島に艦砲射撃し、爆撃したうえで上陸すると説明した。猛反対する仲村渠さんに、米軍は艦砲射撃をやめる代わりに米軍に同行し、道案内するよう求めた。

●─仲村渠明勇さん

米軍上陸と仲村渠さんの呼びかけ

1945年6月26日早朝、米軍は仲村渠さんをともない、銭田のイーフ海岸から上陸した。米軍上陸部隊は第1海兵師団第7連隊第1大隊を中核とした、戦闘部隊と後方支援部隊の計966人。住民は混乱に陥り、山奥へ逃げた。仲村渠さんは山中で「米軍は住民に危害を与えないから抵抗しないで、安心して山から下りて」と説いて回った。

久米島では住民の「集団自決」（強制集団死）は起きなかったが、戦後の住民証言の記録から、仲村渠さんの呼びかけによって直前でやめた人たちがいたことがわかった。渡嘉敷一郎さん（当時7歳）も山で池に飛び込もうとしていた一人。「どうせアメリカ人に殺されるんだったら、池に飛び込んで死のうと言って。5、60人だったかも知らんけど、並んでね。そうしたら、遠く

からね、『死んではいけませんよ。戦争は終わったんですから、飛び込まないでください』と大きな声出して、走って来る人がいたわけ。明勇さんが来るのがね、何時間かかかっていたら、飛び込んでいたかもしれない。だけど、死なないですんだわけ」と町史に証言している。

鹿山隊は防諜に神経をとがらせ、米軍上陸後の7月6日、「退山する者は米軍に通ずる者として殺害すべし」と通告。警防団に命じて住民を厳しく監視させ、住民の下山を禁じ、動向を逐一報告させた。鹿山隊の人員は約40人、重機関銃2丁と小銃20丁しかなかったため、1万人あまりの島の住民が米軍側につくことを恐れていた。

一方で米軍は7月9日に「住民は一日も早く帰宅して農耕すべし。さもなくば日本軍とみなし山を掃討する」と呼びかけた。住民は下山を呼びかける

163

米軍と、下山する者は「スパイ」として殺害するという日本軍との間で板挟みになり、日米双方から命を狙われる恐怖におびえた。

日本軍による住民虐殺

米軍上陸後、日本軍は住民の虐殺を繰り返していく。その数は20人にのぼった。最初の住民虐殺は、米軍上陸翌日の6月27日。久米島郵便局で有線電信保守係をしていた安里正次郎さん（当時26歳）が自宅で米軍に捕まり、鹿山隊に「降伏勧告状」を届けるよう指示され、届けたところを鹿山隊長に「敵の手先」として銃殺された。

6月28日深夜には、北原で拉致され

た2人を含む住民9人が殺害された。殺害されたのは、拉致された比嘉亀さん、比嘉さんの妻と長男の正山さんと妻、拉致された宮城栄明さんの義弟の孫一郎さん、宮城さんと妻、北原区長の小橋川共晃さんと北原警防分団長の糸数盛保さん。拉致された比嘉亀さんと孫一郎さんの2人は、米軍上陸と同時に自宅に送り返されたものの、区長や警防分団長らが鹿山隊の通達を実行しなかったため、見せしめで殺害されたとみられる。9人は、宮城さんの牧場の小屋に集められ、針金で手足を縛られて銃剣で突き殺された。日本軍は遺体ごと小屋を焼き払った。

次に殺害されたのは、住民に山から

1945年6月13日	**1** 米軍が密かに上陸し、比嘉亀さん、新城孫一郎さん2人を拉致
15日	鹿山隊が拉致された2人が戻った場合連行するよう警防団に通達
26日	**2** 米軍966人がイーフ海岸から上陸。多くの住民が山へ逃げる
27日	**3** 米軍の降伏勧告状を鹿山隊に渡した安里正次郎さんが銃殺される
28日	**4** 米軍に拉致された比嘉亀さんと新城孫一郎さんの家族、北原区長と警防分団長の計9人が殺害される
7月6日	鹿山隊が「退山する者は米軍に通ずる者として殺害」を通告
8月15日	米軍が「玉音放送」を流す
18日	**5** 住民を説得した仲村渠明勇さんと妻、幼児の3人が殺害される
20日	**6** 谷川昇（具仲会）さん一家7人が殺害される
9月7日	鹿山隊長ら40人あまりが降伏調印

地図内：
米軍偵察上陸 住民を拉致 **1**
米軍偵察上陸 **1**
3 日本軍電波探信隊
4
具志川村
6
6
仲里村
イーフ海岸
5
2 米軍上陸
● 日本軍による住民虐殺地点

慶良間諸島
久米島
沖縄本島

●──久米島沖縄戦関係地図・表（デザイン仲本文子）

下りるよう住民を説得して
回った仲村渠明勇さんだった。
1945年8月18日夜、鹿山隊の
兵士が家を取り囲み、妻（26
歳）と息子（1歳）とともに刺
殺した。8月20日には、朝鮮
半島出身の谷川昇（具仲会）さ
ん（当時51歳）、妻（38歳）と
10歳・8歳・6歳・3歳・生
後数か月の子ら一家7人が殺
害された。牧志義秀さん(1926
年生）は虐殺事件を目撃し、のちに当
時の状況を詳しく証言した。

●―久米島での鹿山隊の降伏式写真（右が鹿山隊長、
　沖縄県平和祈念資料館提供）

　牧志さんの証言によると、谷川さん
殺害に向かったのは鹿山隊の7人ほど。
そのなかには地元の人もいた。2,3人
の兵隊が、鳥島に隠れていた谷川さん
を引きずり出し、首に縄をかけて護岸
に引っ張っていった。兵士らが首を絞
めて殺し、護岸から突き落とした。さ
らに鹿山隊は谷川さんの自宅に向かい、
妻子にも刃を向けた。「妻は子供をお
ぶって逃げた。電信長は日本刀を持っ
ていた。ワラに包んで肩にかけていた。
刀を抜いて後ろからばっさり袈裟切
（けさぎり）にした。女の子が2人いて、
兵隊がお父さん、お母さんのところに
連れて行ってやるからと連れだし、遺
体は山里の青年団が片付けた」。牧志さ
んは谷川さん殺害の背景について「彼
が朝鮮人だということで嫌いな人もい
るわけで、作り話で噂を立ててそれが、
山の兵隊鹿山に伝わったのだ」と話し、

朝鮮人への偏見や差別も要因だったと
指摘した。

日本軍への恐怖

　久米島では日米の交戦はほとんどな
く、1945年7月5日、銃撃戦で日本兵
2人が死亡したのが唯一の戦闘だった。
米軍は7月14日、仲里村の村長や議員
などを集め、ウィルソン少佐がニミッ
ツ布告を読み上げ、日本の行政権停止
と米軍による占領、軍政を宣言した。7
月24日には具志川村でも読み上げが行
われ、米軍政の下で旧村政が復活した。
米軍は8月15日の「玉音放送」を、具
志川国民学校の奉安殿に設置したラジ
オから流したとされる。しかし鹿山隊
は降伏せず、8月15日以降も住民虐殺
がやむことはなかった。

　内間好子さん（当時16歳）は、集落に
密告がはびこり、命の危険を感じ続け
た恐怖が今も脳裏から離れない。避難
した山中で、仲村渠さんと親戚の叔母

が話をしたため、周囲に「スパイ」といわれ、山を降りてからも鹿山隊がいつ殺しにくるか、おびえ続けていた。「もう本当に怖くて眠れない。（集落で）聞こえるわけ、誰が殺されたとか。私たちもスパイ、スパイと言われ、もう少し戦争が長引いたらやられよった」（内間さん）

無抵抗を主張し公言していた吉浜智改さん（当時具志川農業会長、1885年生）も、鹿山隊と対立し命を狙われた。吉浜さんは戦争に勝ち目がないことを見通していた。「一九四五年乙酉年日記 久米島戦争記」で、鹿山隊長について「山中を逃げ回っている」と指摘し、7月9日には「完全に山賊と化し民衆の安住を妨害す」と厳しく批判している。日記とはいえ、軍国主義に絡め取られていた人々の日本軍への批判は当時としては異例だった。

久米島で当時小学校教諭をしていた上江洲トシさん（当時31歳）が戦後、青年団の女性から聞いた話で、鹿山隊に「虐殺リスト」があったことがわかった。9月9日に9家族40人を虐殺する予定だったという。住民にとって、もはや敵は米軍ではなく日本軍だった。

鹿山隊長以下40人余が山を下り、北原郊外で降伏調印したのは1945年9月7日だった。翌8日には全員が沖縄本島へ移送され、住民は恐怖から解放された。1946年3月には、久米島に派遣されていた離島残置諜者も米軍に連行

された。

「悪くない」鹿山元隊長の発言の波紋

戦後、久米島では日本軍による住民虐殺を語る人は少なく、日本軍に強い恐怖で支配された記憶は、人々の心に暗い影を落としていた。虐殺に加担を強いられた島民がいたことも口を閉ざす一因となった。虐殺に光が当たったのは沖縄戦から27年後の1972年3月、週刊誌『サンデー毎日』が、徳島県在住の鹿山元隊長の「悪いことをしたとは考えていない」「日本軍人として当然のこと」という発言を報じたことがきっかけだった。鹿山氏は、住民虐殺について「当時の指揮官として最善を尽くした」「日本の国土防衛の点から考えてやった」などと述べたと報じられた。

発言に対して虐殺の被害者の遺族から憤りの声があがり、北中城村、具志川村が抗議決議を行うなど、沖縄では全県的に戦争責任を追及し、歴史認識を問題視する声が高まった一方で、県外からは「古傷をあばくのはかわいそう」などと鹿山氏に同情する声も少なくなかった。問題は国会でも取り上げられたものの、政府は、国家賠償法成立以前に起こったので国家に賠償の責任はないとし、国の責任が示されることはなかった。　　　　　（中村万里子）

〔**参考文献**〕　大田昌秀「久米島の『沖縄戦』」沖縄国際平和研究所、2016年、『沖

縄県史 各論編 第6巻沖縄戦』2017年、徳
田球美子・島袋（上江洲）由美子『沖縄
戦 久米島の戦争―私は6歳のスパイ容疑
者―』インパクト出版会、2021年、『久米
島町史 資料編1久米島の戦争記録』2021
年など

粟国島 ——米軍が上陸した日本軍不在の島——

粟国島は那覇から北西約61kmに位置する島で、戦前の人口は約2800人であった。太平洋戦争開戦後、南洋群島からの粟国村出身者の引揚げや、1944年の十・十空襲にともなって沖縄島在住の粟国出身者の引揚げがあり、人口4000人規模に一気に増加した。

1945年1月4日、第32軍は陸軍船舶部隊に粟国島を含む島嶼防衛を命令したが、実際に部隊は配備されなかった。しかし、日本軍関係者が皆無だったわけではなく、粟国国民学校に離島残置諜者1人が訓導として、不時着した日本軍機の乗員2人が島内にいた。

詳細な構築時期は不明だが、地元の在郷軍人会や警防団が島の無防備をカモフラージュするために海岸線沿いに数か所に盛り土に木材を挿した偽砲台を構築。うち、真鼻毛（マハナモー）の1基は土台部分が現存している。

1945年3月23日から始まった空襲で13人が犠牲となった。金城盛栄さん（当時19歳）は「急に敵機来襲で何の警報もなく機銃掃射」だったと述べ、山内安子さん（当時26歳）は「卒業式の日で登校を準備しているところ」、児童の「與那城堅、久子の姉弟が機銃を受け亡くなりました」と回顧する。さらに3月28日には農会の建物焼失、4月1日には国民学校建物焼失、翌日には粟国村の連絡船が撃沈されるなど、被害が続出した。

同年6月9日朝に艦砲射撃と米軍機の機銃掃射の後、米第2海兵師団第8連隊第1大隊、1000人規模の部隊が上陸した。

『粟国村誌』によれば、米軍上陸時の攻撃で56〜90人が死傷、上陸後に5人が日本兵と誤認されて射殺された。また米兵によって民家への放火や破壊が行われ、家屋は33戸全焼、39戸全壊、202戸半壊という被害が出た。

当初米軍は住民を羽地村に移動させる予定だったが中止となった。また食料と水が不足していたため米軍が配給を行ったが不十分であり、軍命で家畜を屠殺して配給された。11月には米軍は粟国島から引き揚げた。　　　　　　　（仲程勝哉）

〔参考文献〕『粟国村誌』1984年、『沖縄県島尻郡粟国村字浜（浜誌）』2008年

●—収容地に移動する粟国島の住民（1945年6月9日、沖縄県公文書館所蔵）

IV
周辺離島・大東島

南大東島 ——要塞化された絶壁の島——

南大東島は沖縄島の東約400kmに位置し昭和初期は大日本製糖が所有する社有島であった。沖縄戦以前から海軍飛行場などの軍事施設はあったが、1944年3月22日に第32軍を創設後、南大東島の軍備は急速に強化された。

主な配備部隊は、第85兵站警備隊（のちに大東島支隊と改称）、歩兵第36連隊（一個大隊欠）、海軍沖縄方面根拠地隊大東支隊であり、住民約3500人の島に約4500人の戦闘部隊が配置され、飛行場設営や陣地構築が始まった。

陣地構築は当初、内陸部の地形を利用していたが、1945年3月以降は、海岸線沿いにトーチカや砲台などの陣地「渚陣地」、内陸部には戦車壕や交通壕を構築した。歩兵第36連隊作成の陣地要図では最低100か所の陣地が記されており、島全体が要塞化されていたことが確認できる。飛行場建設や陣地構築は、徴用や勤労奉仕で動員された。

また、家畜や食料も軍が管理していたことで、住民は食料自活のために野菜の増産と供出を強いられた。1944年7月からは軍によって60歳以上15歳以下、女子（特に残留を要する者を除く）、9月からは妊婦および病弱者などの住民の疎開が勧められている。結果、1945年3月までに1945人が疎開したが、稼働者（戦争へ協力できる者）などは疎開が禁止され島に残された。

『南大東村誌』では、空襲や艦砲射撃があったものの、多くの住民が自然洞穴内に避難できたこともあり、犠牲者は2人となっている。当時、南大東島で教員だった西浜良修さん（当時22歳か）は敵機来襲の「タカタカター」という「ラッパは覚えている」。「怯えて息せき切って洞窟へ逃げ込んだ」と回顧する。また南大東島では、疎開中の船が攻撃され3人が死亡、2人が負傷し、空襲後の不発弾の炸裂により10人の歩兵第36連隊将兵が戦死している。

10月14日から12月21日にかけて兵員は南大東島を離れた。　　（仲程勝哉）

〔参考文献〕『南大東村誌』1989年、NHKアーカイブ（放送日2009年10月7日）、『沖縄県立埋蔵文化財センター調査報告書 第75集 沖縄県の戦争遺跡』2015年

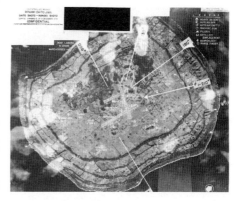

●——米空中写真解析部隊が撮影した南大東島（沖縄県公文書館所蔵）

V　宮古・八重山

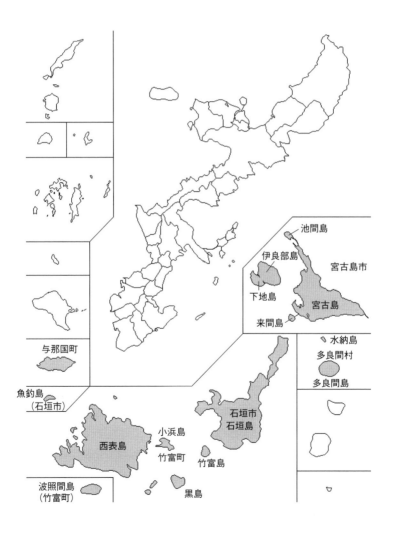

池間島
伊良部島
下地島
来間島
宮古島市
宮古島
水納島
多良間村
多良間島
与那国町
魚釣島
(石垣市)
石垣市
石垣島
小浜島
西表島
竹富町
竹富島
波照間島
(竹富町)
黒島

宮古・八重山諸島の沖縄戦

　宮古・八重山諸島の住民は、米英軍機の攻撃を受けながらも飛行場建設にかり出されていた。しかし、それ以上に住民を襲ったのは食糧危機とマラリアだった。

　第32軍は宮古諸島に約3万人、石垣島に約1万1000人前後の兵士を配備させた。その急激な兵員増で食糧確保が懸案となり、八重山諸島では住民をマラリア地帯に強制移動させ死に至らせた。住民だけでなく宮古諸島で戦没した日本兵の90%近く、八重山でも戦闘犠牲者670人に比して、マラリアや病気などで亡くなった兵士が上回る。

　ここでは本章に記すことができなかった宮古諸島の多良間村、八重山諸島の竹富町・与那国町についてふれてみたい。

宮古諸島・多良間村の場合

　多良間村は宮古島から約67km、石垣島から約35kmの間にある多良間島・水納島の二つの島で構成されている。

　多良間村の住民は、宮古島の飛行場建設へ徴用された。奥浜真鶴さん（1903年生）は「宮古の西飛行場の建設、土をトロ（トロッコか―注筆者）で運び昼夜働いた。（中略）作業、地下足袋は多良間からの持参、作業が終わっても行水もできない」と述べている。

　1945年1月9日から始まった空襲は、多良間国民学校とその周辺の家屋に大きな被害を与え、水納島では4人の住民が犠牲となった。住民は畑の横にそれぞれでヒナンヤー（避難小屋）をつくり移り住み、月の明かりを頼りに農作業を行った。「平和の礎」では15年戦争で亡くなった多良間村民169人の名前が刻まれている。

八重山諸島・竹富町の場合

　竹富町は大小16の島々を持ち、竹富島・小浜島・黒島・新城島（上地島・下地島）・西表島・鳩間島・波照間島の7つの島々に集落がある。西表島に近い外離島は1941年から日本軍陣地の建設が始まった。

　空襲が激しくなった1944年末から、竹富島では民家にロケット弾が撃ち込まれ、小浜島には機銃掃射が襲った。黒島では爆弾投下で幼い兄弟6人が死亡している。新城島では焼夷弾、西表島の大原は34発の爆弾が投下された。鳩間国民学校の宇

江城正喜校長は教育勅語を守ろうとして機銃掃射で犠牲となった。

　また、竹富町では15〜17歳の78人の少年たちが護郷隊に召集された。彼らの目的はゲリラ戦である。西表島祖納に集められた少年たちは、常にお腹を空かしながらの昼夜間わずの厳しい教育・訓練を強いられた。識名孫幸さん（当時17歳）は「ビール瓶に火薬を詰めて爆弾を作る訓練もあった」と述べ、隊員ひとりが失敗すると連帯責任で隊員同士で殴り合ったという。また西表島には大本営直轄の３人の特殊勤務隊が潜んでいた。護郷隊の一部は、その配下に入り大本営と交信していたという。松竹昇助さん（当時15歳）は「終戦前に本土で大きな爆弾が落ちたことは無線で知っていた」と述べる。原爆投下のことと考えられ、原爆投下は西表島に即座に伝わっていた可能性が高い。

　竹富町の住民が最も恐れたのはマラリア狙けつであった。『竹富町史 第12巻資料編 戦争体験記録』には全戦没者1317人中963人がマラリアで亡くなったことが記されている。

八重山諸島・与那国町の場合

　与那国町は日本国の最西端に位置し、周囲27.49kmの小さな島で、1940年の国勢調査によると人口4580人、世帯数910戸となっている。

　1941年に宇良部岳山頂に特設見張所を設置することになり、国民学校１年生もレンガを２個持ち山頂を目指したという。見張所が完成すると、児童生徒や青年団は山頂兵舎への水くみなどが課せられた。

　「軍神」と呼ばれた大桝松市大尉は与那国出身だった。ガダルカナル戦で戦死した大桝は「連日熾烈なる砲爆撃の下優勢且執拗なる敵の攻撃を撃退する」など、武勲をあげたと賞され「軍神大桝」、「大桝大尉へ続け」と連日報道されるようになった。大桝は中学生や子どもたちに憧れの兵士として崇敬され、戦意高揚の一翼を担うようになった。

　与那国島と台湾間の海峡では米軍機や米潜水艦からの日本艦船への攻撃が頻繁にくり返された。1944年２月20日、基隆を出発した船団の大仁丸が米潜水艦の魚雷で撃沈され498人が行方不明となった。また、同年10月14日にも航行中の漁船が米英軍機の攻撃で撃沈された。その２日前には久部良集落への空襲で民家250戸中106戸が灰燼と帰し、３人が撃たれ３姉妹が防空壕内で焼死した。45年２月には宇良部岳山頂の見張所をはじめ祖納集落に機銃掃射や爆弾が投下され、繋留中の漁船も撃沈された。

　米軍の攻撃以上に大きな犠牲を出したのはマラリアの狙けつで、人口4745人中

371人が罹患し、366人が死亡している。

　いま、宮古島市・石垣市・与那国町には自衛隊基地が新設され、新たに与那国では地対空ミサイル部隊の配備、軍事利用を意図した港湾新設などがすすめられようとしている。南西諸島への自衛隊配備問題は全国の問題である。

　沖縄戦を体験した人々は、「基地があるところから戦争はやってくる」「軍隊は住民を守らない」「命こそ宝」と戦争非体験者に語りかける。この沖縄戦の教訓を全国のみなさんと共有し、沖縄の平和問題を自分事として捉えてほしいと心から願う。

　二度と沖縄戦を繰り返してはならない。　　　　　　　　　　（川満　彰）

・飛行場建設のため土地を接収され、住民が徴用された
・約３万人の日本兵が駐屯したため深刻な食料不足となった
・空襲から逃れるため壕で生活し、マラリアに罹る人が多かった

宮古諸島と戦争

　「宮古ブルー」と呼ばれる美しい海で知られる宮古諸島（宮古島・池間島・大神島・来間島・伊良部島・下地島の６島は現在の宮古島市、多良間島・水納島の２島は現在の多良間村）。宮古島市の海沿いには日本軍の陣地跡が米軍との地上戦がなかったため現在でも数多く残っており、近年戦争遺跡として調査が進んでいる。地上戦がなかった宮古諸島だが、連日の空襲と深刻な食糧不足により多くの住民が命を落とした。

取り上げられた土地は飛行場へ

　1943年９月、大本営は無防備だった宮古諸島に郷土出身者による特設警備隊を設置、沖縄戦が近づく1944年11月になるとおよそ800人が警備召集され飛行場建設などが始まった。

　平坦な宮古島は飛行場建設が容易な地形であるとし、海軍飛行場・陸軍飛行場２つ、合わせて３つの飛行場（いずれも1000mを超える６本の滑走路）が建設された。

　日本軍は、住民に半ば強制的に土地の補償金を渡し、その場で貯金させており、住民のなかには一銭も手元に残らない人もいた。

　建設には多くの住民が動員されていた。10月頃に多良間島から徴用で飛行場建設をした石嶺吉蔵さん（当時31歳）は、「すぐ地均し作業にうつったが（中略）食事はさつまいもと、いも葉の塩汁」だったと語っている。駐屯した日本軍については、「マラリアと空腹の栄養失調から大部分落伍者が出た。これでほんとに戦さが出来るだろうかと不安にもなったが皆同じ、作業は２ヶ月以上苦労した」そうだ。石嶺さんはその後多良間島に戻るが、また八重山へ９か月間徴用された。

　1944年５月から沖縄での日本軍編成が始まった。宮古諸島に配備された日本軍の一部には、６月に徳之島沖で米潜水艦によって撃沈された富山丸に乗船していた独立混成第44旅団も含まれていた。その後、満洲からの部隊の配備が決定し、９月末までに宮古諸島への配備が完了した。

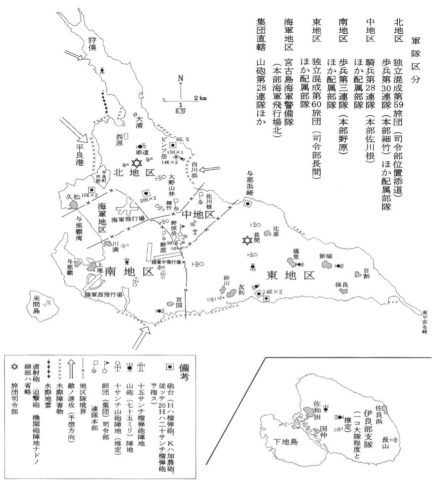

●─宮古島地区防禦配備図（『沖縄県史 各論編6 沖縄戦』）

12月までに宮古諸島に配備された日本軍は住民の半数を超える約3万人になり、これらの部隊は飛行場防衛、対空戦闘、上陸した米軍の撃滅が任務として割り当てられた。

宮古島の防衛作戦は、上陸する米軍を水際で攻撃し、大きな損害を与える作戦だった。日本軍は米軍の上陸が予想される海岸の周辺に大砲を配備し、海岸に水際障害物を設置した。また、狩俣から荷川取を経て久貝におりる海岸線には特攻艇の秘匿壕が建設され、水上特攻艇が配備された。

九州と台湾への疎開

1944年7月以降、学童疎開の呼びかけが開始されたが、すでに日本の船舶が米潜水艦に撃沈されているという噂

が広がっており、国民学校17校のうち呼びかけに応じたのは平良第一国民学校、平良第二国民学校、下地国民学校の3校のみであった。3校で合わせて80人が宮崎県小林町に疎開し、親元を離れ1年5か月後、1946年2月に帰郷した。

九州地方への一般疎開者はおよそ600人で、敗戦後の1945年12月から翌年3月までにほとんどの疎開者が帰郷した。また、宮古諸島では1944年8〜9月にかけ、町内会や集落単位で約8000人が台湾へ疎開している。

台湾の基隆港では、総督府が窓口となり台湾各地へ送り出された。しかし、台湾でも空襲やマラリアによって命を落とす疎開者は多くいた。敗戦後、国や県からの保護はなく、疎開者は助けあいながら自活生活を送り宮古諸島への引揚げ船を待った。なかには親類縁者の密航船を頼り、引揚げ船を待たずに台湾から自力で引揚げてくる人々もいた。そのような「ヤミ船引揚げ」のひとつだった榮丸は1945年11月1日、宮古諸島に引揚げてくる途中で遭難し、およそ100人が犠牲になっている。

宮古諸島内でも1945年3月以降、米軍の空襲が激しくなると、農村部や伊良部島への疎開も行われた。花城寛さん（当時8歳）は「添道には、旭、仲保屋、保里あたりから、疎開者が多数きていたため、食料不足は大変なものでした」と語っている。

宮古諸島と空襲

1944年10月10日、宮古諸島にも2波にわけて延べ16機が来襲した。主に飛行場や宮古島の主要な港である漲水港が攻撃を受け、飛行機や貨物船に被害がでた。大神島の狩俣千代さん（当時15歳）は「大神は十月十日の初めての空襲で、死者が3人出たのをはじめ、部落の半数近くが焼けました」と話している。その後大神島では防空壕での生活が始まった。また伊良部島でも「畑の防空壕に移ったのは十月十日の空襲のころからです」と長浜カナスさん（当時44歳）は語っている。

1945年1月3日からは連日のように無差別爆撃が続いた。当時水納島の区長をしていた宮国仙助さん（当時38歳）は、「水納に初めて空襲があったのは昭和20年1月10日のことです。午後2時ごろ、敵飛行機4機が襲来、猛烈な空襲にはじめておびえました。その後、部落の人びとは家を捨てて我さきにと山の中へ入り、避難壕をつくって頑張りました。それからおよそ10ヶ月、防空壕生活をおくっています」と話している。

空襲は3月以降、特に激しくなった。宮古諸島への攻撃は主にイギリス艦隊が中心的な役割を果たし、特に日本軍の飛行場を執拗に攻撃した。それは台湾に配備されていた日本軍が、沖縄島に集中している米軍を攻撃する特攻作

戦を企図していたため、宮古・八重山はその中継地となっていたからだ。被害を受けた飛行場は、攻撃が止む夜間に、現地召集の警備隊や防衛隊が動員され補修作業が繰り返された。

1945年3月1日には、日本軍最後の貨物船が宮古島に到達した。しかし、港が浅く着岸できないため、沖合で荷下ろし中に爆撃を受け、護衛の軍艦とともに撃沈された。

5月4日には、宮古島南岸の宮国沖(みやぐに)の海上から、イギリス艦隊による艦砲射撃が行われた。約40分間、3つの飛行場を中心に1171発が撃ちこまれた。米英軍は5月に延べ2000機、6月にも延べ2000機が宮古諸島を爆撃し、回数は減少したが7月以降も散発的な爆撃や偵察が続き、空襲はポツダム宣言受諾翌日の8月15日まで続いた。

飢餓とマラリア

1945年3月に入り爆撃が激しくなると、宮古諸島の住民は畑仕事も満足にできなくなり、また日本軍への「供出」もあり、食料不足は急速に悪化していった。

下里ウムイミガさん（当時44歳）は「戦争の苦しさは人によって違うと思いますが、私がもっとも苦労したのは食糧不足でした。折角芋を植えても軍が取り上げてしまうので、大抵の人は自分の畑に自分で植えた芋なのに、こっそり盗んで食べていました。畑に

は毎日朝から夕方まで5～6人あるいは7～8人の兵隊が番をしていましたので、兵隊が帰ったあと、こっそり掘っていました」と語っている。

また、海上輸送も途絶え、医薬品など生活必需品も供給されなくなり、マラリアが猛威を振るい、多くの兵士や住民が罹患し命を落とした。

与那覇カ子メガさん（当時30歳）も家族みんながマラリアに罹った。「主人のマラリアはすごくつよかった。どんなに布団をかぶせても、ガタガタ震えていたからね。（中略）子供達もかかっていたので、もう誰からみたらいいかわからなかったよ。あんなに病気しても食べるものもないからよ」と語っている。

伊良部島の少年団が日本軍に供出したものは、枯渇した灯油の代用品としてテリハボクの実、校舎を擬装するための縄、縄の材料としての竜舌蘭(りゅうぜつらん)の葉、そして食用にするためのバッタやアダンの実および野草であった。住民だけではなく日本軍の窮乏も窺える。7月24日に日本軍から依頼されたバッタの供出については、「幸に沖縄戦も6月23日に終わって、空襲もなかったので、全児童がバッタ採集にでかけて大量のバッタを供出」したという。

砂川カマドさん（当時47歳）は長男が初年兵として召集され、「たまの休暇で帰ってきたときなど、近所の人が（中略）不審がるほどにやせてしまい、お

まけにマラリアにまでかかって別人のようでした。そのころ1回か2回夜中に逃げてきたことがあります。あんまりおなかがすくので消灯時間が過ぎてから歩いて家に帰り、何でもあるものを腹いっぱいつめこんで、夜の明けぬうちにまた帰っていくのです」と話している。宮古諸島における日本軍の戦死者は2569人だが、その90％近くは栄養失調とマラリアによると考えられている。

●—宮古島野営地で警備や作業をする日本兵たち（1945年9月29日、沖縄県公文書館所蔵）

朝鮮人軍夫・「慰安婦」

　宮古諸島に動員された朝鮮人軍人・軍属のはっきりとした人数は明らかになっていないが、主に船からの荷下ろしなど、湾港作業を行っていた。ほかにも、朝鮮人が井戸を掘っていた、陣地構築をしていたという目撃証言もある。1944年の6月、21歳のときに連行された徐正福さんは、軍夫たちには食事も満足に与えられず、差別と暴力を受け、「人間以下の扱いでした」と語っている。

　また、宮古諸島内に17か所の「慰安所」（2015年の調査時点）が確認されている。目撃証言から、日本人「慰安婦」と台湾の女性たちがいたことも確認されているが、そのほとんどは朝鮮人「慰安婦」がいた「慰安所」だった。

●—好奇心旺盛な宮古島の村人や子どもたちが見物している様子（1945年9月24日、沖縄県公文書館所蔵）

南静園

　宮古島に駐屯した日本軍は、ハンセン病患者の強制収容を推し進めた。与那覇次郎さん（当時27歳）はそのときの様子について以下のように語っている。「ある日、畑から呼び戻され、家に帰ってみると、日本軍の憲兵が2人、拳銃を構えて立ってるわけです。何事かと戸惑っている私は、その前に座らされ、

『あんたなんかみたいな病人がここにいたら、軍人たちは思うような仕事が出来ない。南静園に行きなさい！』『今日いきなさい！　さっそく行きなさい！』と係員から立ち退き命令書を渡されたわけです」。南静園では、強制収容によって入所者の人数が400人余となり、食料不足が深刻になっていく。

　1945年3月26日、南静園は機銃掃射を受け、その日から空襲が激しくなった。職員は南静園から避難し、取り残された入所者は治療も受けられず、防空壕で暮らし始めた。与那覇さんは「園の近くの防空壕は、日本軍の立ち退き命令により使えなくなり、園の人たちは、島尻山の海岸の洞窟に追いやられたのであります。その時、病人や不自由者を引っ越すのに大変で、農業用モッコで運びました。洞窟は、昔、コレラ病で亡くなった死体を葬ったと言われている場所でした。中にある人骨を片隅に払い除けて、落ちる水滴に悩まされ、湿気の中でシラミとやぶ蚊に悩まされる避難生活でした。医療も受けられず食料も無く、ついに栄養失調やマラリアや赤痢などで一年足らずのうちに死亡者が続出、130人余りも亡くなっております」と証言している。

敗戦と武装解除

　日本の敗戦は8月15日の夜から翌16日にかけて軍民ともに知れ渡った。8月29日、沖縄島嘉手納の米第10軍司令部派遣機より降伏命令書が投下される。8月31日には軍司令部内で連隊旗、宮古全学校では御真影が「奉焼」された。9月2日には武装解除のため米軍部隊が進駐してきた。日本軍は米軍部隊が進駐してくる前に、各所の砲台はダイナマイトで爆破し大砲や銃器、車両、弾薬は大型舟艇で漲水港沖に運び、海中投棄した。

　9月6日には日本軍の先島集団より宮古諸島を指揮していた能見敏郎中将をはじめとする幹部が、読谷飛行場に向かい、現嘉手納基地内で降伏調印が行われた。能見中将は12月1日、連合軍からBC級の戦犯に指名され、12月13日に服毒自殺している。

　日本軍の宮古島からの復員は1945年10月20日に始まり、翌年の2月上旬に完了した。

　飢餓と空襲に苦しめられた宮古島の沖縄戦は、日本軍が想定していた「敵の上陸」前の出来事であった。現在の私たちは宮古島の沖縄戦から学ぶことが多くあるのではないだろうか。

（山城彰子）

〔参考文献〕『平良市史 第4巻資料編2 近代資料編』1978年、『城辺町史 第2巻戦争体験編』1996年、『宮古島市史 第1巻通史編』2012年

石垣市

・有病地帯へ強いられた避難、マラリアが戦後の復興にも影響
・那覇より台湾に近い八重山、地理的な特性が戦争の様相にも反映
・八重山自治会が戦後社会をリード、県内移民は沖縄全体の混乱の縮図に

石垣市の地理

　石垣市は石垣島と尖閣諸島からなり、総面積は約230平方km。2023年8月末の住民基本台帳人口は5万34人。県内最高峰の於茂登岳（標高526m）は石垣島にある。近隣の竹富町、与那国町とともに構成される八重山地方は、沖縄県の最南西端に位置する。石垣島は八重山の主島であり、竹富町の役場所在地でもある。

　石垣島西部の崎枝半島には「デンシンヤー」と通称される建物がある。1897年に陸軍省が建設した海底電線揚陸室のことで、本土と台湾を結ぶ海底通信の中継地として重要な軍務を担った。先島における電信施設の始まりであり、戦時中は連合軍の攻撃目標ともなった。「デンシンヤー」はテクノロジーをめぐる暮らしと戦争の関係を想起させる施設といえる。石垣島は、県庁所在地の那覇まで約410km余り離れているのとは対照的に、台湾の台北とは約280kmしか離れていない。「デンシンヤー」の設置にもつながった台湾との近接性は、石垣島の戦争を語るうえで重要な特性である。

戦況の悪化と戦争マラリア

　石垣島への日本軍の配備は、独立混成第45旅団司令本部が1944年8月に八重山農学校（現在の八重山農林高校）に設置されるのに先立ち、島内3か所で軍用空港が整備されたことで本格化する。八重山ではすでに、1941年8月に西表島（竹富町）で舟浮要塞の建設が始まっている。1943年1月には、与那国島出身の大舛松市中尉（死亡後、大尉に昇進）がガダルカナルで戦死したことを受けて、人々の精神を戦争に動員する大舛大尉顕彰運動が繰り広げられた。

　戦況の悪化にともない、旅団は1945年6月1日、旅団本部に石垣町長と大浜村長（いずれも当時）らを呼び、官公庁の職員と医師らは6月5日までに、一般住民は6月10日までに軍の指定地に避難するよう命じた。住民の避難地域はマラリアの有病地帯であり、住民は次々にマラリアにかかった。このよ

●—石垣市に遺る戦争遺跡「電信屋跡」

うにしてマラリアで死亡した人数は石垣島では2496人を数え、八重山全域では3647人に達した。マラリア罹患者は住民の2人に1人という状況に陥り、戦後の復興に暗い影を落とした。

このような戦争被害は「戦争マラリア」と呼ばれている。

当時38歳だった識名富さんは、避難先の白水（しらみず）で隣組ごとに避難小屋をつくることになり、「横が二間半か三間、縦が五間程のいたって粗末な茅葺きで、三角型の低い掘っ建て小屋でした」、「うちの隣組は年寄りと女、子供ばかりなので、小屋造りに困りました」と証言している。マラリアの治療には民間療法も用いられ、野生のバショウやヨモギを使ったほか、「両こめかみや、背中（肩）などに、かみそりを当てて瀉血」する、いわゆる「ブーブー」も行った。

やはり白水に避難した喜舎場苗さん（当時42歳）は「避難してしばらくたつ

と、あの小屋でもこの小屋でも、マラリア患者がつぎつぎに出ました」と証言する。当時13歳だった二女は「とうとうアメーバ赤痢まで併発して死んでいきました」。板がないために棺桶をつくることができなかったほか、多数が暮らす避難地では葬ることもできず、結局、避難地に近い集落の道のそばに埋めるしかできなかった。

八重山高等女学校1期生の黒島春さんは2年生だった1943年の2学期から飛行場作業に出るようになり、1945年4月からはほかの1期生とともに野戦病院に配置された。黒島さんは「野戦病院に運び込まれた患者は負傷兵より、マラリア患者が多かった」と証言する。野戦病院にはのちに2期生も配置され、1、2期生からもマラリア患者が出ている。1期生の崎山八重さんは終戦の直前に死亡した。

戦後75年となった2020年に発刊された潮平正道著『絵が語る八重山の戦争』（南山舎）では、戦争マラリアに苦しむ住民の姿などがモノクロの絵画で表現されている。戦時中の写真資料に限りがある八重山の戦争を伝えるうえで、同書は貴重な資料となっている。発刊以降、同書の原画展や座談会、読書会が都内で開かれたほか、感銘を受けた読者らの働きかけで増刷が実現するな

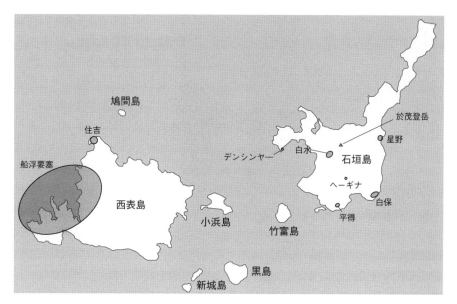

●─石垣・西表島周辺関係地図

（地図内ラベル：鳩間島　住吉　船浮要塞　西表島　小浜島　竹富島　新城島　黒島　デンシンヤー　白水　於茂登岳　星野　石垣島　ヘーギナ　白保　平得）

ど静かに反響が広がっている。

台湾疎開

　石垣島と、日本統治下の台湾との間では人やものが活発に往来した。雇用や学習の機会を求めて台湾へ渡った後、そのまま定住する人もいて、戦時中には疎開してくる親類や知人をサポートすることがあった。ただ、このように密接な関係があっても、1944年9月以降、政府の決定にもとづいて行われた台湾への疎開では、疎開に消極的な住民が少なくなく、公務員や地域の有識者らが範を示すために率先することになった。

　石垣島初の空襲は、米軍による那覇の十・十空襲があった1944年10月10日のことで、10月12日に本格的な空襲が行われた。八重山地方の攻撃は米英軍が担当した。同じ時期、台湾では台湾沖航空戦が行われ、これ以降、台湾では断続的に攻撃を受けることになった。

　台湾へ疎開した石垣出身者たちは、当初は安全に暮らすことができたが、台湾沖航空戦以降は、疎開地となっていた都市部が攻撃対象となることがあった。12歳で台湾に疎開し、台南州新営の製糖工場の社員寮で暮らしていた大嵩浩さんは、ともに疎開した友人が焼夷弾で焼け死んだ。その火葬は大嵩さんら疎開者たちの手で行われ、火葬に必要な木は、空襲で家屋が破壊されたところから調達した。

　台湾への疎開者はマラリアなどにも悩まされた。

　台湾到達前に銃撃を受けて遭難する

●—尖閣列島戦時遭難死没者慰霊之碑

疎開船もあった。尖閣諸島の魚釣島にたどり着いた人たちは、深刻な食糧不足に苦しんだ。当時24歳だった大浜史さんは「飢え死に寸前の人の体は青ぶくれして、目は開いたままで、銀バエがとまっているのに、まばたき一つせず、時々大きな呼吸をしています。しばらくすると、その人が死んでしまう」「自分の体も（中略）その死体と同じように手足が青ぶくれしているのです」「次は自分の番になっているのかと思いました」と証言する（尖閣列島戦時遭難事件）。

　台湾で終戦を迎えた沖縄出身者たちは、中華民国当局の指示を受けるなどしながら、引き揚げることになった。台南州に疎開した桃原幸さんは、終戦時の状況について「その後は役所も面倒を見てくれず、放置された」と振り返る。石垣島を含む先島の住民は、引き揚げ船が差し向けられるのを待たずに、私的に船を手配して台湾を離れるケー

スが少なくなかった。台湾北東部の宜蘭県蘇澳鎮から引き揚げた伊賀八重さん（当時40歳）は、台湾の知人に預かってもらっていた荷物を引き取るため、再び台湾へ向かうことにし、「与那国経由台湾行きの密航船に、もぐりこませてもらった」。石垣島の戦争は台湾と密接にかかわり、その様相は多岐に渡っていた。

　主に宮古出身者が乗り込んでいた台湾からの引揚船「栄丸」が1945年11月1日に基隆付近で遭難し、多数が犠牲になった「栄丸事件」では、八重山に向かう引き揚げ者も巻き込まれた。

　終戦から戦後まもなくにかけての間には、八重山の住民向けに台湾で米を確保する計画が実施されている。沖縄県属として計画の実施を担当した富田孫秀さん（当時29歳）によると、県八重山支庁は軍と交渉して徴用船10隻を輸送用に確保した。富田さんらは1945年8月25日に石垣港を出港し、蘇澳に到着した後、台湾総督府で保官と交渉し、蘇澳南方（蘇澳の漁港、「南方澳」と呼ばれる）で必要な量を受け取る手はずを整えた。ただ、実際に米を入手するまでには、戦後結成された自警団や旧日本軍の憲兵隊長などから承認を得る必要があり、石垣島へ米を運び込むのに約2か月を要した。石垣島へ米を輸送する船には台湾から引き揚げる疎開

者たちも乗り込んでいた。

空襲と石垣島事件

　石垣島には平得、ヘーギナ、白保という3つの軍用空港が設置されていた。整備作業では住民のほかに朝鮮人も動員された。平得飛行場の建築現場で経理事務を担当していた識名朝永さん（当時37歳）は「朝鮮から来た労務者は主として爆破工事にあたっていた。ゲッキツの小枝を柄にしたハンマーを振り上げ、ノミで岩石のところどころに穴をあけ、ダイナマイトを仕掛けるという作業があちこちで行われていた」「地元からの徴用も大勢おり、朝から夕刻まで多くの人々が働いた。学校の生徒も勤労奉仕というかたちで働いていた」と証言する。

　白保飛行場の補修は、地元の男性で編成された第506特設警備工兵隊が担当した。隊員は十分な装備が支給されないなかで作業にあたったことから「みのかさ部隊」と呼ばれた。野底宗吉さん（当時28歳）は「この部隊は武器はもちろんなく、軍靴もなく、手製の草履で間に合わせていた」「飛行場目当ての空襲は熾烈を極めた。毎日のように襲いかかる敵機の投下する爆弾や機銃掃射はものすごく、そのためタコ壺や防空壕に入ったり出たりで作業が進められた」と証言する。

　空襲が常態化するなか、1945年4月には米軍機1機が撃墜され、日本軍の

捕虜となった3人の米軍将兵が日本軍の兵士に処刑された（石垣島事件）。戦後の東京裁判では41人が死刑判決を受け、このうちの7人は減刑されずに執行された。死刑判決を受けた後、重労働5年に減刑された竹富町鳩間島出身の小浜正昌さん（当時17歳）は手記のなかで「同じ人間でも戦況下の人間は精神状態が異状になるのです。それは戦前の教育に問題があったのです。戦争は各国の事情で起しているのではない。精神状態の狂った人間をつくりだすことによって起しているのです。そういうことを私は学ばされました」と振り返っている。

戦後の自治と県内移民

　先島に軍政を施行するための「米国海軍軍政府布告第1のA号」は1945年11月26日に発せられたが、石垣島でこの布告が張り出されたのは12月23日である。終戦から4か月余り、住民がマラリア有病地帯への退避から戻って約半年が過ぎていた。

　この間、八重山では行政が機能せず、混乱が生じていた。警察官だった桃原用知さん（当時43歳）は「日本政府はもとより、県からの連絡もなく、政府出先機関の機能は停止し、無政府状態となって混乱が続いた」「一般住民も旧日本軍も食糧難で苦しみ、農作物の被害や牛馬の盗難（主に密殺して食用に供する）が頻発した」と証言する。1945年

12月15日、住民らが自治組織「八重山自治会」を発足させた。終戦直後に行われたこの住民自治は「布告第1のA号」が張り出されるまで8日間続いた。

　戦後の八重山社会は、沖縄全体が被った戦争の余波を受けながら形成されてきた。それを端的に表しているのは県内移民である。終戦から3年後の1948年、西表島（竹富町）の住吉地区に宮古島からの移民団が到着し、石垣島には1950年3月、大宜味村の移民団が星野地区に入植した。県内各地では戦後、外地から引揚者が続々と戻ってきたうえに、沖縄島では米軍が土地を接収したため、膨張した人口に見合うだけの土地が確保できなくなった。新たな土地を求めざるを得なくなった人たちの一部は、八重山に活路を見出そうとしたのである。　　　（松田良孝）

〔参考文献〕　石垣市史編集室『市民の戦時戦後体験記録　第1～4集』1983～85・88年、『沖縄県史　第10巻各論編9　沖縄戦記録』1989年、大田静男『八重山の戦争』南山舎、1996年

V
宮古・八重山

波照間島 ——戦争マラリアの悲劇——

　戦前、波照間島は半農半漁で生活を営む軍備のない島であった。

　1945年1～2月頃、山下虎雄（本名は酒井喜代輔）と名乗る青年が青年学校の指導員として赴任した。山下は離島残置諜者としての役割を持ち、その目的は島民を監視し、挺身隊を編成して訓練を行い、ゲリラ戦を展開することだった。

　3月下旬、島にマラリア有病地である西表島への疎開命令が伝えられると山下は指導員から軍人へと変貌を遂げる。マラリアを恐れて疎開に反対する島民を抜刀して、ねじ伏せていった。

　4月8日、島民たちの西表島疎開が始まった。場所は西表島南東部の南風見田を中心に東部の古見・由布島だった。

　梅雨入り後、マラリア菌を持つ蚊が増え、マラリア患者が増加していった。

　7月30日、増加するマラリア戦没者に危機感を持った波照間国民学校の識名信升校長は、石垣島に渡り宮崎武之旅団長に帰島を直訴した。旅団長から帰島の許可を得た識名は山下に帰島許可を得たことを伝え、帰島を拒否する山下に対し「斬るなら私を斬れ」と立ち向かった。

　8月7日から帰島が進められた。最後の班が帰島したのは終戦後であった。帰島前、識名は南風見田の浜にある岩に「忘勿石 ハテルマ シキナ」と刻んだ。マラリアで亡くなった生徒の死を悼み、強制疎開で島民が亡くなった事実を忘れては

いけないという思いを込めたという。

　帰島すると、約4か月の疎開で島は荒れ果て、食料不足も起因しマラリアによる死者が続出した。一家全滅する家や嫁だけを残して嫁ぎ先の家族全員が死亡したなどの証言がある。大山チエさん（当時22歳）は「どこの家庭でもマラリアに震え、苦しさの余り、うめき声と、ざわめきの声、それに泣き叫ぶ声が島全体を包み、地獄さながら」であったと語る。

　波照間島では、当時の人口1590人中99.81％にあたる1587人がマラリアにかかり、477人が命を落とした。地上戦や空襲などによる被害がないにもかかわらず、3割の島民が命を落とした。

（保久盛陽）

〔参考文献〕『竹富町史 第12巻資料編 戦争体験記録』1996年

●—南風見田の浜に刻まれた「忘勿石」（南風原文化センター提供）

竹富町

187

沖縄の外での戦争体験——中国・東南アジア

・多くの沖縄出身者が軍人や通訳などとして侵略戦争に参加
・侵略戦争の経験が沖縄戦に跳ね返ってきた
・「沖縄戦」と「移民の戦争体験」では語られない沖縄の人々の戦争

兵士になった沖縄の人々

　日本は中国や東南アジア、太平洋地域への侵略戦争をおこない、その最終盤でおきたのが沖縄戦である。その戦争には沖縄も日本の一員として参加し、多くの沖縄出身者が兵士や占領要員として戦地・占領地などに出ていった。

　沖縄の外で戦争に参加した沖縄出身の軍人はどれくらいいたのだろうか。残された断片的なデータは表のようになっている。沖縄で徴兵検査を受けた者の現役入営率は1935年度が24.5％、1937年度が31.4％となっている。1935年度以降の現役召集者が日中戦争に関わっているとみられ、彼らは1943年度までは基本的に沖縄の外で従軍している。沖縄だけのデータがないが、徴兵検査を受けて現役召集された全国での比率は日中戦争前が20％程度、1937年度に25％、1938年度には46.9％に急上昇し1940～43年度は50％台である。この全国の比率をあてはめると1935～43年度の間に沖縄で現役召集された者は概算で2万人余となる（志願兵は除く）。

　一度兵役から戻ってきて予備役になってから再度召集された者は数字が残っており、沖縄では1937～43年度で計1万5042人である（『支那事変大東亜戦争間動員概史』）。ほかに志願兵などを含めると沖縄外で軍人として従軍した者は4万人かそれを超えるとみられる（その一部は戻ってきて沖縄戦に巻き込まれている）。

　そうした軍人の戦死者は、八重瀬町を例にとると地図のように日本軍が占領した広範な地域とほぼ重なっている。日本が侵略したほぼ全地域に沖縄出身兵も送り込まれているといえる。

　当時の沖縄県の人口は約60万人、うち男は28万人ほどなのでその割合はかなり多い。しかし移民として海外に出てサイパンやフィリピンなどで戦争に巻き込まれた人たちの体験は比較的に取り上げられているが、沖縄外で軍人として戦争に参加した人たちの体験はいくつかの証言を除いて、ほとんど取り上げられてこなかった。

年　度	徴兵検査受検数	甲種	第一乙種	第二乙種	丙種	丁種	戊種	入営者
1937年度	6240	2030	994	1510	1283	411	12	1962(107)
1936年度	5913	1518	609	1228	1765	790	3	——
1935年度	5243	1358	545	938	1685	716	1	1282(100)
1934年度	6533	1530	672	1259	2077	988	7	——
1933年度	5871	1382	624	1087	1843	932	3	——

沖縄県総務部統計課『沖縄県勢要覧』昭和12・14年版より作成。
入営者には志願兵は含まない。入営者の括弧内は海軍。

●—八重瀬町出身軍人の海外での戦死地図（『八重瀬町史 戦争編』2022年）

沖縄戦につながる侵略戦争の体験

日本の侵略戦争の体験が沖縄の人々にも深刻な影響を与えていた。

「中国大陸から帰ってきた在郷軍人の人たちから、日本軍が、支那人を『チャンコロ』と呼んで、大変ひどいことをしてきた話をきいて、軍隊というのは、非常に恐ろしいもんだと思っていました。それで、沖縄にアメリカ軍が上陸してきたら、私らはアメリカ兵に日本軍が支那人にやったような目に会わされるんではないかと思っていました」と平安座島の玉栄ヤスさん（当時36歳）は語っている。

「私たち女子青年たちは、米兵に捕まったら若い女性は強姦される、というような話を壕掘りなどの作業に出ている時にも兵隊たちからよく聞かされていました。

だから米兵に捕まる前に死ねればいいのだけれど、生き残ってしまった場合は大変なことになると思って、救護班の役目だけでなく、兵隊と同じように弾運びや斬込みにも行きました。特に中国帰りの兵隊たちが、生き残ったら強姦されるから斬込みにも協力しなさいと言っていました。日本兵が中国の人たちを強姦した話は支那事変の帰還兵だった伊江島出身のゲンエイさんが『若い人は皆強姦されよった』と話していましたから、これ聞いて、生き残ったら大変と思い、早く死なないといけないと思っていました」と伊江島で女子救護班だった大城シゲさん（当時17歳）は証言している。日本軍の残虐行為の経験を女性たちの戦時動員に利用し、さらには住民であっても米軍に捕まることを許さず「集団自決」に追い込むことに利用された。

　1937年7月に始まった日中戦争はその後、長期化するが、そのなかで当初から従軍していた兵士が1939年から1940年にかけて召集を解除されて大量に沖縄に戻ってきた。特に1940年4月には新聞で報道されているだけでも何回かに分けて計800人以上が帰還し、那覇港では県や軍、各種団体など多数の県民が歓迎式を行い、波上宮に参拝、沿道では中学小学生たちが日の丸を振って万歳で迎えた（『琉球新報』）。こうした従軍兵士の武勲を称える儀式が繰り返し行われると同時に戻ってきた兵士たちの中国での体験が—残虐行為を公然と話すことは警察の取り締まりの対象になったが—秘かに人々の間に広まっていくことになった。

侵略戦争に参戦した兵士たち

　沖縄出身兵にとどまらず多くの日本兵の証言によると、彼らが中国に送り込まれて最初にやらされたのが、捕まえてきた中国人を銃剣で刺殺する訓練だった。1941年に熊本で入隊した喜友名朝惟さん（1920年生）は「縛った支那人捕虜」を銃剣で「突き刺す訓練」をやらされた。

　1937年から3年間華北に派遣された小波津正雄さん（当時33歳）は、ある集落で8人の青年を引っ張り出してきて田んぼに並べて日本刀で首を刎ねたこと、「青年たちの手足を縛り上げて転がし、藁を少々かぶせて火をつけ、死ぬまで焼いたりもした。さらに、竹の先を火に焙り、そこに油を塗った竹槍で、裸にした現地の青年を何分で殺せるか試したりもした」など「実に野蛮で、残酷な振舞いをした」ことを語っている。

　糸村昌光さん（1912年生）は、「敗残兵を捕まえて手を後ろにしばり、並べて座らす。それにガソリンをかけて、紙に火をつけ投げる。すると3分ほどで焼け死んでいた」という出来事を語っている。

中国人の民家からの略奪は広く行われていた。神谷信助さん（当時31歳）は、山羊や牛、鶏など「現地住民の物を盗って食べていた」、「薪は、支那人の家を壊して使っていた」、敗残兵に利用されないように「片っ端から家を焼くこともあった」と語っている。

ここで紹介した証言者は自らは行わなかったようだが、日本軍の

●―慰問袋を送る国防婦人会（津嘉山）の女性たち（『南風原町史 第3巻戦争編ダイジェスト版』2004年）

一員であれば沖縄出身かどうか関係なく、こうした行為を行うか、見て見ぬふりをしていた。

沖縄出身者が多く入隊していた熊本の第6師団は南京虐殺を行った部隊だったし、久留米の第18師団はマレー半島南部ジョホール州で1942年3月に華僑粛清を行い多数の中国系住民を虐殺したことが知られている。台湾に移動して沖縄戦のときはいなかったが、一時期沖縄に配備された第9師団も南京虐殺に参加していた。この南京虐殺には沖縄戦の第32軍司令官牛島満が第6師団歩兵第36旅団長、第32軍参謀長長勇は中支那方面軍兼上海派遣軍参謀として参加していた。

兵士として出征する青年に対して地域の住民は村を挙げて壮行会・激励会を開催し、「祈武運長久」と書かれたタスキと千人針の腹巻を着けさせ、村長などが激励のあいさつを行い、日の丸を振り軍歌を合唱して送り出した。戦地の兵士たちには郷里の団体幹部や町村民、小学生などから激励の慰問文や慰問袋が送られた。

戦死者に対しても遺骨が帰ってきた那覇港の岸壁で県や諸団体、学校生徒たちによる慰霊祭が行われ、さらに郷土の村では村長をはじめ校長、生徒、村民多数が列席して国民学校で町葬・村葬が行われた。なお太平洋戦争が進むにつれ、遺骨は戻らなくなり、壮行会や歓迎会も行われなくなる。

壮行会や慰霊祭、歓迎会での武勲を称賛する関係者のあいさつが本音を語っているとはいえないかもしれないが、こうした一連の行事を通じて、国のために命を捧げることが称賛され、その意識が特に青少年に刷り込まれていった。他方で、出征する兵士にとっては武勲をあげなければ郷里に帰れないという圧力となり、捕虜になることを躊躇させることにもなったのではないだろうか。

戦犯として裁かれた沖縄出身者

　戦後、さまざまな残虐行為に関わったとして連合軍によって戦犯として裁かれた沖縄出身者もいる。法務省史料によって本籍が沖縄とされている者が27人確認できる（以下、国立公文書館所蔵史料より）。

　戦犯になった沖縄出身者をみると、憲兵や海軍特別警察隊（海軍の憲兵）の曹長・軍曹らが８人いる。インドネシアのハルマヘラ島の憲兵分遣隊長は島民数十人を憲兵隊長の命令にもとづき、彼が現場指揮官となって銃殺した事件で死刑になった。この裁判の日本人弁護士は戦後に記した記録で「訴因調書面よりして此の結果もやむを得ぬものと思惟す」と記している。ほかの憲兵も捕らえた者を棍棒で殴ったり電気刑や水攻めで「酷刑を加えた」など拷問を行い死に至らしめた罪で裁かれている。

　軍人ではないが憲兵隊の通訳も何人かいる。取り調べの通訳にあたった際に憲兵と一緒に暴行拷問を加えることもあった。憲兵による拷問は中国や東南アジア各地で非常に悪名高く、棒による殴打、さかさまに吊り下げての殴打、水責めなど——日本国内や朝鮮台湾での特高警察による拷問と同じように——残虐なものだった。

　南方の軍政要員として派遣された警部が３人裁かれている。セレベス島などで憲兵隊の特高係だった警部は捕らえた者に拷問を加えて殺したことなどの罪で死刑になった。この警部は沖縄の師範学校を卒業、東京の警視庁警部になってここに派遣されてきていた。ボルネオ島の警察署長であった警部はスパイ容疑で捕まえた者たちを、連合軍が上陸してきたために撤退する際、裁判抜きで銃剣や拳銃で処刑した。ほかに多数に拷問を加えたこともあって死刑になった。また東京で警察官だった者はマレー半島で警察署長を務めていたときに３人の民間人を虐待致死させたことで死刑になっている。

　ほかに監督していた現地労務者やインド人労務者を、あるいは捕虜収容所の警備員などが捕虜を虐待し死亡させたことなどで裁かれている。

　こうしたＢＣ級戦犯裁判については上級将校が責任を逃れたなど議論の余地が残るケースもあるが、そうした残虐行為が日本軍によって各地で行われ、そこに沖縄出身者も関わっており、時には残虐行為の実行者であったことも否定できない。

忘れられたある青年の体験

　沖縄の離島出身のKさんは、父の借金を払うために前金と引き換えに4年契約で漁師として12歳ごろにセレベス島に来た。子どもの人身売買だったと思われる。その後、現地の女性と結婚し3人の子どもをもうけた（終戦時、4歳から0歳）。そこに日本軍がやってきて海軍特警隊の通訳に駆り出された。戦後、オランダの戦犯裁判によって13件の暴行虐待行為で起訴され終身刑の判決が下された。住民を木に縛って棒で殴る、火のついたタバコを押し付ける、水責めなどの暴行が起訴状には列挙されている。

　Kさんは判決直後に書いた「特赦申請書」のなかで「上の者に命ぜられた事を命ぜられた通りやるより外仕方がありませんでした。その為拷問も仕方なくやりましたが実に実に嫌な気持で致しました」と書いている。彼は日本に送還されるが肺結核にかかり国立中野療養所に入院した。その時に釈放の嘆願書を書き、「私は私のなした戦争犯罪行為を否定するものではありません。確かにこれらの行為をなした事を認め心から詫びる気持ちではあります」としたうえで、「当時の占領日本軍の常識としてある程度の残酷な取調をしなければ取調べとは見られず、かえって敵に組する行為とすら見られる状況であった事も認めて戴きたいのです」と述べ、また上官の責任が転嫁されたと訴えている。

　彼の裁判では上等兵曹も裁かれているが、通訳という末端ではなく将校や下士官らこそが裁かれるべきだったといえるだろう。ただ彼も日本軍の一員としてその残虐行為に加担させられ実行していたのである。

　彼には郷里の沖縄に高齢の両親、セレベスには妻と3人の子どもがおり、彼らに会いたいと切々と訴えている。しかし嘆願書を書いたとき、かれは重い肺結核にかかっていたようでその願いはかなわなかったと推察される。

　このKさんのような存在は、沖縄戦の記録・記憶からも移民の歴史からも漏れ落ち、歴史の闇に葬られてきた。沖縄という地域でおきた戦争だけでは、沖縄の人たちの戦争を語りつくすことはできない。　　　　　　　　　　　　　　　　（林　博史）

〔**参考文献**〕　『沖縄県史　第10巻沖縄戦記録2』1975年、『伊江島の戦中・戦後体験記録』1999年、北谷町『戦時体験記録』1995年、『西原町史　第3巻資料編2　西原の戦時記録』1987年、『北谷町史　第5巻資料編4　北谷の戦時体験記録』1992年、『東風平町史　戦争体験記』1999年

県・市町村史（地域史）の編集に関わって

県史との出会い

　復帰の年、久米島の自宅に沖縄史料編集所の大城将保さんが訪ねて来た。沖縄県史『沖縄戦記録2』の編集で、久米島の聞き取り調査のために来島したのである。大城さんはオープンリール式テープレコーダーを携えていた。来訪の目的は聞き取り対象者を紹介してほしいとのことだった。この年の久米島は、沖縄戦時に20名の住民を虐殺した鹿山正兵曹長の「悪いことをしたとは考えていない」「日本軍人としては当然のことをやった」という発言に対して憤りと怒りの声が溢れていた。赴任したばかりで体験者を紹介することはできなかった。大城さんは、「宮古と八重山では学校の先生が中心となって聞き取り調査をしている」と言う。この時、機会があれば聞き取り調査に参加したいと正直思った。

　その後、1971年に発刊された沖縄県史『沖縄戦記録1』を手に入れ、数日かけて熟読した。200名余の証言の生々しさとリアルさに圧倒された。証言者には沖縄戦当時の青壮年世代が多かった。

　その沖縄県史『沖縄戦記録1』の編集方針については専門部会でかなり議論されたらしい。これまでの沖縄戦体験記の大部分が砲煙弾雨のなかの戦争体験に限定され、不正確な記述が多いことや犠牲者を「殉国美談」として描かれていることに対する疑問、住民が描かれていないなどが議論された。結果、編集方針として住民視点を置き、庶民の戦争体験を聞き取り記録するというオーラル・ヒストリーの調査手法がとられた。オーラル・ヒストリーの手法は、東京をはじめ全国的な空襲・戦災を記録する運動からの影響があった。手記（体験記）を依頼することも考えたらしいが、その人にとって公表したくない部分は書かないのではということで、座談会形式の聞き取り方法をとり、あとで参加者を個別に委員が聞き取り、テープレコーダーで録音し、文字起こしした。文章が書ける体験者より、無名の庶民の体験を掘り起こし、記録するというやり方はその後の市町村史の沖縄戦記録に大きな影響を与えた。

県史をつくる

　1994年に旧県史で触れられていない時代や分野を新たに編集する新沖縄県史の

事業がスタートした。刊行計画で
は最初の刊行予定が沖縄戦編で
あった。旧県史では住民証言を収
録しているものの、論述編は刊行
していなかった。新県史では、沖
縄県史『沖縄戦記録1』『沖縄戦記
録2』刊行以後、沖縄戦研究が進
み、その成果を取り入れることが
期待された。

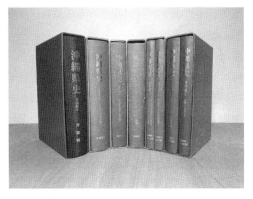

●—沖縄戦を扱った新沖縄県史

　同年に発足した沖縄戦専門部会
の委員に委嘱された。それから
1996年 まで委員のひとりとして沖縄戦編の内容や構成の議論に参加した。結果、
『沖縄戦への道』『沖縄戦の経過』『沖縄戦の実相』の3巻にすることを編集委員会
に提案し、了承された。ほかの専門部会でも複数巻発刊することが提案されてい
た。部会では、最初の発刊として1997年に沖縄戦編の『沖縄戦への道』を予定し、
内容や構成、執筆者の選考を行った。

　1996年には出向で県史編集を業務とする史料編集室に勤務した。早速、『沖縄戦
への道』の編集、刊行に取り掛かろうとしたが、未提出原稿が多かったため、こ
の年は原稿催促に追われた。何とか1997年に刊行するつもりであったが、提出さ
れた原稿が「沖縄に触れていない」「研究を踏まえていない」「論理に一貫性がな
い」「内容面で問題がある」ということで県史に耐えられないと判断し、この原稿
での刊行を断念した。このことは室内会議、専門部会、編集委員会でも審議され
た。結果、刊行断念は認められ、同時に沖縄戦を含めた各論編は一巻とすること
も決定された。

　沖縄戦部会はしばらく休会にして、2005年に新たな専門部会を立ち上げた。部
会では発刊時期や編集計画を議論し、論述編発刊の前に沖縄戦に関する資料編を
発刊することも確認した。防衛省防衛研究所戦史センターで第32軍関係史料の収
集、さらに市町村が所蔵している戦争関係史料の調査・収集を進めた。沖縄戦で
ほとんどの史料は焼失したと思うが、意外に残っていた史料は少なくなかった。

　その後、史料編集室勤務から離れたが、沖縄戦部会の部会長として、資料編と
論述編の内容と構成の話し合いを進めた。収集した史料を全部掲載すると、資料
編が4、5巻程度になってしまうので、軍事関係に絞ることにした。その軍事関係で
も全部を掲載することは難しく、そこで①住民の視点から沖縄戦の実相がわかる

史料、②日本軍の住民観がわかる史料、③第32軍の沖縄作戦が具体的にわかる史料の3点を選択基準にして編集し、発刊したのが『沖縄戦日本軍史料』である。

次に論述編である。論述編の内容や基本構想についても資料編の取り組みと同時並行的に議論した。できるだけ多くの若い世代が執筆に参加できるように72の項目を設定した。執筆者には30～40代の若い研究者を含め37人が参加した。沖縄戦研究を若い世代に繋ぐことも継承のひとつである。そして、「最新の沖縄戦研究の成果をふまえて論述する」「県史・市町村史の蓄積と成果をふまえて論述する」「住民視点、住民証言を大事にして論述する」の3点を執筆の目安にした『各論編6 沖縄戦』を2017年に発刊することができた。

発刊の反響は大きかった。販売の300冊は1週間で完売、予約が殺到したため急遽250冊増刷したがこれも数か月で完売、さらに予約者が多くいたので次年度の予算で800冊増刷した。県史として有償販売数が1350冊というのは異例のことである。このことは沖縄戦の実相を知りたいという多くの人々の意識の表れである。

地域史との出会い

地域史（県・市町村史）との出会いは、1978年に設立された沖縄県地域史協議会（以下、沖地協）が主催した1982年の地域史シンポジウムで、当時沖縄で「沖縄の歴史」をカリキュラム化していた知念高校での実践を発表した。テーマは「地域をみつめ、地域文化の創造主体となるべく地域学習」であった。

沖地協に関心を持ったのは、当時地域の歴史文化を掘り起こし教材化する、すなわち地域に根ざした教育をすることを心掛けていた筆者の教育方針に沖地協の取り組みが合致していたからである。地域史担当者の実践と経験の交流、情報交換の場として毎年行われた宿泊研修には可能な限り参加した。そこで担当者の地域愛や地域史づくりへの情熱に触れ、機会があれば地域史づくりに参加したいと心底思った。

地域史をつくる

市町村史の沖縄戦編では、一般的に「沖縄戦への道」「要塞化した沖縄」「根こそぎ動員」「疎開、避難」「戦場となった地域」「戦死状況」「収容所からの帰村と復興」などの章立てをしたうえで、専門委員会で「地域の沖縄戦の特徴」について議論し、資料の掘り起こしや聞き取り調査を行うことによって地域の特徴を抉り出す。執筆・編集作業・発刊までに5～10年を要する。ここでは筆者が関わった市町村史沖縄戦編の特徴を簡単に紹介する。

豊見城村史（現在は豊見城市）は、沖縄戦当時沖縄海軍根拠地隊（海軍）がいた地域であるため、「海軍電報」などの海軍関係資料の調査収集、それに海軍壕や陸上自衛隊那覇駐屯地・航空自衛隊那覇基地に残る海軍関係の戦争遺跡の調査を実施し、その成果を掲載した。また、事務局の熱心な努力により質の高い証言も収められている。さらに、「沖縄県民斯ク戦ヘリ」の電文を発した大田実海軍司令官の長男大田英雄さんの「父、大田実、あれこれ」と題した特別寄稿も収めることができた。

　玉城村史（現在は南城市）は、字（集落）ごとに調査員を配置し、字別に聞き取り調査や世帯ごとの被災調査などを行い、結果字ごとの「戦時概況」「各世帯被災状況（表）」「身分・戦没地別にみた各字の戦没者数（グラフ）」「玉城村における避難壕・陣地（マップ）」というように地域調査の成果や地域性をおびた証言が収められている。

　北中城村史は、『証言編』2冊、『論述編』1冊の3分冊として発刊。『証言編』には、「データでみる北中城村の戦災状況」、屋号別の「戦災調査表」、戦没者・日本軍利用住宅・住民避難場所・日本軍陣地が収められた「屋号地図」、字ごとの「概況」、証言が収録されている。また、米軍の軍政要員として島袋収容所の管理運営にあたったトーマス・マーフィンの「戦闘日誌」を翻訳して掲載した。これまであまり知られてなかった民間人収容所の管理や運営などを初めて明らかにした。

　与那原町史は、1941年に設置された中城湾臨時要塞部隊の実態を「陸軍省・密大日記」と証言によって、与那原の浜田兵舎には陸軍兵が兵営生活をし、与那原が「軍都」と化したことや中城湾に連合艦隊が寄港し海軍兵が与那原に上陸したことも明らかにした。

　南風原町史は、新しい試みとして「戦争遺跡」「碑」「歴史資料」「写真」などの「モノから見る南風原の沖縄戦」を描いた。それは南風原町が沖縄陸軍病院南風原壕の保存公開や町内の戦争遺跡の調査を先駆的に取り組んでいることや南風原文化センターでの展示物との関連がある。また、専門委員や執筆者に多くの若者を登用したことも特筆すべきことである。

　沖縄市史は、米軍上陸地に隣接する地域の沖縄戦の実相を明らかにした。なかでも米軍上陸の4月1日から3日の間の住民の動きを住民証言・日本軍史料・米軍史料を駆使して具体的に描いたことや「キャンプ・コザ」の実態を明らかにしたこと、また新しい試みとして平和の礎のデータを分析して「市民の戦争体験」を描いたことも特筆すべきことである。

●—沖縄戦編各市町村史

南城市史は、資料編ではあるが、文字資料だらけの資料編とは違い、資料に証言や記録を織り交ぜながら立体的に編んだ。海軍関連の施設である「中城湾需品支庫」の実態を「海軍省・公文備考」で明らかにした。また、日本軍史料（陣中日誌）や米軍史料によって知念半島に配備された部隊や戦闘状況、さらに百名収容所についても明らかにした。さらに、一般疎開についても資料や証言をもとに浮き彫りにしたことは特筆される。

久米島町史は、資料編として発刊した。戦時中の記録である「警防団日誌」「具志川村役所日誌」「久米島戦争記 吉浜智改」などや米軍史料、それにはじめて行政が聞き取りした証言を掲載した。さらに、鹿山正兵曹長による住民虐殺がクローズアップされた1972年の新聞記事・国会論戦・抗議文も収録した。

中城村史は、資料編と証言編（２冊）計３冊発刊した。資料編では米軍史料で中城村一帯の戦闘を描きつつ、161.8高地陣地の構造や上原地区が宜野湾の嘉数高地より早く日米両軍の本格的な戦闘があったことを明らかにした。また、久場崎港が主な引き揚げ港である関係上、引き揚げに関するまとまった資料を初めて収録したことは市町村史では初めてである。

恩納村史は、論述編・証言編・資料編の３部構成として発刊した。南部のガマの戦争に対して恩納村を含む北部は山の戦争と言われている。恩納村民、避難民、護郷隊などがひしめいていた恩納岳の戦争を日本軍資料・米軍史料・証言によって明らかにした。

八重瀬町史は、論述編・証言編・資料編の３部構成として発刊した。南部での市町村史（戦争編）では最後の発刊である。戦場での追い詰められた住民の動きを日本軍史料・米軍史料、それに証言によって描いている。また、平和の礎のデータを時期別・村別・字別などの戦没者状況を地図上に落とし込み可視化したことは新しい手法と言えるだろう。

若者による地域の沖縄戦戦災実態調査

2000年頃までの市町村史は、各字に聞き取りの調査員を配置し、戦前あった家

の家族調査を行った。その結果、家族別の被災表、さらに字別の戦災実態表や日本軍の陣地や民家の利用などを表や地図に表した。結果、家族や字の戦争体験はそれぞれ異なることを明らかにした。この時期、ほとんどの家庭に体験者がいたからこうした調査が可能であったが、2000年代以降は体験者の減少により字別戦災調査は不可能になった。

●—南風原町の字別沖縄戦戦災調査報告書

そこで、1983〜96年に取り組まれた南風原町の字別沖縄戦戦災実態調査を紹介する。この調査は南風原町の事業として地元の高校生らが中心になって実施された（筆者は調査責任者）。

調査は、調査員が体験者と向き合い、「調査表」にある項目を質問し、記入する。「調査表」には、避難路の地図、沖縄戦直前の家族構成（名前・年齢・性別、軍人・防衛隊・学徒隊など軍との関わり、疎開、戦死日・場所）、軍の家の利用や徴用・供出、写真などの遺留品、弾痕のある石垣や樹木などの項目がある。

調査は原則3人1グループで行う。戦前あった家を一軒一軒回る。アポは取らず、インフォマントの家を訪ねる。地元の若者が調査しているため断る家はなかった。むしろ歓迎する家が多かった。調査が終わったら、「屋号地図」に調査済みの印をつける。沖縄では同じ字には同姓同名が多い。戦前の人は屋号を冠して名前を呼ぶことが一般的である。したがって「屋号地図」は悉皆調査には必要である。必ず調査対象の家の屋号を記入する。数軒の調査が終わったら、記録された「調査表」をもとに点検と学習の場を持つ。誤記などあったら確認のためインフォマントの家を訪ねる。詳しい証言を取るときも訪ねる。

ひとつの字の調査に半年、報告書作成に半年。2年かかった字もある。報告書が完成したら、調査した家に配布する。字によっては報告会も催した。14年間かけて南風原町にある12の字の調査が終了した。調査に参加した若者は延べ130名であった。前例のない取り組みだった。若者による地域の字別沖縄戦戦災実態調査は県内で高く評価され、その成果は南風原町の沖縄陸軍病院南風原壕の町文化財指定や南風原文化センターの展示、南風原町史の編集につながった。

字別沖縄戦戦災実態調査は、地域の沖縄戦を掘り起こす運動であった。地域の

住民に地元や身近な人の戦争の「記憶」を認識させるようになった。同時に、調査に参加した若者が体験者と向き合うことで、「リアルな沖縄戦」「教科書で学べない沖縄戦」を学び、自分事として考え、継承の決意を表す取り組みでもあった。さらに、調査の成果は、字別の悉皆調査をしたことで、疎開・避難・戦死率などが字によっても異なることを示したことやその背景、日本軍の駐屯状況、軍の住民への徴用や供出の強制などの実態、すなわち南風原の沖縄戦の実相を明らかにした。

証言・資料、戦争遺跡

市町村史では証言を重視する。証言は地域の沖縄戦の特徴を浮き彫りにする。したがって証言を調査して収録することは絶対に欠かさない。これまで市町村史が記録した証言は数千点に及ぶ。

一方では記録された資料である地域資料や「陣中日誌」を中心とした日本軍、米軍史料も証言を裏付けし、地域の戦争を明らかにするうえで欠かせない。

また、地域の人々に読まれるためには沖縄戦の写真は欠かせない。幸いなことに沖縄県公文書館には米軍撮影の写真約1万余点が所蔵されている。しかも自由に使用できる。近年の地域史にはこれらの写真が多用されている。

2000年代の市町村史には戦争遺跡の項目が入るようになった。それ以前の市町村史では戦争遺跡はあまり注目されていなかった。しかし、近年は体験者の減少（2022年には1割を切っている）によって、沖縄戦の継承が「人からモノ」に移りつつある。地域には多くの戦争遺跡が残っている。沖縄県埋蔵物文化財センターの調査による『沖縄県の戦争遺跡』では中城村に2件の戦争遺跡が確認されたが、村独自の調査による『中城村の戦争遺跡』では77件の戦争遺跡が確認されている。戦争遺跡を調査して掲載した南城市史・久米島町史・恩納村史・八重瀬町史でも中城村と同じことがいえる。地域にある戦争遺跡は、身近な地域の戦争遺跡をフィールドワークし、地域の戦争を学ぶことができる。

地域史の課題

市町村史沖縄戦編の発刊は反響が大きい。販売用はアッという間に完売する。すぐに在庫がなくなる。1970年代から2000年代の前半に発刊した市町村史は在庫がない状態である。すぐにでも再販もしくはリニューアルして発刊する必要がある。こうした市町村史による記録は沖縄の財産であり、これからの沖縄戦継承のカギとなる。

市町村史は発刊したら終わりではない。始まりであるという認識を持つ必要がある。現在、その活用が強く求められている。

　さらに、市町村史の編集を担っているのが、身分が不安定で低賃金の会計年度任用職員（非正規職員）がほとんどである。このことは昔も今も変わっていない。熱意を持って地域史の調査・編集に携わるが、慣れた頃には大体は雇止めになる。雇用期間は市町村によってバラバラだが5年が多い。安定した雇用の制度をつくる必要がある。　　　　　　　　　　　　　　　　　　　　　　　　（吉浜　忍）

県史・市町村史・字誌戦争編リスト

県 史
県史第 8 巻沖縄戦通史(1971)／県史第 9 巻沖縄戦記録 1 (1971)／県史第10巻沖縄戦記録 2 (1974)／県史資料編 1 民事ハンドブック 沖縄戦 1 (和訳編)(1995)／県史資料編 3 米国新聞にみる沖縄戦報道 沖縄戦 3 (1997)／県史資料編 4 10th ARMY OPERATION ICEBERG 沖縄戦 4 (1997)／県史資料編 9 MILITARY GOVERNMENT ACTIVITIES REPORTS 現代 1 (2000)／県史資料編12 アイスバーグ作戦 沖縄戦 5 (2001)／県史資料編14 琉球列島の軍政1945-1950 現代 2 (2002)／県史資料編20 軍政活動報告 現代 4 (2005)／県史資料編23 沖縄戦日本軍史料 沖縄戦 6 (2012)／県史各論編第 6 巻沖縄戦(2017)

市町村史	
那覇市	市史 資料篇 第 2 巻中の 6 戦時記録(1974)／資料篇第 3 巻の 7 市民の戦時・戦後体験記 1 戦時篇(1981)／資料編第 3 巻の 8 市民の戦時・戦後体験記 2 戦後・海外篇(1981)
豊見城市	村史第 6 巻 戦争編(2001)
南風原町	町史第 3 巻南風原が語る沖縄戦 戦争編ダイジェスト版(1999)／町史第 9 巻戦争編本編 戦世の南風原―語るのこすつなぐ(2013)／南風原陸軍病院壕―保存・活用についての答申書(1996)／もうひとつの沖縄戦 南風原の学童疎開(1991)
与那原町	与那原の学童集団疎開 体験集(1995)／資料集(1998)／町史 戦時記録編 与那原の沖縄戦(2011)
南城市	知念村史第 3 巻戦争体験記(1994)／佐敷町史 4 戦争(1999)／玉城村史第 6 巻戦時記録編(2004)／南城市の沖縄戦 資料編(2020)／南城市の沖縄戦証言編 大里(2021)
八重瀬町	東風平町史 戦争体験記、戦争関係資料(1999)／町史 戦争編(2022)
糸満市	市史資料編 7 戦時資料上巻(2003)／下巻(1998)
読谷村	村史第 5 巻資料編 4 戦時記録上巻(2002)／下巻(2004)
沖縄市	市史資料集・5 インヌミから 50年目の証言(1995)／市史資料集・6 美里からの戦さ世証言(1998)／市史第 5 巻資料編 4 戦争編 冊子版・CD版(2019)

うるま市	具志川市史第 5 巻戦争編 戦時体験Ⅰ・Ⅱ(2005)／勝連町の戦争体験記録(2006)
嘉手納町	町史資料編 5 戦時資料 上(2000)／資料編 6 戦時資料 下(2003)
北谷町	北谷町史第 5 巻上下 資料編 4 北谷の戦時体験記録(1992)／戦時体験記録(1995)
北中城村	村史第 4 巻 戦争・論述編、戦争・証言編(2010)
中城村	村史第 4 巻戦争体験編(1990)／中城村の沖縄戦 資料編・証言編上下(2022)／ガイドブック 中城村の戦争遺跡、中城村の戦跡マップ(2020)
宜野湾市	市史第 3 巻資料編 2 市民の戦争体験記録(1982)／第 8 巻資料編 7 戦後資料編Ⅰ 戦後初期の宜野湾(2008)
浦添市	市史第 5 巻資料編 4 戦争体験記録(1984)
西原町	町史第 3 巻資料編 2 西原の戦時記録(1987)
大宜味村	新大宜味村史 戦争証言集「渡し番―語り継ぐ戦場の記憶―」(2015)
伊江村	伊江島の戦中・戦後体験記録：イーハッチャー魂で苦難を越えて(1999)
名護市	語りつぐ戦争 第 1 ～ 4 集(1985～2021)／市史本編・3 名護・やんばるの沖縄戦(2016)／名護・やんばるの沖縄戦 資料編 1 写真から見る名護の沖縄戦(2017)／資料編 2 沖縄戦時下における名護・やんばるの疎開と関係資料(2018)／資料編 3 米軍政府と民間人収容地区1945-1946年 名護・やんばるを中心に(2019)／私たちのまちは戦場だった―おじぃ、おばぁが見た沖縄戦(2022)
宜野座村	村誌第 2 巻 資料編 1 移民・開墾・戦争体験(1987)
金武町	町史第 2 巻戦争編 本編・証言編・資料編(2002)
恩納村	村史第 3 巻 戦争編(2022)

座間味村	村史下巻 戦争体験記（1989）
久米島町	久米島町史 資料編1 久米島の戦争記録（2021）
宮古島市	城辺町史第2巻戦争体験編（1996）
多良間村	島びとの硝煙記録 多良間村民の戦時・戦後体験記（1995）
石垣市	市民の戦時・戦後体験記録 第1〜4集（1983〜1988）／平和祈念ガイドブック ひびけ平和の鐘（1996）
竹富町	町史第12巻資料編 戦争体験記録（1996）
字　誌	
読谷村	楚辺誌 戦争編（1992）／渡具知誌 戦争編（1996）
北谷町	上勢頭誌中巻 通史編Ⅱ（1993）
浦添市	小湾字誌 沖縄戦・米占領下で失われた集落の復元（1995）／戦中・戦後編（2008） 西原字誌 上下巻（2018）

（中村万里子作成）

お わ り に

　市町村史（以下、地域史）の最後には、ほぼすべてに「編集後記」のページがあります。そこには、編さんの中心的役割を担った事務局員・調査員の皆さん（以下、事務局員ら）の思いが凝縮されているので、本書のおわりに、それらの言葉を紹介したいと思います。

もっと調査しなくては

　1980年代に発刊された地域史には、「可能な限り全市民から調査をしなければと、どこかに貴重な体験を持っている方々を忘れてはいないかなどとあせりを感じ」（宜野湾市1982年）と記され、地域のなかに戦争体験の記憶が生々しく残り体験者が多数存命であることをうかがわせます。調査・編さんにあたる事務局員らのなかにも戦争体験者が多く存在していました。さらに「戦後、浦添に移ってこられた方々の記録が脱落している」ので「今後も調査を続けたい」（浦添市1984年）と、米軍基地などの存在に翻弄された県民の姿を反映したコメントもあります。

　一方で、「とくに住民〈古老〉の聞き取りを最優先に取り組みました。（中略）古老の証言は『いま』でなければそのまま埋もれてしまう危機感があったから」（座間味村1989年）と、80年代であってもすでに、詳細な語りが得られる年配者の証言は時間との闘いのなかで記録されていることもうかがえます。

沖縄戦体験者と出会う

　年代が進むと事務局員らに戦後世代が増え、証言者との関係性を示すものも記されるようになりました。「町史編集事務局の調査係が足を棒にして、数年がかりで、関係者の家庭を1軒1軒くまなく調査」（北谷町1992年）していく過程で、さまざまな出会いがあったのです。

　証言を拒否されることは少なくありませんでした。「多くの皆様から『遅すぎた調査』とのご指摘を受け、さらに『思い出したくない』という方々もいました」（豊見城市2001年）、「『本当は思い出したくない』という言葉を、ほとんどの方が口にされました。何か月も続く恐怖と飢餓の中で、大切な家族や友人知人を失い、生活のすべてを戦争遂行に捧げるように強要された、暗く重たい記憶を語ってもらうことは、渇いていた瘡蓋をはがし、傷口をこじ開けるような作業であり胸が

痛みました」（大宜味村2015年）といいます。「『あと10年早く調査を始めたらよかったのに』『子どもの時の記憶だから詳しく覚えていない』という声」もありました（八重瀬町2022年）。

「数次にわたる調査は必ずしも順調ではなかった（中略）『今さら調査をしてどうなる』と言いながらも体験を語り出した方、逆に『子や孫にどうしても伝えておきたい』と、目に涙をためて戦時中の話をしてくれた方、戦争で受けた傷をさすりながら話してくれた方々もいた」（糸満市1998年）とあるように、事務局員らのような証言の聞き手がいることで初めて、受け渡される体験がありました。

「島尻に行っていないので戦争は体験していない」（中城村2022年）、「南部での戦争体験に比べてそれほどでもない」（恩納村2022年）という理由で証言を拒まれることもありましたが、一方で自分の体験を話してよかったという声も多く寄せられました。そして、筆舌に尽くしがたい証言を反訳・編集するなかで「私たち編さん係一人ひとりが77年前の沖縄戦を追体験することに」（恩納村2022年）なっていったのです。

体験を聞き、記録するということ

録音された沖縄戦体験証言の文字化は、編さん作業の中心を占めました。「聞き取りから文字にしていく過程で、初めて携わる職員はほとんど、3か月ぐらい精神的に落ち込んでしまいました。戦争体験者の苦しい体験をたどりながら、いつしか自分自身がその中に入り込んでしまい、哀しみや怒りをその体験者と共有したためだろうと思うのです」（読谷村2004年）。「あまりにも内容が生々しすぎて、泣くのを堪えながら文字起こしをしたこともあり、慣れるまでは大変」（南城市2020年）だった事務局員もいます。

また、「戦後生まれの私たちにとって、聞きなれない戦争用語と方言を文書に起こす作業では、苦労しました」（与那原町2011年）、「方言から機械的に標準語に直訳するのではなく、方言独特のニュアンスを生かすよう心掛けた」（西原町1987年）という声がありました。「言葉だけでなく表情や身振り手振りで話を補うことも多」く「話者によってはウチナーグチを多用したり、ニュアンスで話したりする方も」（中城村2022年）いるため、その人らしさを失わずに文字化する作業に苦心したとの感想もありました。

しかしこれらは言うまでもなく、語られる体験談が目の前にあってこその作業です。語られなかった体験は地域史には残りません。

事務局員らは、語りたくても語れない体験を抱えて生きる、沈黙する体験者が

多数いることを知りました。その姿に触れ、戦争が残した影響を具体的に知り、沖縄戦の実相の理解へとさらに近づいていくことになりました。それゆえ、語られた言葉しか残せない地域史に、事務局員らはどれほどのもどかしさを感じたことでしょうか。

地域史編さんの現場の実情

沖縄戦で組織的抵抗が終わったとされる 6 月になると、各市町村や教育機関では「平和月間」と称して沖縄戦学習が行われます。沖縄戦体験の記録・検証を最前線で行っている地域史の編さん事務局員こそが、この学習現場の先導役になってしかるべきですが、彼らが非正規という極めて不安定な雇用体制下にあるために、知識や方法が継承されにくくなっていることはあまり知られていません。地域史編さんの担当部署が常設されている自治体もありますが、期間限定型の市町村もあり、その場合は地域史発刊後に編さん室が解散となります。

10年近く勤めたのちに、たった 1 枚の通告書で解雇を告げられた人がいます。地域史編さんの仕事は「人手も時間も労力もかかる。<u>すぐに成果が出にくく</u>、真っ先に予算削減の対象になりやすい」（下線筆者、『沖縄タイムス』2015年10月9日）のだといいます。膨大な資料を洗い出したり高齢化で減る関係者を探し当て証言を得るため地道に信頼関係を築くなど、極めて専門性の高い仕事であるにもかかわらず、非正規雇用が多いために職員の入れ替えが多く、経験やノウハウが蓄積されない。他方で新たに嘱託員を採用する市町村は即戦力を求めるため、若手が入り込む余地がない。結果、人材が先細りし、体験の継承も危うくなるという根本的な問題を抱えているのです。「沖縄戦体験の継承」を大きく掲げながら、大切な素材（発刊された市町村史）と、それを最大限活用できる人材をないがしろにしているのが各市町村の現状といえます。

2020年度には会計年度任用職員制度が導入され、それまで採用自治体の"さじ加減次第"で更新されてきた非正規雇用も、徐々に契約期間や更新回数などにおいて厳密化されていく傾向にあります。ますます人材は育ちません。

戦争によって地上のあらゆるものが焼かれ、歴史や文化を灰にされたこの沖縄で、残された人々の言葉にひたすら耳を傾け体験を継承しようと勤める人々の存在が、これほど明確に軽んじられてよいはずがありません。

地域史の目指すもの

ようやく語られた体験、語られはしたが残すことを許されなかった証言、深い

沈黙。これらの事情を抱えたあらゆる体験者と対峙した編さん事務局員らが、地域史（沖縄戦編）を通して伝えたいこととはなんでしょうか。

「戦争を『語りつぐ』なかで、私たちは平和を考え、そして平和をつくっていく勇気と情熱を育てていきたい」（名護市1985年）

「語り部のことばには涙なしには聞けないものがありました。（中略）読むだけで戦慄をおぼえます。むろん、どの『戦争体験』も、まるで地獄絵をみるような思いです。そうであればこそ、『戦時体験』を現在・後世代に伝えることは私たちの使命であり、また戦争に歯止めをかけ、今後さらに聞き伝えていかなければならないものだと思います」（北谷町1992年）

「私たちはこの作業が、過去から未来へとつなぐ架け橋になるとの思いで携わってきました。本書の発刊が人々の争いをなくす努力の始まりとなるように、多くの方に読んでいただければと願っています」（北中城村2010年）

「沖縄戦は、遠い過去の出来事（点）ではなく、過去から現在の自分（点）へとつながる一本の線となり、それはまた、未来へと続いているということに気付かされました。あの戦争を自分のこととして考える行為そのものが、平和な未来を築く第一歩であると信じております」（久米島町2021年）

「戦争編の発刊は、戦時記録を残すということにとどまらず、証言いただいた方々の思い、戦争によって命を奪われた人々の声なき声を受け止め、学び、二度と戦争を起こさない、島々を戦場にしないという決意を新たにすること」（恩納村2022年）

「沖縄戦という歴史を背負っている私たちは知っています。戦場で最も傷つくのは、どうしても力を持てない／持たない人々、力が弱い人々であり、必要なのは力ではなく、過去を知り、暴力を拒否するための知性と理性だと。本書がこの本を手に取った"あなた"の知性と理性のひとかけらになると信じています」（中城村2022年）

「体験者に学んで、その想いを受け継ぎ、後世へ伝え残していくことこそが、私たちの役割だと感じております。本書が、１人でも多くの方の目にふれることで、平和創造の一助となれば幸いです」（八重瀬町2022年）

先に引用した新聞記事の「すぐに成果が出にくい」の「成果」とは何を指すのでしょう。沖縄戦体験者を探し語っていただき記録し、また戦争の記録を精査し、それらを人々が読める形にして世に出すことが成果（地域史の発刊）だとしたら、

当然に時間はかかります。膨大な人的・物的なエネルギーを必要とします。また地域史を編んだからとて、もっといえば沖縄戦の継承に全力を挙げたところで、今この瞬間、世界で起きている戦争や紛争を直ちに止めることにはなり得ないでしょう。性急に「成果」を求められる現代にあって、地域史編さんは地を這うような作業の積み重ねです。

　しかし私たちは、「二度と起こしてはならないから。あの体験を忘れてはいけないから」と、沖縄戦を語ってくれた体験者の姿を知っています。長い沈黙も、ともに過ごしてきました。だから平和社会を築くための種を撒き、育み、その先にある「命どぅ宝」（命こそが宝だ）という普遍的な思想を共有するまで、やはり地道に沖縄戦体験を継承していくのです。沖縄戦の実相を伝えたいという意志を持って生きる人々は、戦争を体験こそしていませんがすでに間違いなく「当事者」なのですから。

（吉川由紀）

執筆者紹介

※配列は50音順とした。＊は編者

秋山道宏	（あきやま　みちひろ）	1983年生まれ	沖縄国際大学総合文化学部准教授
吾津洋二郎	（あづ　ようじろう）	1982年生まれ	琉球放送報道制作局
新垣玲央	（あらかき　れお）	1979年生まれ	沖縄タイムス社編集局社会部記者
伊佐真一朗	（いさ　しんいちろう）	1984年生まれ	沖縄国際大学非常勤講師
伊差川鈴子	（いさがわ　りんこ）	1999年生まれ	
稲嶺 航	（いなみね　わたる）	1987年生まれ	豊見城市教育委員会会計年度任用職員
上間祥之介	（うえま　しょうのすけ）	1995年生まれ	就労支援センターあいこ
大田 光	（おおた　ひかり）	1989年生まれ	琉球大学大学院人文社会科学研究科博士後期課程
嘉数 聡	（かかず　そう）	1987年生まれ	ひめゆり平和祈念資料館総務課職員
＊川満 彰	（かわみつ　あきら）	1960年生まれ	沖縄国際大学非常勤講師
北上田源	（きたうえだ　げん）	1982年生まれ	琉球大学教育学部准教授
＊古賀徳子	（こが　のりこ）	1971年生まれ	ひめゆり平和祈念資料館学芸員
清水史彦	（しみず　ふみひこ）	1969年生まれ	読谷村史編集室会計年度職員
謝花直美	（じゃはな　なおみ）	1962年生まれ	同志社大学〈奄美―沖縄―琉球〉研究センター嘱託研究員
瀬戸隆博	（せと　たかひろ）	1968年生まれ	恩納村史編さん係会計年度任用職員
豊田純志	（とよだ　じゅんし）	1960年生まれ	読谷村史編集室会計年度任用職員
仲程勝哉	（なかほど　かつや）	1989年生まれ	沖縄県平和祈念資料館学芸員
中村春菜	（なかむら　はるな）	1985年生まれ	琉球大学人文社会学部准教授
中村万里子	（なかむら　まりこ）	1983年生まれ	琉球新報記者
林 博史	（はやし　ひろふみ）	1955年生まれ	関東学院大学名誉教授
平仲愛里	（ひらなか　あいり）	1991年生まれ	八重瀬町教育委員会会計年度任用職員
保久盛陽	（ほくもり　あきら）	1990年生まれ	南風原町立南風原文化センター学芸員
松田良孝	（まつだ　よしたか）	1969年生まれ	フリージャーナリスト
宮城晴美	（みやぎ　はるみ）	1949年生まれ	沖縄女性史家
山内優希	（やまうち　ゆうき）	1987年生まれ	北中城村教育委員会会計年度任用職員
山城彰子	（やましろ　あきこ）	1984年生まれ	北中城村教育委員会会計年度任用職員
＊吉川由紀	（よしかわ　ゆき）	1970年生まれ	沖縄国際大学非常勤講師
吉浜 忍	（よしはま　しのぶ）	1949年生まれ	新沖縄県史編集委員会会長

続・沖縄戦を知る事典――戦場になった町や村――

2024年（令和６）６月１日　第１刷発行

編　者　古賀徳子（こが のりこ）
吉川由紀（よしかわ ゆき）
川満　彰（かわみつ あきら）

発行者　吉川道郎

発行所　株式会社　吉川弘文館
〒113-0033 東京都文京区本郷７丁目２番８号
電話 03-3813-9151〈代〉
振替口座 00100-5-244
https://www.yoshikawa-k.co.jp/

印刷＝株式会社 東京印書館
製本＝株式会社 ブックアート
装幀＝伊藤滋章

ISBN978-4-642-08451-2

沖縄戦を知る事典

非体験世代が語り継ぐ

吉浜 忍・林 博史・吉川由紀編

「鉄の暴風」が吹き荒れた沖縄戦。その戦闘経過、住民被害の様相、「集団自決」の実態など、67項目を収録。豊富な写真が体験者の証言や戦争遺跡・慰霊碑などの理解を高め、〝なぜ今沖縄戦か〟を問いかける読む事典。

A5判・222頁／2,400円

沖縄の戦争遺跡

〈記憶〉を未来につなげる

吉浜 忍著

米軍との激しい地上戦が行われた沖縄。今も残る数千件の戦争遺跡から厳選し、豊富な写真と現地調査に基づく平易な解説で、沖縄戦の実態に迫る。モノが語りかける戦争の〈記憶〉を辿った、戦跡めぐりに最適な一冊。

A5判・296頁・原色口絵4頁／2,400円

沖縄戦の子どもたち

川満 彰著

太平洋戦争末期の沖縄。少年兵・学徒隊への動員、学童疎開、「集団自決」、戦争孤児など激しい戦禍に遭った少年少女たちがいた。彼らの体験や視点を通して、二度と戦争を起こさないために何ができるのかを考える。

（歴史文化ライブラリー）四六判・240頁／1,700円

沖縄戦と孤児院

戦場の子どもたち

浅井春夫著

沖縄戦で多くの子どもが家族を失い、米軍統治下の孤児院に収容された。苦しい食料事情や衰弱死など、施設の暮らしの実態を解明。占領・統治政策の本質と孤児院運営との関係に触れ、沖縄戦研究の空白テーマに鋭く迫る。

A5判・192頁／2,200円

吉川弘文館　　　　価格は税別

陸軍中野学校と沖縄戦

知られざる少年兵「護郷隊」

川満 彰著

激戦地沖縄に潜伏した42名の陸軍中野学校出身者。そのもとに集められた「護郷隊」の少年兵や住民は、どのように戦争に巻き込まれたのか。元兵士の聞き取りなどから、陸軍中野学校がいかに沖縄戦に関与したかを描く。

（歴史文化ライブラリー）四六判・240頁／1,700円

沖縄戦 強制された「集団自決」

林 博史著

2007年の教科書検定で大きな波紋を呼んだ「集団自決」問題。生存者の証言・新資料などによる沖縄戦の検証から、その実態と全体像に迫る。「集団自決」の原因を〈天皇制国家の支配構造〉から解き明かした問題作。

（歴史文化ライブラリー）四六判・264頁／2,400円

沖縄からの本土爆撃

米軍出撃基地の誕生

林 博史著

太平洋戦争末期、米軍は占領した沖縄から本土爆撃を開始し九州などで民間人への無差別攻撃をおこなった。米軍史料から知られざる実態に迫り、戦争の加害と被害の関係を問う。今日の沖縄基地問題を考える上でも必読書。

（歴史文化ライブラリー）四六判・270頁／1,800円

大陸・南方膨張の拠点

九州・沖縄

林 博史著

近代日本が行なった一連の戦争・海外派兵に、朝鮮・中国や東南アジア・太平洋各地とを結ぶ重要地域であった九州・沖縄・奄美地方。軍隊を配備された都市の変容や地域との関係を分析。戦後沖縄と米軍基地にも言及する。

（地域のなかの軍隊）四六判・254頁／2,800円

吉川弘文館　　　　価格は税別